第30卷

行政法论丛

ADMINISTRATIVE LAW REVIEW VOL.30

沈岿/主编

王贵松/执行主编

北京大学宪法与行政法研究中心/主办

法律出版社
LAW PRESS CHINA
—北京—

图书在版编目(CIP)数据

行政法论丛. 第30卷 / 沈岿主编. -- 北京 : 法律出版社, 2024
ISBN 978 - 7 - 5197 - 8814 - 8

Ⅰ. ①行… Ⅱ. ①沈… Ⅲ. ①行政法学 – 文集 Ⅳ. ①D912.101 – 53

中国国家版本馆CIP数据核字(2024)第036792号

行政法论丛(第30卷)
XINGZHENGFA LUNCONG(DI-30 JUAN)

沈 岿 主 编
王贵松 执行主编

责任编辑 王 珊
装帧设计 李 瞻

出版发行 法律出版社
编辑统筹 学术·对外出版分社
责任校对 裴 黎
责任印制 胡晓雅 宋万春
经 销 新华书店

开本 710毫米×1000毫米 1/16
印张 17 **字数** 260千
版本 2024年3月第1版
印次 2024年3月第1次印刷
印刷 北京新生代彩印制版有限公司

地址:北京市丰台区莲花池西里7号(100073)
网址:www.lawpress.com.cn
投稿邮箱:info@lawpress.com.cn
举报盗版邮箱:jbwq@lawpress.com.cn
销售电话:010 – 83938349
客服电话:010 – 83938350
咨询电话:010 – 63939796

书号:ISBN 978 – 7 – 5197 – 8814 – 8
定价:69.00元
凡购买本社图书,如有印装错误,我社负责退换。电话:010 – 83938349

目　录

代卷首语

行政诉讼判决评注

信息法学

专论

代卷首语

●以评注凝聚共识
——行政诉讼判决评注策划说明

王贵松*

《行政诉讼法》自1990年实施至今,几乎每一个条文都得到过实践,在理论上和实践中也产生了林林总总的问题。如何给法律实践提供适当指引,如何凝聚共识、减少适用歧义,撰写法律评注无疑是可行的径路之一。

一、法律的评注

法律评注,早期称作释义或者逐条释义,这是一项自清末就开始做的工作。所谓法律评注,是指在某一法律内对某一条款作出解释说明。法律评注的目的在于把握目前的理论和实务状况,为某一法条的适用提供明确的指引。

法律评注不同于通常的学术论文。评注主要不是就某个问题提出自己的主张,一般也不会质疑条文本身的正当性并提出修法建议。评注以法律文本为基础,旨在阐释法律,这虽然限制了研究范围,但也成为学术交流的重要前提。我们是在现行法之下探讨某一法条的适用问题,而不是不设前提天马行空地讨论问题。评注是在阐释本国的行政诉讼法条文,仅在解释说明相关法条需要的范围内谈及外国法的理论和实践,而学术论文则不存在这种限制。

法律评注也不同于当下实务界撰写的释义书。评注不是仅仅探求立

---

* 王贵松,法学博士,中国人民大学法学院教授。

法参与者的相关资料或思考。评注的重点在于阐明法条意旨,梳理法条沿革,分析几个条款之间的关系、本法条与其他相关法条之间的关系,把握本法条的体系定位,解释法条中的重要术语内涵,整理法条适用中的法律问题,归纳过去的有关学术观点和实务观点,全面展现某一条款的适用问题及其解决方案。当然,评注者可以在此基础之上提出一点自己的认识和主张。

二、行政诉讼判决类型的评注

近年来,民法学者的示范为行政诉讼法评注的撰写提供了良好的参考,行政诉讼法的深入实施也为行政诉讼法评注的撰写提供了扎实的基础。现行《行政诉讼法》共 103 条,对其整体进行评注,虽然评注可大可小,但终归是一个不小的工程。这里借助于《行政法论丛》提供的良好平台,以行政诉讼判决为对象,先行试点,积累经验,再徐徐展开。

《行政诉讼法》第 69 条至第 78 条针对各种判决作出了规定。判决评注的具体写作分工如下:

第 69 条(驳回判决) 王贵松

第 70 条(撤销判决) 梁君瑜

第 72 条(履行判决) 赵 宏

第 73 条(给付判决) 马立群

第 74 条(确认违法判决) 成协中

第 75 条(确认无效判决) 毕洪海

第 77 条(变更判决) 黄 锴

显然,这里并没有包括第 69 条至第 78 条的所有内容。遗漏的条文是第 71 条、第 76 条和第 78 条。第 71 条是对重作行政行为的限制规定,是撤销判决效力的体现。第 76 条是确认判决的补充,也有人称之为补救判决,但其不构成一个独立的判决类型。第 78 条是行政协议的判决问题,其适用的是第 69 条至第 77 条的判决类型,只是有关行政协议的判决,而非独立的判决类型。

七篇论文注解了七种判决,每一篇论文都是初稿完成后经过一次集体讨论再修改完成的,一定程度上可以说这是集体创作的成果。虽然每一篇仍然保有一定的个性,但每一篇的问题意识、分析方式却具有很大的共性，而且我们在每一篇的观点上也形成了较大的共识。这也符合评注的工具书性质要求。

七篇论文有长有短，这是因为七种判决类型在现实中的问题有多有少，复杂程度也有强有弱。故而，写作时不追求论文那般形式上的美感，而更多聚焦于实际中的问题。在撰写相关法条的评注时，首先确定相关法条的主旨（条文标题在实务中被称作“条旨”），接着再根据条旨来确定该条有待分析的问题，以问题统领全篇，而非机械地逐一分解法条中的关键词。当然，问题也是来自实践。我们将会按照一定逻辑分解该条款中的主要问题，再客观全面地梳理现有的相关立法（包括立法沿革）、有权威性或代表性的判决（最高人民法院公报案例、最高人民法院判决、最高人民法院指导案例等）以及相关研究，逐一展开剖析。我们希望能呈现出某一判决类型在实践中所出现的问题，在比较多种理论和实务观点之后给出中允可行的方案。

三、缩略语说明

为避免冗长，相关立法文件使用了缩略语。缩略语的文字自然不能多于全称，但为了区别和记忆，在有的缩略语前面加上了时间。常用的法律文件缩略语建议如下：

法律名称中的“中华人民共和国”一律省略。例如，《中华人民共和国行政诉讼法》可简称为《行政诉讼法》。在谈《行政诉讼法》的不同版本时，可使用“1989 年《行政诉讼法》”“2014 年《行政诉讼法》”；2017 年仅为微调，不构成一个版本。

《最高人民法院关于贯彻执行〈中华人民共和国行政诉讼法〉若干问题的意见（试行）》（法〔1991〕19 号，已失效）：1991 年《行诉法意见》。

《最高人民法院关于执行〈中华人民共和国行政诉讼法〉若干问题的解释》（法释〔2000〕8 号，已失效）：2000 年《行诉法解释》。

《最高人民法院关于行政诉讼证据若干问题的规定》（法释〔2002〕21 号）：《行政诉讼证据规定》。

《最高人民法院关于适用〈中华人民共和国行政诉讼法〉若干问题的解释》（法释〔2015〕9 号，已失效）：2015 年《行诉法解释》。

《最高人民法院关于适用〈中华人民共和国行政诉讼法〉的解释》（法

释〔2018〕1 号）：2018 年《行诉法解释》。

《最高人民法院关于审理行政协议案件若干问题的规定》（法释〔2019〕17 号）：《行政协议审理规定》。

《最高人民法院关于审理行政赔偿案件若干问题的规定》（法释〔2022〕10 号）：2022 年《行政赔偿审理规定》。

行政诉讼判决评注

●《行政诉讼法》第69条（驳回判决）评注

王贵松*

摘　要：2014年《行政诉讼法》规定的驳回判决，取代了1989年《行政诉讼法》的维持判决，其适用范围也大于2000年《最高人民法院关于执行〈中华人民共和国行政诉讼法〉若干问题的解释》规定的驳回判决，但又不同于完全意义上的驳回判决。驳回判决适用于两种情形，一种是被诉行政行为合法，另一种是原告申请被告履行法定职责或给付义务的理由不成立。但在此之外，仍然存在因原告诉讼请求不成立而应当适用驳回判决的情形。驳回判决具有既判力，原告不得以同一事实和理由再行起诉。行政行为合法时的驳回判决在理由部分对被诉行政行为的合法性作出了判断，相关行政机关应当受其拘束。驳回判决并无执行力，被诉行政行为科予原告义务的执行应按照《行政强制法》的规定执行。

关键词：驳回判决；维持判决；既判力；非诉执行

一、规范沿革与规范意旨

从法律层面来说，驳回判决是2014年《行政诉讼法》创设的新判决种类，其规范由来并不复杂，却是一种回应审判实践需要、回应原告诉讼请求的重要判决。

（一）驳回判决的确立

1989年《行政诉讼法》中并没有关于驳回判决的规定，与其功能类似

---

* 王贵松，法学博士，中国人民大学法学院教授。

的是第 54 条第 1 项的规定，即“具体行政行为证据确凿，适用法律、法规正确，符合法定程序的，判决维持”，一般称此为维持判决。但在《行政诉讼法》实施后不久，在一并提起的行政赔偿诉讼和请求履行法定职责的案件中，原告的请求不符合法律规定的保护条件，法院无法适用维持、撤销、变更或履行判决，但又不能不作出结论，法院于是参照民事诉讼审判形式，采用了驳回诉讼请求判决。① 这就解决了合法性并无疑问却又不宜维持或责令履行的问题。

根据实践经验，《最高人民法院关于执行〈中华人民共和国行政诉讼法〉若干问题的解释》（法释〔2000〕8 号，以下简称 2000 年《行诉法解释》）明确增设了驳回判决，该解释第 56 条规定：“有下列情形之一的，人民法院应当判决驳回原告的诉讼请求：（一）起诉被告不作为理由不能成立的；（二）被诉具体行政行为合法但存在合理性问题的；（三）被诉具体行政行为合法，但因法律、政策变化需要变更或者废止的；（四）其他应当判决驳回诉讼请求的情形。”作为这一解释的主要起草人，甘文认为，驳回诉讼请求是对原告诉讼主张是否成立的判定，而维持判决是对行政行为合法性的判定，这是两者的本质不同。维持判决是中国特色，维持判决的实质效果基本上与驳回诉讼请求相同，但经法院判决维持的行政行为，行政机关不能轻易变更。但是，这限制了行政机关根据条件的变化和行政管理的需要作出应变的主动性。有效的行政行为一经作出，在被有权机关撤销或变更之前，应当一直被视为有效而具有约束力。法院判决维持一个有效的行政行为，实属没有必要。另外，相对人要求法院撤销或者变更被诉行政行为的请求不成立，并不等于被诉行政行为是合法的。“驳回诉讼请求的判决形式应当进一步扩大。在条件成熟的时候，最终替代维持判决。”②

2000 年《行诉法解释》的实施进一步加剧了对维持判决的存废之争。保留派认为，维持判决与行政诉讼的行政行为合法性审查原则相适应，体现着行政诉讼的客观诉讼定位；维持判决与被告负举证责任相契合，而驳

① 参见罗豪才主编：《中国司法审查制度》，北京大学出版社 1993 年版，第 559 ~ 560 页。

② 甘文：《行政诉讼法司法解释之评论——理由、观点与问题》，中国法制出版社 2000 年版，第 159 ~ 160 页。

回判决则有悖于这一举证规则。[③] 废弃派则认为,维持判决承载着维护行政机关依法行使职权的功能,这与行政诉讼的价值相背离;行政行为具有公定力,无需维持判决来维持;维持判决回应的是行政行为合法性问题,而非原告的诉讼请求,违背了行政诉讼的诉判一致性原理。[④] 在当时,维持判决与驳回判决的确存在差异,并存适用的可能性是存在的,也在现实中并存适用了十余年。但是,如果扩大驳回判决的适用情形,驳回判决可以替代维持判决的功能。维持判决是对行政行为的合法性进行审查之后的结果,但行政行为合法性审查原则既是我国行政诉讼的重要特征,一定程度上也是我国行政诉讼的局限所在。现实中既有不存在可维持的行政行为的情形,也有行政行为不适合维持的情形。维持判决不适合作为原告败诉的一般判决类型。扩大驳回判决的适用情形,正是在行政行为合法性审查原则之外,让行政诉讼更具灵活性的措施。

经过十多年的司法实践,驳回判决行之有效,一定程度上避免了维持判决所存在的缺陷。故而,"根据审判实际需要",2014 年修改《行政诉讼法》,规定"以判决驳回原告诉讼请求代替维持判决"。[⑤] 2014 年《行政诉讼法》第 69 条规定,"行政行为证据确凿,适用法律、法规正确,符合法定程序的,或者原告申请被告履行法定职责或者给付义务理由不成立的,人民法院判决驳回原告的诉讼请求"。这就在法律层面上正式确立了驳回判决,取消了维持判决。

(二)驳回判决的定位

《行政诉讼法》第 69 条规定的是驳回原告诉讼请求判决,一般简称为驳回判决。这是对原告诉讼请求的否定,而与撤销判决、履行判决、给付判决、确认违法判决、确认无效判决和变更判决等六种肯定原告诉讼请求

---

③ 参见邓刚宏:《行政诉讼维持判决的理论基础及其完善》,载《政治与法律》2009 年第 4 期;杨桦、张显伟:《行政诉讼维持判决制度之辩护》,载《法学杂志》2010 年第 4 期;张显伟:《废弃抑或保留:对行政诉讼维持判决制度的思考》,载《国家行政学院学报》2010 年第 5 期。

④ 参见张旭勇:《行政诉讼维持判决制度之检讨》,载《法学》2004 年第 1 期;吕艳辉:《行政诉讼维持判决的妥当性追问》,载《法治论丛》2010 年第 2 期。

⑤ 信春鹰:《关于〈中华人民共和国行政诉讼法修正案(草案)〉的说明——2013 年 12 月 23 日在第十二届全国人民代表大会常务委员会第六次会议上》,载《全国人民代表大会常务委员会公报》2014 年第 6 期。

的判决相对。从与原告诉讼请求的关系来说,驳回判决是否定性判决,其他判决则是肯定性判决。

从逻辑上说,驳回判决在法律上位于六种肯定性判决之前抑或之后都是可行的,但在现实的法律文本中,驳回判决却是位于各种判决之首。2000 年《行诉法解释》下的驳回判决“本质上还只是对维持判决所作的一种补充,适用情形非常有限”,“只是对维持判决的一种‘帮衬’,而非‘替代’,也不具有针对每一种诉讼类型的普适效力”。[⑥] 而 2014 年《行政诉讼法》下的驳回判决则在发挥着与肯定性判决相对的功能,其适用范围相较于 2000 年《行诉法解释》规定的驳回判决大为扩张。实践也表明,这是适用次数最多的一种判决类型。

驳回判决实际上是因为原告的诉讼请求不能成立而作出的,但全国人大常委会并没有采纳最高人民法院的修改建议,即“原告的诉讼请求不能成立的,人民法院应当判决驳回”,[⑦]而是列举了两种适用情形。法律起草者认为,这是因为将注意力放在原告诉讼请求是否成立的问题上,与我国行政诉讼法的合法性审查、被告承担举证责任等基本制度架构不符,冲击撤销判决、确认违法判决等判决形式,实际上不利于对原告合法权益的保护。[⑧] 或许正因为行政诉讼肩负着监督依法行政的使命,所以原告诉讼请求不能成立,也未必规定适用驳回判决。只要行政行为存在违法之处,而且在诉判一致性原理的容许之下,仍需适用确认违法判决。例如,《行政诉讼法》第 74 条第 1 款第 1 项规定的情况判决,原告请求撤销行政行为的,行政行为依法应当撤销,但撤销会给国家利益、社会公共利益造成重大损害的,法院虽然不能满足原告撤销的请求,但仍要判决确认违法;[⑨]第 74 条第 2 款第 2 项规定的继续确认判决,原行

⑥ 参见李广宇:《新行政诉讼法逐条注释》(下),法律出版社 2015 年版,第 559 ~ 560 页。

⑦ 江必新、邵长茂、方颉琳编著:《行政诉讼法修改资料汇纂》,中国法制出版社 2015 年版,第 248 页。

⑧ 参见全国人大常委会法制工作委员会行政法室编写:《〈中华人民共和国行政诉讼法〉解读与适用》,法律出版社 2015 年版,第 154 ~ 155 页。

⑨ 不过,在理论上,有学者认为,将情况判决改为驳回判决更为合理,理由在于:驳回判决并不对被诉行政行为的合法性作出评判,因而,不涉及被诉行政行为的合法有效存在,回避了与行政合法性原则相冲突的可能。但运用确认违法判决,一方面确认被诉行政行为违法,另一方面又放任其继续发挥法律效力,这将与依法行政原则背道而驰。参见章剑生主编:《行政诉讼判决研究》,浙江大学出版社 2010 年版,第 174 页(李莉执笔)。

政行为违法,但被告已改变了该行政行为,而原告要求确认原行政行为违法的,法院仍要判决确认违法。但是,如果不为诉判一致性原理所容,则仍需适用驳回判决。例如,《最高人民法院关于适用〈中华人民共和国行政诉讼法〉的解释》(法释〔2018〕1 号,以下简称 2018 年《行诉法解释》)第 94 条第 2 款规定的驳回判决,行政行为并非无效,但原告请求确认无效,且拒绝变更诉讼请求的,则法院判决驳回其诉讼请求。如此,驳回判决仍不可与肯定性判决同日而语,驳回判决仍不可谓完全意义上的驳回判决。

另外,驳回判决虽然与肯定性判决相对,但却可以与肯定性判决并用。例如,2018 年《行诉法解释》第 136 条第 5 款规定,原行政行为合法、复议决定违法的,人民法院可以判决撤销复议决定或者确认复议决定违法,同时判决驳回原告针对原行政行为的诉讼请求。驳回判决偶尔在二审判决中适用,如 2018 年《行诉法解释》第 109 条第 4 款规定,原审判决遗漏行政赔偿请求,第二审人民法院经审查认为依法不应当予以赔偿的,应当判决驳回行政赔偿请求。当然,驳回上诉判决本质上也是驳回判决。

二、驳回判决的适用情形

与 2000 年《行诉法解释》规定的驳回判决适用情形不同,2014 年《行政诉讼法》第 69 条只规定了两种适用情形,一是行政行为合法,二是原告理由不能成立。这一规定实际上也将行政诉讼判决分成两种类型,一种是关于行政行为合法性的判决,另一种是关于原告理由能否成立的判决。

(一)行政行为合法

《行政诉讼法》第 69 条前半句规定,“行政行为证据确凿,适用法律、法规正确,符合法定程序”,适用驳回判决。这些要件是与撤销判决、确认违法判决、确认无效判决和变更判决的适用情形相对应的。这种判决姑且称作行政行为合法型驳回判决。第 69 条前半句的规定与 1989 年《行政诉讼法》中的维持判决适用情形规定相同,这一句的适用是以存在行政行为为前提的。不过,这里的行政行为并没有区分羁束行政行为与裁量行政行为。如果是羁束行政行为,仅依据此三个要件判断其为合法,是有可能的。但如果是裁量行政行为，则显然不足。既然未作区分，那么在三个要件的理解上就可能产生问题，是满足这三个要件就适用驳回判决，还是需要满足更多的要件才能适用驳回判决？

行政行为证据确凿，适用法律、法规正确，符合法定程序均属于行政行为的合法要件。与撤销判决等针对行政行为的判决情形相比，行政行为合法除了证据确凿、适用法律法规正确、符合法定程序外，还不能有超越职权、滥用职权、明显不当等情形，否则就需要适用撤销判决等肯定性判决。有法官认为，行政行为的合法要件可能并不止该三种情形，根据《行政诉讼法》第 69 条的规定，只有在证据确凿，适用法律法规正确，符合法定程序，无超越职权、滥用职权、明显不当的情况下，才满足行政行为合法的所有条件。[⑩] 行政行为证据确凿、符合法定程序都是相对确定的概念，而适用法律法规正确却可以作不同的解释。有法官认为，对于“适用法律、法规正确”需作广义理解，而不能与第 70 条第 2 项中的“适用法律、法规错误”等量齐观。其原因在于，第 70 条对行政行为不合法与第 69 条对行政行为合法所采用的标准并不完全吻合。这里的“适用法律、法规正确”至少应包括：第一，行政行为的内容必须在法律、法规赋予该机关的权限范围之内；第二，行政行为必须符合法律的目的、原则和精神；第三，行政行为所适用的法律规范必须是与本案法律关系相适应的法律规范，行政行为在法律适用方面不存在表达上和文字上的技术性错误。[⑪] 这种观点其实是想将证据和程序之外的所有行政行为合法性问题都归为适用法律法规正确性的问题。当然，证据、程序问题本身也都会反映为适用法律法规的正确性问题，只是突出强调而已，所有问题终归为适用法律法规的正确性问题。从法律适用的角度而言，将“适用法律、法规正确”作广义解释，将第 69 条前半句的规定理解为行政行为完全合法的要求，更为妥当，而不宜将三项要求理解为只是行政行为合法要件的不完全列举。只有完全符合行政行为的合法要件，才能确认行政行为合法，进而驳回原告的诉讼请求。从判断方法上看，这可称作综合判断型驳回判决。根据《行政诉

⑩ 参见梁凤云编著：《新行政诉讼法逐条注释》，中国法制出版社 2017 年版，第 532 页。

⑪ 参见江必新、邵长茂：《新行政诉讼法修改条文理解与适用》，中国法制出版社 2015 年版，第 258 页。

讼法》第 34 条的规定，被告对作出的行政行为符合合法要件负有举证责任。

与《行政诉讼法》第 70 条第 1 项规定的“主要证据不足”不同，第 69 条前半句规定的是“证据确凿”，这也意味着在证据方面，不仅要具备证明要件事实的主要证据，还要具备确定效果所需的次要证据，而且还要达到确凿的程度。在上诉审驳回判决的适用条件方面，《行政诉讼法》第 89 条第 1 款第 1 项规定的是“原判决、裁定认定事实清楚”，“证据确凿”与“事实清楚”的内涵是一致的。在实务中，有时会因行政行为多种多样，而就在证明上是否达到“证据确凿”的要求发生分歧。对此，理论界和实务界有不少观点主张应当确立不同的证明标准来判断构成确凿的证据。[12] 不过，这更多地属于证据法上的证明标准问题，“证据确凿”的要求可以涵盖多种可能性。

当然，《行政诉讼法》第 69 条前半句的规定还可以有一种解释的可能，即它不是对行政行为合法要件的规定，而是对原告可能攻击的情形的规定。也就是说，原告提出某诉讼请求，理由是被诉行政行为违法，法院对此展开审查，在原告声称的理由不成立时，法院即作出驳回判决。这时，第 69 条前半句的规定只是行政行为合法理由的列举而已。不过，理论和实务界一般不作这种理解，而且，《行政诉讼法》第 49 条第 3 项只是要求原告“有具体的诉讼请求和事实根据”，并未就诉讼请求成立的理由进一步提出要求。实务中，即便原告没有提出被告的权限问题，法院也通常从被告的主体权限开始审查，但这种审查基本上是在没有合法性问题的情况下展开的。在没有合法性问题或者当事人无争议的情况下，法院的审查是没有意义的。在原告缺乏相应认识时，法院在释明指出之后再予审查，既合乎不告不理的原则，又有助于纷争的一次性解决。

（二）原告理由不成立

《行政诉讼法》第 69 条后半句规定，“原告申请被告履行法定职责或者给付义务理由不成立”，适用驳回判决。这一规定在原先维持判决的规

---

⑫ 参见徐庭祥：《论建构我国行政诉讼的一般证明标准》，载《政治与法律》2019 年第 12 期。

定中并不存在,这种情形是与履行判决、给付判决的适用情形相对应的。这种判决姑且称作理由不成立型驳回判决。

在行政过程中,原告申请被告履行法定职责或者给付义务,需要满足的条件或理由可能有很多,只要有一点理由不成立,行政机关就可能无法满足其申请,法院就可以驳回其诉讼请求。这一类型与前述行政行为合法的情形不同,从判断方法上看,可称作情形选择型驳回判决。

2000 年《行诉法解释》第 56 条第 1 项规定,"起诉被告不作为理由不能成立的",法院应当判决驳回原告的诉讼请求。而 2014 年《行政诉讼法》第 69 条后半句并没有以相同的表述作出规定。郭修江认为,第 69 条后半句规定针对的看似是原告的诉讼请求和理由,但实际上是不作为行为。人民法院经审理认为,原告请求被告履行法定职责、给付义务理由不能成立,反过来恰恰证明,被告不履行法定职责、给付义务的不作为行为符合法律规定。因此,第 69 条后半句关于驳回判决的适用条件,实质上也是被诉不作为行政行为完全合法。⑬ 但两者并不构成对立关系,原告的请求不成立,也有可能是被告履行法定职责、给付义务的作为行为合法所致。这也是第 69 条后半句的规定与 2000 年《行诉法解释》第 56 条第 1 项表述不一致的原因。

与《行政诉讼法》第 72 条的履行判决规定、第 73 条的给付判决规定相比,第 69 条后半句的规定强调了原告的"申请",这也表明,它是以原告在实体法上的行政介入请求权、给付请求权为基础的。而其请求权的成立需要以满足法定条件为前提。原告申请被告履行法定职责或给付义务的理由不成立的,其举证责任不应适用《行政诉讼法》第 34 条关于行政机关作出行政行为的规定,而应首先适用第 38 条的规定,原告应当提供其向被告提出申请的证据。根据有利规范说的标准,⑭由原告对被告应当履行法定职责或者给付义务的理由能够成立,或者说原告的诉讼请求能够成立负举证责任,更为妥当。

---

⑬ 参见郭修江:《以行政行为为中心的行政诉讼制度——人民法院审理行政案件的基本思路》,载《法律适用》2020 年第 17 期。当然,笔者之后的批评仍然不妨碍其所论证的以行政行为为中心的结论。

⑭ 参见马立群:《德国行政诉讼证据调查与客观证明责任的分配规则——兼评对我国的借鉴价值》,载《比较法研究》2020 年第 5 期。

原告申请的理由不成立,大致有两种可能:一种可能是,原告的请求权不能成立,其所依据的事实和法律无法提供支持;另一种可能是,原告所依据的事实和法律可以支持其请求权的成立,但是存在权利妨碍规范、权利消灭规范或权利限制规范的适用,原告的请求权已然实现或无法实现。例如,根据 2011 年《最高人民法院关于审理政府信息公开行政案件若干问题的规定》第 12 条的规定,原告提出了信息公开申请,但所申请的信息依法不属于被告公开,且被告已经履行了告知或说明理由义务,这是出现了权利妨碍事实;所申请的信息已经向公众公开,且被告已告知申请人获取该信息的方式和途径,或者无法按照申请人要求的形式提供政府信息,且被告已通过安排申请人查阅相关资料、提供复制件或者其他适当形式提供,这是出现了权利消灭事实。在这些情形下,法院都应当作出驳回判决。

(三)诉讼请求不成立的其他情形

《行政诉讼法》第 69 条只规定了适用驳回判决的两种情形,从逻辑上来看,这两种情形的驳回判决并不周延,并未涵盖与撤销、履行、给付、确认、变更判决相对应的所有情形。现实中有时既没有第 69 条前半句规定的行政行为或合法的行政行为,也并非第 69 条后半句规定的请求行政机关履行一定义务,如此似无法适用《行政诉讼法》第 69 条作出驳回判决。例如,前述 2018 年《行诉法解释》第 94 条第 2 款规定的驳回判决(存在违法但非无效的行政行为)、第 109 条第 4 款规定的二审驳回行政赔偿请求判决。又如,2022 年《最高人民法院关于审理行政赔偿案件若干问题的规定》第 32 条第 2 项规定,原告主张的损害与违法行政行为没有因果关系,法院判决驳回原告的行政赔偿请求。这些都属于《行政诉讼法》第 69 条规定的原告诉讼请求不能成立的情形。虽然法律没有作出规定,但法院这时也只能是作出驳回判决,司法解释的相关规定是合理的。由此看来,法律没有一般性地规定"原告的诉讼请求不能成立的,人民法院应当判决驳回",是有可能造成法律漏洞的。

另外,实践中还存在原告诉讼请求超出法院审查范围的情形。有的法院只在判决理由中予以说明,而不在判决主文中作出回应。何海波认为,"从尊重原告诉权、解决行政纠纷的角度出发,这种情形今后似可适用驳回原告该项诉讼请求的判决”。[15] 2005年最高人民法院的一则答复可从侧面支持这一观点。该答复指出:“行政复议机关受理行政复议申请后,发现该行政复议申请不符合法定的行政复议范围,作出终止行政复议决定。当事人不服,向人民法院提起诉讼,人民法院经审查认为,该复议申请不属于行政复议范围的,可以依法驳回其诉讼请求。”[16]当然,不属于法院审查范围的情形,在现行法之下,也有可能是裁定驳回起诉。

三、驳回判决的效力

按照《行政诉讼文书样式(试行)》,判决结果是人民法院对当事人之间的行政争议作出的实体处理结论。驳回原告诉讼请求的,判决写“驳回原告×××的诉讼请求”。我国《行政诉讼法》对驳回判决的效力未作明确规定,而只能结合相关条文及司法解释的规定来进行梳理和阐释。

(一)驳回判决效力的内容和界限

驳回判决是针对原告诉讼请求所作的实体性判断,而不是在起诉阶段对原告提起的诉讼是否合法或是否容许原告的起诉所作的程序性判断,在这一点上与驳回起诉裁定相区别。驳回判决是针对原告诉讼请求所作的判断,对被诉行政行为自身并未在判决主文中作出判断,故而在这一点上与过去的维持判决相区别。

驳回判决因系针对原告的诉讼请求能否成立作出判断,通常判决本身并不对原告的权利产生不利效果,但在特殊情况下有可能产生不利效果。例如,在行政诉讼一审判决中,法院作出了变更判决,将行政机关的行政处罚决定等变更为更轻的措施,但原告仍然不满,上诉后,二审法院撤销原审判决,作出改判,判决驳回诉讼请求。这时就形成了更为不利的效果。应当参照《行政诉讼法》第77条第2款的精神,禁止二审法院作出对原告产生更为不利效果的驳回判决。

---

[15] 何海波:《行政诉讼法》(第3版),法律出版社2022年版,第498~499页。

[16] 《最高人民法院关于行政复议机关受理行政复议申请后,发现复议申请不属于行政复议法规定的复议范围,复议机关作出终止行政复议决定的,人民法院如何处理的答复》([2005]行他字第11号)。当然,该答复否定的是应作出维持判决的观点。另外,根据2007年《行政复议法实施条例》第48条第1款第2项的规定,复议机关应当决定驳回行政复议申请,而非“终止行政复议”。

驳回判决确定后,即产生既判力。既判力的主观范围仅限于诉讼的当事人,而不及于其他主体。既判力的客观范围取决于判决主文所作的判断。法院驳回了原告的诉讼请求,原告就不得以相同的事实和理由再次针对被诉行政行为起诉,否则就构成重复起诉,法院可根据 2018 年《行诉法解释》第 69 条第 1 款第 6 项规定裁定驳回起诉。有学者认为,当事人在之后的国家赔偿诉讼中,可以再次主张该行政行为违法,因为行政诉讼中所判断的违法范围与国家赔偿诉讼中所判断的违法范围并不一致,国家赔偿中违法的范围较为广泛。[17] 从理论上来说,因行政诉讼与国家赔偿的制度功能差异,确实存在两者对行政行为违法性出现不同判断的可能性。不过,这里还无需进一步讨论,因为驳回判决的主文并未对行政行为的合法性作出判断,而只是说原告的诉讼请求不能成立,故而驳回判决的既判力不及于国家赔偿诉讼。虽然在行政行为合法型驳回判决中,法院在判决理由中对行政行为合法作出了判断,但这一判断并不当然拘束后续的诉讼,需要借助于争点效等其他机制方可产生拘束作用。

既判力的时间范围或判断的基准时间则因两种类型而有所差别,行政行为合法型驳回判决以行政行为作出之时的法律和事实状态为基准,而理由不成立型驳回判决则以判决时(辩论终结时)的法律和事实状态为基准,对在此之前的法律和事实状态具有遮断效果,在有新的证据时可以申请再审,在有新的事实时可以重新起诉。

驳回判决的既判力仅及于原告的诉讼请求,而不涉及对被诉行政行为合法性的判断。这是否意味着行政机关可不受驳回判决的拘束呢?这里需要对驳回判决作出区分。作为支持驳回判决主文的理由,一种是行政行为合法,另一种是原告请求的理由不成立。在前一种行政行为合法型驳回判决中,因法院在判决的理由部分已经对行政行为合法作出了判断,故该判断对行政机关具有拘束力,合法有效的行政行为应当按照其内容发生预定效果,而且被告行政机关以及与该行政行为相关的其他行政机关应当受其拘束,尊重其效力。而在后一种原告请求的理由不成立型驳回判决中,法院在判决理由部分只是对原告申请的理由进行审查,故而

---

⑰ 参见章剑生主编:《行政诉讼判决研究》,浙江大学出版社 2010 年版,第 187 页(李莉执笔)。

行政机关可以根据行政管理的实际变化对原告所申请的履行法定职责或给付义务行为依法作出新的判断。

(二)驳回判决的执行问题

在法院作出行政行为合法型驳回判决后,该行政行为科予原告的义务需要执行。但这时,执行的是法院的驳回判决还是被诉的行政行为,是执行判决还是非诉执行,法院在执行时还要不要再行审查,在实务中存在较大争议。

《最高人民法院关于判决驳回原告诉讼请求行政案件执行问题的答复》(〔2008〕行他字第24号,以下简称《2008年答复》)指出:"被诉具体行政行为具有可执行内容的,人民法院作出驳回原告诉讼请求判决生效后,行政机关申请执行被诉具体行政行为的,人民法院应依法裁定准予执行,并明确执行的具体内容。"这一答复包含了三层含义:第一,法院作出驳回判决是对被诉行政行为合法性的认可。第二,原告拒绝履行被诉行政行为所确定的义务的,行政机关可以申请法院强制执行。第三,申请法院强制执行的是已经生效的行政行为,而非法院的生效裁判,法院对于所申请执行的行政行为的合法性不再另行审查,而是直接作出准予执行的裁定。⑱

在2011年《行政强制法》实施之后,具有强制执行权的行政机关不能再申请法院执行自己的行政行为。这时,《2008年答复》就存在一定问题。《最高人民法院行政审判庭关于行政机关申请法院强制执行维持或驳回诉讼请求判决应如何处理的答复》(〔2013〕行他字第11号,以下简称《2013年答复》)指出,人民法院判决维持被诉行政行为或者驳回原告诉讼请求后,行政机关申请人民法院强制执行的,人民法院应当依照《行政强制法》第13条第2款的规定,作出如下处理:(1)法律已授予行政机关强制执行权的,人民法院不予受理,并告知由行政机关强制执行。(2)法律未授予行政机关强制执行权的,人民法院对符合法定条件的申请,可以作出准予强制执行的裁定,并应明确强制执行的内容。这一答复与《2008年答复》的立场是一致的,都认为可以执行的是被诉行政行为,

---

⑱ 参见蔡小雪、耿宝建、金诚轩:《行政机关申请法院强制执行维持或驳回诉讼请求判决应如何处理》,载《法律适用》2014年第9期。

而非驳回判决。既然是行政行为的执行问题,自然应按照《行政强制法》的相关规定,区分有强制执行权的行政机关与无强制执行权的行政机关来处理执行问题。与《2008 年答复》稍有不同的是,《2013 年答复》规定的是"对符合法定条件的申请,可以作出准予强制执行的裁定",如此就存在一个审查的问题,而非如《2008 年答复》那般径直付诸执行。所谓"符合法定条件",一是符合《行政强制法》第 53 条规定的申请期限,二是具备《行政强制法》第 54 条规定的强制执行申请书,三是不存在《行政强制法》第 58 条第 1 款规定的明显违法并损害被执行人合法权益的情形。前两点均为形式审查,第三点又因存在驳回判决而无须审查,故而一般情况下,法院应当受理法定期限内提出的执行申请,并裁定准予强制执行。但是,"在极为特殊的情况下,被诉具体行政行为虽然被维持或者驳回原告诉讼请求,但因法律、政策变化需要或者废止等原因,行政行为内容已经明显不公平、不适宜再继续执行的,人民法院才可以裁定不予执行"。⑲

不过,有法官认为,驳回判决生效后,当事人不履行经法院生效判决确认的、具有执行效力的被诉行政行为所规定的义务,实质就是不履行生效判决义务。行政机关申请法院强制执行的,应按照生效判决的执行程序来申请执行。《2013 年答复》并未规定法院应当按照非诉执行的程序执行,如果按照非诉执行程序审查,将与《行政强制法》第 53 条规定的申请非诉执行的法定条件相冲突。⑳ 首先,该观点在适用前提上偷换了概念,《行政诉讼法》第 95 条规定的是当事人"拒绝履行判决",而非"不履行行政行为确定的义务"。而驳回判决自身并无需要执行的内容,并未科予原告履行被诉行政行为的义务,所以,不存在驳回判决的履行问题,或者申请法院强制执行驳回判决的问题。其次,《行政强制法》第 53 条规定的申请法院强制执行的条件是:其一,当事人在法定期限内不申请行政复议或者提起行政诉讼,又不履行行政决定;其二,行政机关没有行政强制执行权;其三,强制执行的申请可以自期限届满之日起三个月内提出。在

---

⑲ 蔡小雪、耿宝建、金诚轩:《行政机关申请法院强制执行维持或驳回诉讼请求判决应如何处理》,载《法律适用》2014 年第 9 期。

⑳ 参见郭修江:《维持具体行政行为或驳回原告诉讼请求行政判决的执行》,载《人民法院报》2014 年 7 月 3 日,第 7 版;郭修江:《行政诉讼判决方式的类型化——行政诉讼判决方式内在关系及适用条件分析》,载《法律适用》2018 年第 11 期。

当事人已经起诉的情况下，驳回判决生效后的行政行为执行问题的确与《行政强制法》第 53 条规定的第一个条件存在差异，但两者并不冲突。《行政强制法》第 53 条并未就当事人起诉后败诉的情形作出规定，而驳回判决自身无可执行的内容，故而，从形式上来说，这里就存在一个开放的法律漏洞。从法律目的来看，第一个条件的实质是在确认当事人应当履行行政决定。是当事人放弃自己权利的行使而导致义务的确定，还是经法院判决确定当事人的义务，均只是确定义务已有履行的必要，并无不同。因此，行政机关在驳回判决后申请法院强制执行，可准用《行政强制法》第 53 条的规定。

●《行政诉讼法》第70条(撤销判决)评注*

梁君瑜**

摘　要:撤销判决旨在确认行政行为违法并消灭其效力,这实则确立了行政行为合法性审查的一般标准。撤销判决的产生可追溯至1914年《行政诉讼法》中的"取消裁决"。中华人民共和国成立后的两部《行政诉讼法》在适用对象、适用情形及适用结果方面对撤销判决加以形塑。撤销判决仅适用于狭义行政行为(行政处理)。行政不作为、行政事实行为等虽属现行《行政诉讼法》所审查的"行政行为",但并非撤销判决的适用对象。撤销判决的六种适用情形分别指向事实认定、规范适用、程序运行、权限行使、行为结果等问题。实践中,法院对以上适用情形往往存在混淆及误用,故亟待厘清各情形的含义与边界。同时,撤销判决与确认违法判决、确认无效判决、变更判决在适用情形方面亦有尚待甄别之处。在适用结果方面,撤销判决的效力主要包括形成力、既判力、拘束力,责令重作的部分还具有执行力。撤销判决的主判决形式包括全部撤销与部分撤销,从判决形式即责令重作。被告的重作行为须受禁止反复效力与禁止不利变更原则的限制。

关键词:撤销判决;行政行为;主要证据;法定程序;滥用职权;明显不当

---

* 本文系国家社会科学基金青年项目"行政程序瑕疵的类型化及其司法审查研究"(编号:18CFX019)的阶段性研究成果。行政诉讼撤销判决所涉及的内容非常庞杂,远非本文所能容纳。限于篇幅与评注体裁的特点,本文更多是在结合既有学理研究与典型案例的基础上,对撤销判决作规范层面的分析。

** 梁君瑜,武汉大学法学院副教授,法学博士。

一、规范沿革与体系定位

撤销判决是各国行政诉讼判决的基本类型，也是我国行政诉讼中原告请求最多、适用范围最广泛的判决形式，[①]故该判决的重要性不言而喻。从规范沿革来看，撤销判决可追溯至1914年《行政诉讼法》中的"取消裁决"。中华人民共和国成立后的两部《行政诉讼法》均对撤销判决加以规范。从体系定位来看，撤销判决属于形成类判决，旨在确认行政行为违法并消灭其效力。基于适用对象、判决功能等方面的差异，撤销判决与其他判决之间存在分工。

（一）规范生成

撤销判决并非现行《行政诉讼法》首创的判决形式。早在1932年，由南京国民政府公布的《行政诉讼法》中就有关于撤销判决的规定。[②]而在此之前，北洋政府于1914年公布的《行政诉讼法》曾规定"取消裁决"，其由行政系统内部的平政院作出，在功能上可发挥"取消主管官署违法处分"之效果。中华人民共和国成立后，我国在较长时期内未建立起行政诉讼制度，自然也缺乏撤销判决的相关规定。现实中，大量的行政争议由行政机关内部处理，而非通过诉讼方式解决。[③]相比于实体法中早有提及的行政诉讼条款，[④]我国长期缺乏配套的行政诉讼程序规则。这种现象随着1982年《民事诉讼法（试行）》（已失效）的出台有所缓解，并在1989年《行政诉讼法》实施后得以根本扭转。

《民事诉讼法（试行）》第3条第2款规定："法律规定由人民法院审理的行政案件，适用本法规定。"《最高人民法院关于地方人民政府规定可

---

① 参见全国人大常委会法制工作委员会行政法室编：《行政诉讼法立法背景与观点全集》，法律出版社2015年版，第312页。

② 该法第21条规定："行政法院认起诉为有理由者，应以判决撤销或变更原处分或决定……；认起诉为无理由者，应以判决驳回之……"

③ 参见林莉红：《中国行政诉讼的历史、现状与展望》，载《河南财经政法大学学报》2013年第2期。

④ 参见1980年《中外合资经营企业所得税法》（已失效）第15条规定："合营企业同税务机关在纳税问题上发生争议时，必须先按照规定纳税，然后再向上级税务机关申请复议。如果不服复议后的决定，可以向当地人民法院提起诉讼。"其中，因不服复议后的决定而提起的诉讼，无疑属于行政诉讼。但在当时，因行政诉讼程序规则缺失，对法院能否判决撤销被诉决定，不无疑问。

向人民法院起诉的行政案件法院应否受理问题的批复》(已失效)将上述第2款中的“法律”理解为全国人大及其常委会制定的法律、行政法规、地方性法规、自治条例以及单行条例。这意味着被单行法明确列举的行政案件可由法院借助民事诉讼程序来审理。在1989年《行政诉讼法》出台前,最高人民法院曾在司法文件中提及撤销判决(或误称为“撤销裁定”)。例如,《最高人民法院关于人民法院审理经济行政案件不应进行调解的通知》[法(经)发〔1985〕25号,已失效]中提到:“如果主管行政机关的行政处罚决定或者其他行政处理决定在认定事实、适用法律方面确有错误,应当予以撤销或者变更。”《人民法院审理治安行政案件具体应用法律的若干问题的暂行规定》[法(研)发〔1986〕31号,已失效]第4条指出:“人民法院只就公安机关的后一次裁决是否符合事实以及是否合法进行审查,依法分别作出维持或者撤销的裁定。”

1989年《行政诉讼法》(以下简称旧法)是中华人民共和国成立后的第一部行政诉讼法。该法的制定工作分两步完成:第一步,由全国人大常委会法工委委托行政立法研究组起草《行政诉讼法(试拟稿)》;第二步,由全国人大常委会法工委继续主持行政诉讼法的起草工作。⑤ 由行政立法研究组起草的第一稿《行政诉讼法(试拟稿)》(1987年7月11日)就已规定撤销判决,其后的相关修改稿、征求意见稿、多份草案以及旧法均保留这一判决形式。⑥ 根据旧法第54条第2项,具体行政行为有下列情形之一的,判决撤销或者部分撤销,并可以判决被告重新作出具体行政行为:(1)主要证据不足的;(2)适用法律、法规错误的;(3)违反法定程序的;(4)超越职权的;(5)滥用职权的。该项规定传递出以下基本信息:(1)撤销判决仅适用于具体行政行为。(2)撤销判决存在全部撤销与部分撤销之分。(3)责令重作判决乃撤销判决的从判决,不能被单独作出。“可以”判决重作意味着法院在判决撤销时并非必须判决重作;究竟是否判决重作,须视个案中有无重作的必要性而定。(4)撤销判决的适用情形覆盖事实认定、规范适用、程序运行、权限行使四个方面,除“违反法定程

⑤ 参见蔡小雪编撰:《行政诉讼30年:亲历者的口述》,法律出版社2019年版,第4~5页。

⑥ 参见何海波编:《行政法治奠基时:1989年〈行政诉讼法〉史料荟萃》,法律出版社2019年版,第3~136页。

序”外,其余情形均属于实体合法性的范畴。

(二)规范变迁

在实施 20 多年后,旧法于 2014 年迎来首次系统修改。尽管其在 2017 年再次被修改——新增检察机关提起行政公益诉讼的规定,但第二次修改仅属微调,故习惯上仍将 2014 年《行政诉讼法》称为现行《行政诉讼法》(以下简称新法)。该法第 70 条规定:“行政行为有下列情形之一的,人民法院判决撤销或者部分撤销,并可以判决被告重新作出行政行为:(一)主要证据不足的;(二)适用法律、法规错误的;(三)违反法定程序的;(四)超越职权的;(五)滥用职权的;(六)明显不当的。”这六种适用情形分别指向事实认定、规范适用、程序运行、权限行使、行为结果等问题。与旧法第 54 条第 2 项的内容相比,新法第 70 条不仅有形式性调整,也有实质性变化。

首先,新法第 70 条的形式性调整体现在以“行政行为”取代“具体行政行为”的术语。尽管“行政行为”的内涵比“具体行政行为”更广泛,但作为撤销判决适用对象的“行政行为”并不等同于受案范围意义上的行政行为。后者可容纳行政事实行为与行政不作为,[⑦]但对这两类行为却无法适用撤销判决。就行政事实行为而言,因其不包含行政主体的意思表示,故不适用有关意思表示效力的判断规则,从而也就不存在效力有无及行为可否撤销的判定问题。[⑧] 就行政不作为而言,其乃法律拟制的而非自然状态下的行为,本不存在“有形性”或“有体性”,故缺乏被撤销的载体。同样的情形也出现在旧法中,作为撤销判决适用对象的“具体行政行为”在内涵上窄于旧法第 11 条中的具体行政行为。[⑨] 就此而言,无论新法还是旧法,撤销判决的适用对象都只能被理解为一种狭义的行政行为。

其次,新法第 70 条的实质性变化体现在新增“明显不当”作为撤销判

---

⑦ 受案范围意义上的行政行为可容纳行政事实行为(如新法第 12 条中的“行政强制执行”)与行政不作为(如新法第 12 条中的“不予答复”)。

⑧ 参见闫尔宝:《行政行为的性质界定与实务》,法律出版社 2010 年版,第 67 页。

⑨ 旧法第 11 条第 1 款规定:“人民法院受理公民、法人和其他组织对下列具体行政行为不服提起的诉讼:……(四)认为符合法定条件申请行政机关颁发许可证和执照,行政机关拒绝颁发或者不予答复的;(五)申请行政机关履行保护人身权、财产权的法定职责,行政机关拒绝履行或者不予答复的;……”可见,本条的“具体行政行为”包含“不予答复”,而后者属于典型的行政不作为。

决的适用情形。如果说新法“关于撤销判决的规定,实际上界定了行政行为合法与违法的界限”,[10]那么,撤销判决中包括“明显不当”在内的六种适用情形实则已构成合法性审查的一般标准。有趣的是,新法第 77 条有关变更判决的规定也包含“明显不当”字眼。作为变更判决适用情形之一的“行政处罚明显不当”,是由旧法第 54 条第 4 项中的“行政处罚显失公正”修改而来的。这项修改旨在与新法第 70 条以及当时有效的《行政复议法》(2009 年)第 28 条中的“明显不当”[11]保持术语一致,但在语义上,“明显不当”与“显失公正”并无本质区别。[12] 早期的主流观点指出,对“显失公正”的行政处罚判决变更,属于例外进行的合理性审查。[13] 如此一来,同一部法律中的两个“明显不当”就陷入了合法性审查与合理性审查的定位分歧,故有必要重新思考“合法性”与“合理性”的意涵。针对这一问题的分析,详见后文。

(三)体系定位

在行政诉讼的判决体系中,撤销判决是最主要的判决类型。从行政诉讼的发展脉络来看,撤销诉讼乃最先产生之诉讼类型,其在诉讼类型单一化的时代便已承担起行政救济之重任,所对应的判决形式即撤销判决。从司法权监督行政权的限度来看,撤销判决体现了法院对行政首次判断权的尊重,从而可经受合宪性的考验,为行政诉讼制度的发展谋取了空间。从行政判决的功能定位来看,撤销判决旨在确认行政行为违法并消

---

⑩ 林莉红:《行政诉讼法学》(第 5 版),武汉大学出版社 2020 年版,第 215 页。

⑪ 2023 年修订通过的《行政复议法》未保留“明显不当”术语,而是在第 63 条第 1 款第 1 项中使用了覆盖面更为广泛的“不适当”术语。

⑫ 参见信春鹰主编:《中华人民共和国行政诉讼法释义》,法律出版社 2014 年版,第 203 页。

⑬ 参见罗豪才主编:《中国司法审查制度》,北京大学出版社 1993 年版,第 425 页;应松年主编:《行政诉讼法学》,中国政法大学出版社 1994 年版,第 60 页。尽管有相反观点认为,一般的不公正属于合理性问题,而显失公正属于合法性问题(参见江必新:《行政诉讼法——疑难问题探讨》,北京师范学院出版社 1991 年版,第 72 页),但在旧法出台时的形式法治观的影响下,上述相反观点未能撼动“例外的合理性审查说”的支配地位。时任全国人大常委会副委员长、法制工作委员会主任王汉斌在《关于〈中华人民共和国行政诉讼法(草案)〉的说明》中提到:“人民法院审理行政案件,是对具体行政行为是否合法进行审查。至于行政机关在法律、法规规定范围内作出的具体行政行为是否适当,原则上应由行政复议处理,人民法院不能代替行政机关作出决定。”由此来看,法院对“显失公正”的行政处罚作出处理,只能被理解为一种例外的合理性审查情形。

灭其效力，这实则确立了行政行为合法性审查的一般标准，从而起到补强行政实体法的作用。

撤销判决属于形成类判决，其“通过撤销为原告设定负担之行政行为的方式来形成权利”，达到消除行政行为效力的目的。⑭ 在我国行政诉讼的判决体系中，撤销判决和变更判决属于形成类判决，履行判决和给付判决属于给付类判决，而确认违法判决、确认无效判决、驳回诉讼请求判决属于确认类判决。与变更判决相比，撤销判决体现法院对行政首次判断权的尊重，即法院只能从反面否定行政行为的合法性及效力，但不能代替行政主体作决定；变更判决则体现司法权对行政权的极大干预，法院将以自身判断取代行政主体的判断，亦即不尊重行政首次判断权。与履行判决、给付判决相比，撤销判决仅针对行政作为，而不能适用于行政不作为，更不能独自科予行政主体作为的法定义务；履行判决、给付判决则可针对行政不作为，且科予行政主体作为义务。与确认违法判决相比，撤销判决除具备确认违法的功能外，还具备消灭行政行为效力的功能。当面对一个违法的狭义行政行为时，撤销判决应优先于确认违法判决被适用；仅当该行为不具备可撤销的内容、效力已消灭或一旦被撤销将对公共利益造成重大损害等情形出现时，才有适用确认违法判决的余地。与确认无效判决相比，撤销判决针对一般违法的行政行为，而重大且明显违法的行政行为应适用确认无效判决。与驳回诉讼请求判决相比，撤销判决属于原告的胜诉判决，确认了被诉行为违法；驳回诉讼请求判决则属于原告的败诉判决，确认了被诉行为合法或原告的理由不成立。

二、撤销判决的适用对象

新法第70条明确规定，撤销判决的适用对象为“行政行为”。但在新法内部，对不同条款中的“行政行为”可能存在不同理解，故有必要对第70条中的“行政行为”进行解读。

（一）改用“行政行为”术语的考量

尽管新法以“行政行为”取代昔日“具体行政行为”的术语，但抽象行

---

⑭ 参见［德］弗里德赫尔穆·胡芬：《行政诉讼法》，莫光华译，法律出版社2003年版，第211页。

政行为并未被纳入行政诉讼受案范围。根据行政相对人是特定的抑或不特定的、行政行为调整的事实关系是具体的抑或抽象的等差异，早期的主流观点将行政行为区分为具体行政行为与抽象行政行为。然而，这种理想化的两分法不仅无法应对复杂的社会现实，还为一些不愿受理特定案件的法院提供了便利——通过严格解释“具体行政行为”的意涵而顺理成章地拒绝受案，客观上成为行政诉讼立案难的原因之一。

详言之，一方面，具体行政行为与抽象行政行为只是对行政行为的不周延划分。在“特定/不特定”的判断上，以行为作出时为基准时，观察相对人之范围是封闭的抑或开放的；在“具体/抽象”的判断上，以行为是一次适用还是反复适用为判准。基于此，具体行政行为具备相对人特定、事实关系具体的特征（“特定 + 具体”），而抽象行政行为具备相对人不特定、事实关系抽象的特征（“不特定 + 抽象”）。由此不难发现，逻辑上还应存在“特定 + 抽象”与“不特定 + 具体”两种行为形态：前者如行政机关责令某冷库的经营人履行清除义务，一旦冷气外泄导致周围路面结冰，就应及时清除；后者如行政机关在某路段设置交通标志牌。对于“特定 + 抽象”的行为，一般仍将其归入具体行政行为。[15] 而对于“不特定 + 具体”的行为，通常认为其构成一般处分，特点如下：在行为作出时，相对人并不特定，但基于一般特征可确定其范围且所调整的事实关系又极为具体。鉴于一般处分无法被纳入“具体/抽象”行政行为的范畴，故两分法存在不周延性。另一方面，使用“具体行政行为”的术语，容易限缩行政诉讼受案范围。根据旧法第 2 条与第 11 条，原告只能对“具体行政行为”提起诉讼。实践中，由于“具体行政行为”的内涵与外延不清晰，当一些法院不愿受理特定案件时，就会以“被诉行为不属于具体行政行为”为由而拒绝受理。[16] 相比而言，“行政行为”的术语更具有延展性。

（二）作为撤销判决适用对象的“行政行为”

来自立法部门的观点指出：新法所审查的“行政行为”包含行政作为、

---

⑮ 参见姜明安主编：《行政法与行政诉讼法》（第 7 版），北京大学出版社、高等教育出版社 2019 年版，第 153 页。

⑯ 参见江必新、邵长茂：《新行政诉讼法修改条文理解与适用》，中国法制出版社 2015 年版，第 28 页。

行政不作为、行政事实行为以及行政机关签订、履行行政协议的行为。[17] 但值得注意的是,以上被纳入审查范围的"行政行为"并非都属于撤销判决的适用对象。

1. 撤销判决不适用于行政不作为

我国学界关于行政不作为之界定,素有实质说与形式说之争。[18] 其分歧集中反映在拒绝行为的定性方面。实质说认为,拒绝行为在实体上否定了相对人的申请,应属行政不作为。形式说则主张,拒绝行为在程序上已作出处理,应属包含拒绝内容的行政作为。

针对上述分歧,实务部门曾试图给出答案。《最高人民法院关于行政案件案由的暂行规定》(法发〔2020〕44号,以下简称《行政案由规定》)第五点(六)项指出:"'不履行法定职责'是指负有法定职责的行政机关在依法应当履职的情况下消极不作为……未依法履责、不完全履责、履责不当和迟延履责等以作为方式实施的违法履责行为,均不属于不履行法定职责。"又因《最高人民法院关于适用〈中华人民共和国行政诉讼法〉的解释》(以下简称2018年《行诉法解释》)第91条明确将"违法拒绝履行"纳入"不履行法定职责",故综上可知:拒绝行为属于行政不作为。但实务部门的观点并未统一。例如,被《行政案由规定》定性为"作为方式"的"不完全履责"、"履责不当"与"迟延履责",在最高人民法院行政审判庭编写的释义书中被解读为"不履行法定职责"的表现,[19]亦即不履行法定职责也可通过作为方式呈现。分析至此,被纳入"不履行法定职责"的拒绝行为究竟属于作为还是不作为,依然成谜。

在学理层面,有观点从合法性审查标准的角度指出:行政作为与行政不作为的合法性审查标准有别,前者表现为新法第70条规定的六个方面,后者则表现为不履行或拖延履行法定职责;对拒绝行为的合法性审

⑰ 参见全国人大常委会法制工作委员会行政法室编著:《中华人民共和国行政诉讼法解读》,中国法制出版社2014年版,第8页。

⑱ 有关实质不作为与形式不作为的代表性观点,前者参见陈小君、方世荣:《具体行政行为几个疑难问题的识别研析》,载《中国法学》1996年第1期;后者参见吴偕林:《关于不作为行政行为与不作为行政案件范围的思考》,载《行政法学研究》1995年第1期。

⑲ 参见最高人民法院行政审判庭编著:《最高人民法院行政诉讼法司法解释理解与适用》(上),人民法院出版社2018年版,第424页。

查,应遵循行政作为的六项标准[20]。与此不同,另有观点从权利保护充分性的角度出发,将拒绝行为界定为行政不作为,理由如下:如此界定即可适用履行判决,直接实现对相对人的权益保障;反之,将拒绝行为界定为行政作为,则只能适用撤销并责令重作判决,其后果是易导致循环诉讼。[21]应当说,第一种观点更多体现了对我国司法实践的关注。但问题是,无论是新法实施前还是实施后,法院在审查拒绝行为时,都既有遵循行政作为之审查标准的判例,又有遵循行政不作为之审查标准的判例。[22] 第二种观点面临的质疑如下:将拒绝行为界定为行政作为,并不会导致其在权利保护充分性上不如行政不作为,理由是我国法院可针对行政作为与行政不作为分别适用撤销并责令重作判决与履行判决,而这两种判决都可能出现实体性裁判——法院直接决定被告重作或履行的具体内容,[23]故权利保护充分性并非将拒绝行为界定为行政不作为的充分理由。应当指出,对行政不作为的界定,不该忽略本土国情。考虑到"不履行法定职责即行政不作为"的误解在我国影响深远,[24]当行政主体面对不符合条件的申请时,实质说将导致"两难":若同意,则属违法行为;若拒绝,则属行政不作为与不履行法定职责。相比而言,形式说可避免上述尴尬,其主张行政不作为是指行政主体有作为的法定义务及可能性,但在程序上逾期不为。

---

[20] 具体是指主要证据是否充分,适用法律、法规是否错误,是否违反法定程序,是否超越职权,是否滥用职权,是否明显不当。参见林莉红:《行政诉讼法学》(第5版),武汉大学出版社2020年版,第52页。

[21] 参见闫尔宝:《行政行为的性质界定与实务》,法律出版社2010年版,第134页。

[22] 参见田华:《明示拒绝请求案件的司法审查——以行政不作为类案为视角》,载《法律适用》2010年第Z1期;钱佳:《行政诉讼类型化转型中明示拒绝行为审理规则的重构——以新行政诉讼法实施后某直辖市300件行政诉讼案件为样本的考察》,载《法律适用(司法案例)》2018年第10期。值得一提的是,在新法实施后,钱佳通过实证研究发现,针对拒绝行为的审查,多数法院仍采取面向行政作为的审查标准(占研究样本总数的97.3%)。另外,晚近刊登的公报案例——余姚市甬兴气体分滤厂与余姚市住房和城乡建设局燃气经营许可纠纷案,同样对拒绝行为采取面向行政作为的审查标准,法院最终适用的是撤销并责令重作判决,而非履行判决。参见《最高人民法院公报》2022年第2期。

[23] 关于履行判决的实体性裁判,已被2018年《行诉法解释》第91条所明确。重作判决的实体性裁判则出现在最高人民法院的公报案例与指导案例中。例如,丹阳市珥陵镇鸿润超市诉丹阳市场监督管理局不予变更经营范围登记案(参见《最高人民法院公报》2018年第6期)、萍乡市亚鹏房地产开发有限公司诉萍乡市国土资源局不履行行政协议案(参见最高人民法院指导案例76号)。

[24] 参见梁君瑜:《行政诉讼履行判决的构造与边界》,载《北方法学》2021年第4期。

根据形式说,程序上不为只是一种拟制行为,其客观上缺乏被撤销的必要性及可能性,故撤销判决不适用于行政不作为。

2. 撤销判决不适用于行政事实行为

关于行政事实行为之界定,我国学界最主要的分歧是此类行为有无法律效果,以及对“法律效果”该如何理解。“无法律效果说”认为,行政事实行为是行政主体运用职权作出的不具有法律效果(但可以有法律后果)的行为。此观点进一步指出,法律效果不同于法律后果:前者强调的是设定、变更或消灭某种权利义务关系,后者则强调法律责任的承担。[25]换言之,法律效果要求主观上有行为意图且客观上有行为结果,而法律后果仅要求有行为结果。相比而言,“无意思表示说”则认为,行政主体在作出行政事实行为时,并无发生法律效果的意思表示,但不排斥行政事实行为可能在实际上发生法律效果。[26] 可见,此观点未专门另设“法律后果”的概念,而是以“法律效果非由意思表示引起”作为辨别行政事实行为的标准。“非由意思表示引起”是指行政事实行为的法律效果并非直接产生,即不是基于行政主体的意思表示产生,而是直接源于法律规定。上述两种观点实则具有共通性,都强调与行政事实行为相对的行政(法律)行为须在法律效果上满足“主观(意思表示)引起客观(影响)”的条件;若缺乏此条件,则属于行政事实行为。至于行政相对人遭受的“非由意思表示引起”的影响,究竟应称为“法律效果”还是“法律后果”,并非问题的关键。

根据新法第74条第2款第1项,行政行为违法但不具有可撤销内容的,法院应作出确认违法判决。一般认为,这主要针对违法的行政事实行为,[27]亦即撤销判决不适用于行政事实行为。尽管在旧法实施期间,曾参与起草《最高人民法院关于执行〈中华人民共和国行政诉讼法〉若干问题的解释》(以下简称2000年《行诉法解释》)的法官提出了不同意见:“行

---

[25] 参见周佑勇:《行政法原论》,北京大学出版社2018年版,第177~178页。

[26] 参见江必新、梁凤云:《行政诉讼法理论与实务》(上),法律出版社2016年版,第191~192页。

[27] 参见全国人大常委会法制工作委员会行政法室编著:《中华人民共和国行政诉讼法解读》,中国法制出版社2014年版,第205页。除了针对行政事实行为外,“不具有可撤销内容”的情形还可针对未制作行政决定书的行政强制措施等。参见刘云务诉山西省太原市公安局交通警察支队晋源一大队道路交通管理行政强制案,载《最高人民法院公报》2017年第2期。

政行为违法但不具有可撤销内容”不涉及行政事实行为，因为“事实行为不属于行政诉讼法所指的可诉的具体行政行为”。[28] 但在同一时期，最高人民法院行政审判庭表达了不同看法：2000 年《行诉法解释》第 57 条第 2 款第 2 项中的“被诉具体行政行为违法，但不具有可撤销内容”主要指行政事实行为。[29]

3. 撤销判决不适用于行政机关订立、履行行政协议的行为

撤销判决具有排除行政权妨害的功能。行政机关订立、履行行政协议的行为不存在行政权之运用，故不存在新法第 70 条撤销判决的适用余地。

就行政机关订立行政协议的行为（缔约行为）而言，该行为仅是达成行政协议的一个阶段行为，类似于要约的贯彻落实。通常情况下，对阶段行为应无单独起诉的必要，行政相对人可通过诉请撤销行政协议来实现救济。但《最高人民法院关于审理行政协议案件若干问题的规定》（以下简称《行政协议审理规定》）却采取了双轨制：一方面，该司法解释第 11 条默认可对缔约行为单独起诉，并规定从“是否具有法定职权、是否滥用职权、适用法律法规是否正确、是否遵守法定程序、是否明显不当、是否履行相应法定职责”等方面对缔约行为进行合法性审查；另一方面，该司法解释第 14 条肯认对行政协议本身提起诉讼，即原告请求撤销行政协议，法院经审理认为符合法定可撤销情形的，可依法判决撤销该协议。应当说，无论是撤销缔约行为还是行政协议本身，均应参照适用民事法律规范关于民事合同的相关规定（而非新法第 70 条）作出处理。详言之，尽管《行政协议审理规定》第 11 条对缔约行为采用了类似新法第 70 条撤销判决的审查标准，但该司法解释第 9 条提及的“诉讼请求”并不包含“判决撤销缔约行为”。新法第 78 条关于行政协议判决形式的规定未提及“判决撤销行政协议”，故《行政协议审理规定》第 9 条第 5 项中出现的“请求判决撤销行政协议”应对应该司法解释第 27 条第 2 款内含的判决形式，即“参照适用民事法律规范关于民事合同的相关规定”作出撤销判决（并非新法

---

[28] 甘文：《行政诉讼法司法解释之评论——理由、观点与问题》，中国法制出版社 2000 年版，第 164 页。

[29] 参见最高人民法院行政审判庭编：《〈关于执行《中华人民共和国行政诉讼法》若干问题的解释〉释义》，中国城市出版社 2000 年版，第 122 页。

第70条的撤销判决)。[30]

就行政机关履行行政协议的行为(履约行为)而言,相关纠纷常常见于行政机关完全不履行和不依约定履行两大领域。其中,前者缺乏被撤销的载体,而后者因不存在行政权之运用,故应参照适用民事法律规范关于民事合同的相关规定作出处理。另外,需要注意的是行政机关变更、解除行政协议的行为。对这类行为的性质不能一概而论:(1)若行政机关行使的是法规范赋予的单方变更、解除协议的权力,则行政机关变更、解除行政协议的行为和传统的单方行政行为并无二致,自然可适用新法第70条的撤销判决。事实上,《行政协议审理规定》第9条规定的"有具体的诉讼请求"已包括"请求判决撤销行政机关变更、解除行政协议的行政行为"。同时,《行政协议审理规定》第16条第2款也明确规定,"被告变更、解除行政协议的行政行为"存在新法第70条规定情形的,法院判决撤销或部分撤销,并可责令被告重新作出行政行为。(2)若法规范未赋予行政机关单方变更、解除协议的权力,但行政协议约定行政机关可变更、解除,则行政机关变更、解除行政协议的行为应适用民事法律规范,[31]具体为参照适用民事合同的相关规定作出处理。

4. 撤销判决仅适用于狭义行政行为

学界在不同含义上使用"行政行为"的概念。其中,作为撤销判决适用对象的"行政行为"仅限于狭义行政行为。此处的"狭义行政行为"与德国的行政处分、法国的行政处理、我国学者提及的"行政决定""具体行政行为"同义。狭义行政行为具备行政性、权力性、单方性、法效性、外部性、具体性等特征。首先,行政性强调行为的实施者为行政机关,或虽为立法机关、司法机关,但后两者乃基于行政职能而实施行为。因此,行政性既排除立法

[30] 也有观点认为,对行政协议本身的撤销,既可基于民事合同的相关规定,也可基于新法第70条撤销判决的六种适用情形。理由是行政协议兼具"契约性"与"行政性",就后者而言,行政协议作为一种双方行政行为,可适用新法第70条关于行政行为撤销的规定。但持该观点者又指出,新法第70条规定的"六种可撤销情形,一般情况下只会产生于行政机关一方,而不会产生于行政协议相对方"(参见最高人民法院行政审判庭编著:《最高人民法院关于审理行政协议案件若干问题的规定理解与适用》,人民法院出版社2020年版,第217~218页)。换言之,新法第70条所针对的仍只是传统的单方行政行为,而并非行政协议这种双方行政行为。

[31] 参见梁凤云:《行政协议司法解释讲义》,人民法院出版社2020年版,第263页。

机关、司法机关实施的与行政职能无关的行为，又排除行政机关作出的含高度政治性的行为。其次，权力性强调行为的实施涉及对公权力的运用，由此排除行政机关居于民事主体地位、以私法方式实施的行政活动，如国库行为、经营行为和行政私法行为。再次，单方性是指行为的作出仅由行政机关单方意志所决定。由此排除以双方意思一致为前提的行政协议。复次，法效性与外部性往往被结合起来理解，二者强调行为将直接对外产生法律效果。“直接对外产生法律效果”是指法律效果由行为者的主观意思表示引起，而非由法律设定。由此排除不直接产生法律效果的行政事实行为、不对外产生法律效果的内部行政行为。最后，具体性指行为所面向的是特定对象或可确定的群体并调整具体事件，由此排除抽象行政行为。

另外，狭义行政行为必须已成立且效力存续，否则，对其无法适用撤销判决。[32] 首先，狭义行政行为不成立，意味着其可能属于民事行为、刑事司法行为，也可能属于行政事实行为等。总之，其所呈现的行为并不同时具备行政性、权力性、单方性、法效性、外部性、具体性等特征。其次，若狭义行政行为的效力已消灭，则既无撤销的必要，也无可撤销的对象，通常仅需继续确认该行为的违法性即可。值得探讨的是，撤销判决能否适用于无效行政行为？通常认为，撤销判决发挥排除行政行为公定力的作用，而在有限公定力说的支配下，无效行政行为并无公定力，故撤销判决不适用于无效行政行为，后者可通过确认无效判决来处理。也有观点指出，尽管无效行政行为本无可供撤销的行为效力可言，但毕竟有行政行为的外观存在，法院判决撤销无效行政行为，也只是相当于行政行为的无效宣告而已。[33] 事实上，行政行为外观的存在往往表现为已作出的行政决定书，无论该行为是无效的还是属于行政事实行为，判决撤销作为该行为之载体的行政决定书都不存在障碍。只不过此时的撤销判决仅起到无效宣告或违法宣告的作用罢了。

三、撤销判决的适用情形

撤销判决的六种适用情形分别指向事实认定、规范适用、程序运行、

---

[32] 参见章剑生主编：《行政诉讼判决研究》，浙江大学出版社2010年版，第552～553页。

[33] 参见王贵松：《行政行为无效的认定》，载《法学研究》2018年第6期。

权限行使、行为结果等问题。这些情形之间的区别,事关撤销判决的内部边界。这些情形中的"适用法律、法规错误""超越职权""违反法定程序""明显不当"与新法第75条确认无效判决中的"没有依据""不具有行政主体资格"、第74条确认违法判决中的"程序轻微违法"、第77条变更判决中的"明显不当"之间的区别,事关撤销判决的外部边界。

(一)主要证据不足

证据的价值在于证明案件事实,"主要证据不足"是指被告向法院提交的证据,不能证明被诉行为认定的有关定性和处理结果之基本事实。[34]若收集的证据可认定基本事实,则即便缺少枝节情况的证据,也不构成主要证据不足。[35] 就此而言,"主要证据不足"成为基本事实认定不清或错误的代名词。

通常认为,主要证据是证明案件基本事实或决定事物本质属性的必不可少的证据,而缺少次要证据并不影响行政机关对相应事实的认定。[36]其中,"基本事实""事物本质属性"的含义都过于抽象,故对司法实践的指导意义有限。面对以上局限,有观点通过列举的方式,为"主要证据"提供了若干判定标准,即"涉及何人在何时、何地做了什么事,以及此事产生什么后果的证据,是否有这些证据,直接影响到行政相对人行为性质确定、法条选择以及法效果不同的裁量"。[37]

事实与证据是表里一体的关系,法院对事实的认定离不开证据的支撑。当界定"主要证据"陷入僵局时,还存在另一种"破局"思路——从对"主要事实"的解读中寻找答案。详言之,2018年《行诉法解释》第90条第1款提到的"主要事实或者主要理由有改变"是指对"作出原行政行为时适用的法律规范所要求的法律要件事实"作出了实质性的改变,或者变更原行政行为适用的法律从而导致案件定性发生改变。[38] 据此,"主要事

---

[34] 参见马原主编:《中国行政诉讼法教程》,红旗出版社1995年版,第282页。

[35] 参见胡康生主编:《行政诉讼法释义》,北京师范学院出版社1989年版,第90页。

[36] 参见罗豪才、应松年主编:《行政诉讼法学》,中国政法大学出版社1990年版,第245页;姜明安主编:《行政法与行政诉讼法》(第7版),北京大学出版社、高等教育出版社2019年版,第527页。

[37] 章剑生:《现代行政法总论》(第2版),法律出版社2019年版,第490页。

[38] 参见最高人民法院行政审判庭编著:《最高人民法院行政诉讼法司法解释理解与适用》(上),人民法院出版社2018年版,第421页。

实”是指法律要件事实。所谓法律要件事实,即“与发生某一法律效果所必需的法律要件之构成要素相对应的具体事实”。[39] 产生某一法律效果所须满足的法律要件,有可能对应多个具体事实,而证明这些具体事实的证据,就属于主要证据。例如,在王福珍诉天津市滨海新区人民政府政府信息公开案中,法院认为:“行政机关在保持与基本事实同一性的范围之内追加和变更理由一般可以允许,即以本案为例,行政机关在信息公开答复中称不公开是因为‘不属于本行政机关公开’,这一理由并没有涉及政府信息是否存在的问题,当其在诉讼中将理由替换为‘政府信息不存在’,而实际情况确实不存在时,就具备与基本事实的同一性。”[40]尽管被告对具体事实进行了替换,但法院判定这仍属于“不改变法律要件事实”的情形。换言之,“不属于本行政机关公开”和“政府信息不存在”这两个具体事实对应同一个法律要件。[41] 证明这两个具体事实的证据,便属于主要证据。综上,“主要证据不足”即证明法律要件事实的证据不足。

实践中,以下情形值得注意:当被诉行政行为所适用的证据在收集程序上违法时,法院应将此认定为“主要证据不足”还是“违反法定程序”?在丰浩江等人诉广东省东莞市规划局房屋拆迁行政裁决纠纷案中,法院认为,对于行政机关作出行政裁决时所依据的评估报告,若存在评估人不具备法定评估资格或评估人未依法取证等程序上严重违法的问题,则应认定行政机关的裁决“主要证据不足”。究其缘由,在于违法收集的证据材料因缺乏合法性,故证据能力阙如。[42]

(二)适用法律、法规错误

“主要证据不足”与“适用法律、法规错误”往往产生连锁反应。当事实认定出现错误时,通常也会导致行政主体适用错误的法律加以涵摄。

---

[39] 许可:《民事审判方法:要件事实引论》,法律出版社2009年版,第40~41页。

[40] 最高人民法院行政裁定书,(2016)最高法行申1842号。

[41] 根据该案被诉行为作出时仍在适用的2007年《政府信息公开条例》第21条第3项,当满足“依法不属于本行政机关公开或者该政府信息不存在”这一法律要件时,将产生“应当告知申请人,对能够确定该政府信息的公开机关的,应当告知申请人该行政机关的名称、联系方式”这一法律效果,亦即“不属于本行政机关公开”和“政府信息不存在”这两个具体事实对应同一个法律要件,故二者之间的替换未改变被诉行为的法律要件事实。

[42] 参见《最高人民法院公报》2004年第7期。

按照狭义的理解,法律、法规分别是指“全国人大及其常委会制定、通过的规范性文件”与“行政法规、地方性法规”。但结合立法原意和司法实践来看,此处的“法律、法规”应被扩大理解为行政行为所依据的法规范。通常认为,“适用法律、法规错误”主要包括以下情形:(1)应适用甲法,却适用了乙法;(2)应适用上位法、特别法、新法,却适用了下位法、一般法、旧法;(3)应适用某法的某条款,却适用了该法的其他条款;(4)未援引具体法规范,包括完全未援引、仅笼统援引但未指出所依据的具体条文;(5)适用尚未生效或已失效、废止的法规范;(6)援引法规范虽达到具体程度但不全,包括应并用多个法规范却只适用其中一部分、应并用某法规范中的多个条款却只适用其中一部分。[43] 然而,从最高人民法院审理的案例、发布的指导案例及公报案例来看,上述第四种情形——未援引具体法规范——的争议最大且有待推敲。

1.“未援引具体法规范”的正确定性

关于未援引具体法规范,我国法院曾出现三种定性:(1)违反法定程序。在兰州常德物资开发部不服兰州市人民政府收回土地使用权批复案中,法院认为,被诉行为“只笼统提到‘根据《中华人民共和国土地管理法》和《甘肃省实施土地管理法办法》的有关规定’,未引出适用的具体条文,违反了法定程序”。[44] (2)适用法律不当(适用法律错误)。在任建国不服劳动教养复查决定案中,法院认为,被诉行为“由于无法引用劳动教养法规适用对象的具体规定,因此,笼统地表述为依据国务院关于劳动教养的有关规定……适用法律不当”。[45] 在宿海燕不服劳动教养决定案中,法院认为,被诉行为“只提到适用国务院《关于劳动教养问题的决定》及其《补充规定》,没有指出适用的具体条款,是适用法律不当”。[46] 在路世伟不服靖远县人民政府行政决定案中,法院认为,被诉行为“没有说明作出该具体行政行为的法律依据,属适用法律不当”。[47] (3)不影响

[43] 参见朱新力:《司法审查的基准:探索行政诉讼的裁判技术》,法律出版社2005年版,第433~434页;全国人大常委会法制工作委员会行政法室编写:《〈中华人民共和国行政诉讼法〉解读与适用》,法律出版社2015年版,第156~157页。

[44] 《最高人民法院公报》2000年第4期。

[45] 《最高人民法院公报》1993年第3期。

[46] 《最高人民法院公报》2000年第3期。

[47] 《最高人民法院公报》2002年第3期。

行政行为的合法性。在赵立新不服宁夏回族自治区国有资产管理局行政批复案中,法院认为,被诉行为"未引用前述规定的条、款、项,不影响其行为的合法性。"[48]在开封市豫东房地产实业公司诉河南省开封市人民政府等撤销国有土地使用权证案中,法院认为,被诉行为"未引用法律条款,形式上存在瑕疵",应驳回原告的撤销请求,[49]亦即"未引用法律条款"不构成违法。

面对上述分歧,最高人民法院在指导案例 41 号宣懿成等诉浙江省衢州市国土资源局收回国有土地使用权案中提出两步判断法,试图定分止争。该案的"裁判要点"指出:"行政机关作出具体行政行为时未引用具体法律条款,且在诉讼中不能证明该具体行政行为符合法律的具体规定,应当视为该具体行政行为没有法律依据,适用法律错误。"据此,仅当被诉行为同时满足"未援引具体法规范"(条件 1)与"在诉讼中未补充具体法规范或所作补充无法自圆其说"(条件 2)时,才构成"没有法律依据,适用法律错误"。法院的判断分两步走:先判断条件 1,当其成立后再判断条件 2。这种思路值得肯定,但指导案例 41 号给出的行为定性却值得商榷。理由如下:在新法实施后,"没有法律依据"与"适用法律错误"分别属于确认无效判决与撤销判决的适用情形,这意味着上述定性自相矛盾。应当说,在未援引具体法规范的情况下,法院已给予被告补救机会,若被告依旧无法自圆其说,则可推定其并无法律依据,进而判定被诉行为无效,[50]亦即"适用法律错误"应被"没有法律依据"的定性取代。一个侧面的印证在于,该案曾作为公报案例发布,彼时的文本中未出现"没有法律依据"的定性。[51] 该定性是在该案作为指导案例发布时新增的。在指导案例 41 号发布时,新法已通过,而该法第 75 条增加规定,"没有依据"的行政行为应被判决确认无效。这或许可在一定程度上揭示指导案例 41 号的意图:将同时满足条件 1 和条件 2 的行为定性为无效行政行为,具体表现为"没

---

[48] 最高人民法院行政判决书,(1999)行终字第 15 号。

[49] 参见最高人民法院行政判决书,(2002)行终字第 5 号。

[50] 参见梁君瑜:《论行政诉讼中的确认无效判决》,载《清华法学》2016 年第 4 期。

[51] 在作为公报案例发布时,该案的文本表述如下:"国土局在有关该决定的书面通知中,仅说明该决定是依照土地管理法及浙江省的有关规定作出的,但却没有说明决定收回各原告住宅国有土地使用权的具体法律依据……对所依据的法律条款应当予以具体说明而没有说明,属于适用法律错误。"参见《最高人民法院公报》2004 年第 4 期。

有法律依据”。另外,若不满足条件1(援引了具体法规范),则无须斟酌条件2。具体法规范一旦用错,将构成适用法律、法规错误。若满足条件1但不满足条件2(被告在诉讼中补充的具体法规范能支持被诉行为),则意味着被诉行为并非没有法律依据,只是被告原先漏写了或不当简化了该依据,此时,应构成程序轻微违法。

2.“援引具体法规范”的程度要求

援引至何种程度才算得上“援引具体法规范”?考虑到法条可能由“条”“款”“项”“目”构成,要求行政主体指出所依据的具体条文,将面临在程度上是否须援引至某条文中的“款”、“项”乃至“目”的问题。在罗伦富不服道路交通事故责任认定案中,法院认为,被诉行为“适用的法律依据是《道路交通事故处理办法》第19条。该条规定有三款,分别规定了在有一方、两方、三方或多方当事人的情况下责任如何认定。交警队只笼统适用《道路交通事故处理办法》第19条,没有指出具体适用哪一款,属适用法律错误”。[52] 然而,从第19条的内容来看,该案审理法院的认识未免僵化。毕竟,当援引的法规范精确到“条”时,若能准确无疑地推断出应适用哪一款、项或目,则不该过多苛责。除非出现了无法作出准确无疑推断的情形,才有必要援引至“款”、“项”乃至“目”。例如,在郴州饭垄堆矿业有限公司诉国土资源部国土资源行政复议决定案中,法院认为,被诉复议决定援引当时有效的《行政复议法》(2009年)第28条第1款第3项作为依据,但该项包括五目,而这几目在适用上并不十分明确,尤其是第4目的“滥用职权”极易与其他各目混淆。鉴于无法准确无疑地推断出应适用哪一目,法院最终认为,被告“未明确具体适用该项五种违法情形的具体类型……构成适用法律不当”。[53]

3.“适用法律、法规错误”与“没有依据”的甄别

根据新法第75条,行政行为没有依据的,构成“重大且明显违法”,法院将作出确认无效判决。2018年《行诉法解释》第99条进一步规定,“没有依据”是指减损权利或增加义务的行政行为没有法律规范依据,亦即不

[52] 《最高人民法院公报》2002年第5期。

[53] 最高人民法院行政判决书,(2018)最高法行再6号。当然,依上文分析,该案中的被诉行为应属于“没有依据”或“程序轻微违法”,这需视被告是否在诉讼中补充了足以支持被诉行为的具体法规范来判断。

包含“没有事实依据(证据)”的情形。关于“没有依据”的判断,上文在介绍指导案例41号时已作分析。实践中,有两种情形值得注意,它们涉及对“适用法律、法规错误”与“没有依据”的甄别。其一,适用尚未生效或已失效、废止的法规范,是否构成没有依据?有观点持否定意见,认为这属于适用法律、法规错误,即本该适用有效的法规范。[54] 但不无疑问的是,若考虑行政诉讼裁判基准时的问题,则当被诉行为作出时,无论是实质上还是形式上都符合“没有依据”的特征。其二,适用的法规范已生效但与上位法相抵触,是否构成没有依据?此时,所适用的法规范不存在“未生效或已失效、废止”的情形,且在有权机关将其废止前,仍是行政行为的有效依据。有观点指出,若被告在诉讼中补充的法规范为规章以下的行政规范性文件(以下简称红头文件),则法院可在原告申请附带审查后不予适用该文件,并向制定机关提出处理建议;若被告在诉讼中补充的法规范之位阶高于前述情形,则不在规范性文件附带审查机制的射程之内,法院仅可采取无视态度,并直接适用上位法裁判。因此,适用的法规范与上位法相抵触之情形不构成没有依据,而属于适用法律、法规错误。[55] 还有观点认为,行政行为虽有法规范依据,但法规范与上位法直接、明显抵触的,视为没有依据;若抵触并不直接、明显或存有争议,则不宜认定为行政行为“没有依据”。[56] 应当说,上述两种观点分别对“没有依据”采用了形式判断标准与实质判断标准。从操作层面来看,因“抵触是否直接、明显”较难把握,故形式判断标准更有助于实现裁判的统一。

(三)违反法定程序

法学范畴下的“程序”是指依一定步骤、顺序、期限、方式作出法律决定的过程。理解“违反法定程序”的关键在于界定“法”的范畴。

1.“违反法定程序”中“法”的界定

一般认为,法律、法规、规章均可纳入“违反法定程序”中“法”的范畴。但宪法、红头文件、正当程序原则应否被纳入其中,则争议较大。当前,我国

---

[54] 参见姜明安主编:《行政法与行政诉讼法》(第7版),北京大学出版社、高等教育出版社2019年版,第528页;章剑生:《现代行政法总论》,法律出版社2019年版,第279页。

[55] 参见梁君瑜:《论行政诉讼中的确认无效判决》,载《清华法学》2016年第4期。

[56] 参见江必新、梁凤云:《行政诉讼法理论与实务》(下),法律出版社2016年版,第1694~1695页。

的宪法解释机关只有全国人大常委会，法官无权在审判中解释宪法。尽管在审判实践中不乏援引宪法的案例，但高度抽象的宪法条文存在被随意适用的潜在危险，且我国的释宪机制尚不发达，将宪法纳入此处"法"的范畴，恐怕意义甚微。[57] 至于红头文件应否被纳入"法"的范畴，否定论者认为，此类文件因制作主体零乱、形式不规范而极易导致适用冲突，[58]故不宜纳入。肯定论者则指出，此类文件在客观上可直接约束相对人，故应附条件地肯认其"法"的地位。[59] 最后，正当程序原则应否被纳入"法"的范畴？从公报案例和指导案例的立场来看，违反正当程序原则被视为"违反法定程序"。[60] 晚近的不少观点也主张将该原则纳入"法"的范畴。[61]

从长远来看，基于加大监督行政权的力度考虑，对"违反法定程序"中"法"的范畴确有扩大之必要，故以上争议情形均应纳入其中。但立足当下，欠发达的释宪机制意味着将宪法规定的程序纳入"法定程序"意义不大，而那些不影响权利义务的红头文件所规定的程序，也因没有被争执的必要，故将其纳入"法定程序"的意义甚微。至于正当程序原则、影响权利义务的红头文件，应可纳入"法定程序"中"法"的范畴。但在判断"违反法定程序"时，正当程序原则只能在判决理由中出现，影响权利义务的红头文件若合法有效，则可在判决主文中出现。原因在于，我国法院在认定被诉行为是否违反法定程序时，其判决主文只能"依据法律、法规""参照

---

[57] 参见章剑生：《对违反法定程序的司法审查——以最高人民法院公布的典型案件(1985—2008)为例》，载《法学研究》2009年第2期。

[58] 参见章剑生：《论行政程序违法及其司法审查》，载《行政法学研究》1996年第1期。

[59] 参见王万华：《行政程序法研究》，中国法制出版社2000年版，第250页；杨伟东：《行政程序违法的法律后果及其责任》，载《政法论坛》2005年第4期。

[60] 参见张成银诉徐州市人民政府房屋登记行政复议决定案，载《最高人民法院公报》2005年第3期；陆廷佐诉上海市闸北区房屋土地管理局房屋拆迁行政裁决纠纷案，载《最高人民法院公报》2007年第8期；定安城东建筑装修工程公司与海南省定安县人民政府、第三人中国农业银行定安支行收回国有土地使用权及撤销土地证案，载《最高人民法院公报》2015年第2期；射阳县红旗文工团诉射阳县文化广电新闻出版局程序不正当注销文化行政许可纠纷案，载《最高人民法院公报》2018年第8期；中国石化销售有限公司江苏盐城石油分公司诉江苏省射阳县国土资源局撤销行政许可案，载《最高人民法院公报》2021年第11期；田永诉北京科技大学拒绝颁发毕业证、学位证案，最高人民法院指导案例38号(2014年)。

[61] 参见朱新力：《司法审查的基准：探索行政诉讼的裁判技术》，法律出版社2005年版，第381~385页；钟瑞友：《对"违反法定行政程序"若干问题的思考》，载罗豪才主编：《行政法论丛》第9卷，法律出版社2006年版，第181页。

规章”“引用合法有效的其他规范性文件”。[62] 据此,法律、法规可直接作为判决主文中的依据,而规章、红头文件仅可附条件地作为判决主文中的依据——以合法有效为前提。至于正当程序原则,显然并非判决主文中的依据。

2. 违反法定程序的可能后果

违反法定程序的行政行为应否一律被撤销?答案是否定的。在旧法实施期间,尽管该法对“违反法定程序”的行政行为仅规定了撤销判决这一种判决形式,但在实践中,“违反法定程序”的行政行为却可能被认定为“轻微瑕疵”并适用旧法中的维持判决,[63]也可能不被纳入我国行政诉讼法中的“违反法定程序”而代之以“程序瑕疵”的定性,最终适用驳回诉讼请求判决,[64]还可能因程序违法达到了“重大且明显”的程度而适用确认无效判决。[65] 彼时的实务部门也认为,行政行为无其他违法情形,仅在文书送达上略微超期的,尽管也是违反法定程序,但法院可以不判决撤销,仅指出超期问题。[66] 综上,除被撤销以外,违反法定程序的可能后果还包括不影响行政行为的合法性、被确认无效两种。自新法实施后,该法在“违反法定程序”之外增加“行政行为程序轻微违法,但对原告权利不产生实际影响”的新类型,并对其适用确认违法判决。但在实践中,除“违反法定程序”和“程序轻微违法”外,还出现了既不被撤销又不被确认违法、而是由法院予以指正并判决驳回诉讼请求的第三种程序瑕疵类型。[67] 若将违反法定程序达到“重大且明显”程度的情形也考虑在内,则违反法定

---

[62] 参见新法第63条与2018年《行诉法解释》第100条第2款。

[63] 参见宜昌市妇幼保健院不服宜昌市工商行政管理局行政处罚决定案,载《最高人民法院公报》2001年第4期。

[64] 参见北京天元伟业模板有限公司武汉分公司不服湖北省武汉市东西湖区劳动和社会保障局社会保障行政确认案,载最高人民法院行政审判庭编:《中国行政审判指导案例》(第1卷),中国法制出版社2010年版,第212~216页;祝东勇诉辽宁省西丰县陶然乡人民政府婚姻行政登记案,载最高人民法院行政审判庭编:《中国行政审判案例》(第3卷),中国法制出版社2012年版,第148~150页。

[65] 参见俞飞诉无锡市城市管理行政执法局行政处罚案,载最高人民法院行政审判庭编:《中国行政审判案例》(第3卷),中国法制出版社2012年版,第164~170页。

[66] 参见胡康生主编:《行政诉讼法释义》,北京师范学院出版社1989年版,第91~92页。

[67] 参见陈贵先等诉云南省易门县人民政府房屋行政登记案,最高人民法院(2017)最高法行申181号行政裁定书;熊宗强诉宜昌市伍家岗区人民政府等不履行政府信息公开法定职责及行政复议案,最高人民法院(2017)最高法行申9280号行政裁定书。

程序的可能后果便包括不影响行政行为的合法性、被确认违法、被撤销、被确认无效。

3. “违反法定程序”与“程序轻微违法”的甄别

根据新法第74条第1款第2项,行政行为程序轻微违法但对原告权利不产生实际影响的,法院将作出确认违法判决。此处的“程序轻微违法”与新法第70条中的“违反法定程序”存在何种关系?在2018年《行诉法解释》出台前,来自立法部门的观点认为:虽属程序轻微违法但对原告权利产生实际影响的,适用撤销判决;作为撤销判决适用情形之一的“违反法定程序”可包含“程序轻微违法”,两者不是并列关系。[68] “程序轻微违法”的行政行为还须满足“对原告权利不产生实际影响”才可适用确认违法判决。但这种观点并未勾勒出“程序轻微违法”的边界,只是简单地将其归入广义的违反法定程序之范畴中。相比而言,在可适用撤销判决这一层意义上,将“违反法定程序”理解为程序一般违法(介于程序轻微违法与程序重大且明显违法之间),或许更有利于厘清“违反法定程序”与“程序轻微违法”的界限。一种可行的思路如下:“违反法定程序”意味着已对相对人的程序性权利造成损害,而“程序轻微违法”不损害程序性权利;同时,鉴于新法第74条对“程序轻微违法”与“对原告权利不产生实际影响”这两个要件采取了并列表述的逻辑,故后者中的“权利”应被限缩解释为实体性权利,以避免两个要件发生重合。[69]

为弥补新法未界定“程序轻微违法”的遗憾,2018年《行诉法解释》第96条规定,有下列情形之一且对原告依法享有的听证、陈述、申辩等重要程序性权利不产生实质损害的,属于“程序轻微违法”:(1)处理期限轻微违法;(2)通知、送达等程序轻微违法;(3)其他程序轻微违法的情形。该条表面上为判定“程序轻微违法”设置了两个要件,但由于“有下列情形之一”只是对程序轻微违法情形的不完全列举,故“对重要程

---

[68] 参见全国人大常委会法制工作委员会行政法室编著:《中华人民共和国行政诉讼法解读》,中国法制出版社2014年版,第196、205页。

[69] 参见梁君瑜:《行政程序瑕疵的三分法与司法审查》,载《法学家》2017年第3期。也有不同的观点认为,新法第74条对“程序轻微违法”与“对原告权利不产生实际影响”采取的表述逻辑有误,二者应是解释关系:“对原告权利不产生实际影响”是“程序轻微违法”的认定标准。参见胡建淼:《行政诉讼法学》,法律出版社2019年版,第469页。

序性权利不产生实质损害”才是判定的关键。来自实务部门的观点认为,“不产生实质损害”是指不影响当事人意见的依法阐述和有效表达。[70] 反之,关于对重要程序性权利已产生实质损害的程序违法情形,最高人民法院行政审判庭在其释义书中指出,这应指违反正当程序原则的情形,包括未依法举行听证、未遵守回避原则、未听取利害关系人的陈述或申辩等。[71]

(四)超越职权

超越职权是指行政主体突破法定职权范围,行使了本不该由其行使的职权。此处的“职权”既包括管辖权,也包括处理权。前者是指行政机关对特定领域事务的主管权力,后者则指行政机关对特定事项作出某种方式之处理的权力。[72] 在具体类型方面,有观点认为,超越职权包括根本没有行政主体资格,超越事务管辖权、地域管辖权或级别管辖权,超越法定的具体职权等。[73] 不同的观点则指出,超越职权的前提是行为主体具备行政主体资格,否则,不构成超越职权,而应属于无效行政行为且应适用确认无效判决。[74] 尽管在学理层面,第二种观点将无行政主体资格者实施的行为一律纳入无效行政行为颇值得商榷,[75]但鉴于新法第 75 条已明确规定,对“实施主体不具有行政主体资格”的行政行为适用确认无效判决,故相较第一种观点而言,第二种观点依然更合理。

1. 超越职权的类型

超越职权的常见类型可归纳如下:(1)横向越权(超越事务管辖权),即甲行政机关行使了乙行政机关的职权。例如,民政局处罚违法建筑的所有人。行政机关在未获法律、法规授权之情况下行使立法机关、司法机

---

[70] 参见梁凤云:《行政诉讼法司法解释讲义》,人民法院出版社 2018 年版,第 263 页。

[71] 参见最高人民法院行政审判庭编著:《最高人民法院行政诉讼法司法解释理解与适用》(上),人民法院出版社 2018 年版,第 445 页。

[72] 参见何海波:《行政行为的合法要件——兼议行政行为司法审查根据的重构》,载《中国法学》2009 年第 4 期。

[73] 参见信春鹰主编:《中华人民共和国行政诉讼法释义》,法律出版社 2014 年版,第 189 页。

[74] 参见江必新、邵长茂:《新行政诉讼法修改条文理解与适用》,中国法制出版社 2015 年版,第 264 页。

[75] 参见梁君瑜:《论行政诉讼中的确认无效判决》,载《清华法学》2016 年第 4 期。

关等其他国家机关职权的[76],一般也被认为构成超越职权。[77] (2)纵向越权(超越级别管辖权),即下级行政机关行使了上级行政机关的职权。例如,根据《土地管理法》第14条第2款,单位之间的土地所有权争议,由县级以上人民政府处理。若乡级政府对此作出处理,则构成纵向越权。至于上级行政机关行使了下级行政机关的职权,是否构成纵向越权?早期的观点认为,因上、下级行政机关之间存在隶属关系,故原则上应允许上级机关在必要时代行下级机关的职权(不构成纵向越权),但在法律、法规明确规定某职权由下级机关行使时除外。[78] 晚近则有不同的观点指出,上级机关代行下级机关的职权,可能破坏政府层级之间的正常分工,有损行政的连续性和可预期性,故原则上应禁止(构成纵向越权)。[79] 在李淑芝诉北京市昌平区政府不履行法定职责案中,上级机关被禁止代行下级机关的职权。最高人民法院行政审判庭为该案编写的"裁判要旨"指出:"人民政府不得违法行使其所属工作部门的法定职权。"[80](3)地域越权(超越地域管辖权),即甲地行政机关行使了应由乙地行政机关行使的职权。例如,根据《行政处罚法》第22条,如无特别规定,行政处罚由违法行为发生地的行政机关管辖。若违法行为发生地以外的行政机关实施了处罚,则构成地域越权。(4)超越法定的处理权,即行政机关虽在其对应的事务、级别、地域管辖权范围内活动,但突破了法规范所赋予的处理权。例如,根据《治安管理处罚法》第91条,公安派出所有权以自己名义作出警告、500元以下罚款的决定。若某派出所以自己名义作出600元罚款或行政拘留的决定,则构成超越法定的处理权。

2."超越职权"与"不具有行政主体资格"的甄别

根据新法第75条,行政行为实施主体不具有行政主体资格的,构成

[76] 有学者称此为"无权限性的越权行为"或"职权僭越"。参见罗豪才主编:《中国司法审查制度》,北京大学出版社1993年版,第393页;江必新主编:《中华人民共和国行政诉讼法理解适用与实务指南》,中国法制出版社2015年版,第328页。

[77] 参见最高人民法院《行政诉讼法》培训班主编:《行政诉讼法专题讲座》,人民法院出版社1989年版,第203页。

[78] 参见罗豪才主编:《中国司法审查制度》,北京大学出版社1993年版,第390页。

[79] 参见何海波:《行政诉讼法》(第3版),法律出版社2022年版,第300~301页。

[80] 最高人民法院行政审判庭编:《最高人民法院行政裁判要旨及评述》(第1卷),人民法院出版社2019年版,第122页。

"重大且明显违法",法院将作出确认无效判决。其中,对"实施主体不具有行政主体资格"该如何理解?这个问题不妨转述如下:此处的"实施"究竟是行为意义上的还是责任归属意义上的。假设是行为意义上的实施,则当实施主体不具有行政主体资格时,实施主体的背后还可能存在法律责任的归属主体。只要存在该责任归属主体且其具备行政主体资格,就不影响系争行为的行政行为属性。此时,一律将系争行为认定为无效行政行为,恐难成立。假设是责任归属意义上的实施,则当实施主体不具有行政主体资格时,该行为因缺乏行政性而根本不是行政行为(行政行为并未成立),自然也不可能构成无效行政行为。因此,无论对"实施"采取何种理解,新法第75条都存在难以自洽之处。尽管有观点尝试作出解释:"实施主体不具有行政主体资格"更多是指法律、法规、规章授权组织的行为,该组织在授权范围内才具有行政主体资格,超出授权范围作出的行政行为将被认定为无效。[81] 但是,2000年《行诉法解释》第20条第3款和2018年《行诉法解释》第20条第2款都规定,法律、法规、规章授权组织超出法定授权范围实施行政行为的,仍以该组织为被告。据此,若按照上述观点,则会推出"不具有行政主体资格的组织也能成为我国行政诉讼适格被告"之结论。这显然与学界的主流认识不符。[82]

实践中,法院混淆"超越职权"与"不具有行政主体资格"的案件时有发生。在彭锋诉哈密市国土资源监察大队行政处罚案中,法院认为,被告是行政机关的内设机构且无法律、法规授权,其以自己名义对外行使行政处罚权属超越职权。显然,法院并未意识到被告不适格的问题。最高人民法院行政审判庭为该案编写的"裁判要旨"指出:"行政机关内设机构在没有法律、法规授权的情况下,以自己的名义对外实施行政处罚,属超越职权……"[83] 但事实上,该案被告并不具备行政主体资格,当时按照2000年《行诉法解

---

[81] 参见最高人民法院行政审判庭编著:《最高人民法院行政诉讼法司法解释理解与适用》(上),人民法院出版社2018年版,第457页。

[82] 参见姜明安主编:《行政法与行政诉讼法》(第7版),北京大学出版社、高等教育出版社2019年版,第452页;林莉红:《行政诉讼法学》,武汉大学出版社2020年版,第114页;何海波:《行政诉讼法》(第3版),法律出版社2022年版,第217页。

[83] 最高人民法院行政审判庭编:《中国行政审判案例》(第4卷),中国法制出版社2012年版,第155~158页。

释》第20条第2款[84],正确的做法应是以监察大队所属的行政机关为被告。而在陈莉诉徐州市泉山区城市管理局行政处罚案中,法院便采纳了上述正确做法。该案法院指出,尽管被诉行为是以“城市环境综合整治指挥部”的名义作出的,但该指挥部是泉山区城市管理局自行设立的内部工作协调机构,不具备行政诉讼被告资格,故应以城市管理局作为适格被告。[85]

(五)滥用职权

“滥用职权”一词本具有极广泛的含义,凡是行政机关未合法行使其职权的情形皆属于权力滥用。[86] 在日常用语中,“滥用职权”往往被视为“违法行使公权力”的代名词。正如有观点所言,其完全可以和“违法”一词互换使用。[87] 但在我国行政诉讼法的语境下,“滥用职权”和新法第70条中的其他五项审查标准呈现并列关系,故日常用语中的理解应予摒弃。基于此,滥用职权应是指行政主体在法定权限范围内,基于不合法动机而故意作出违背法律目的的不公正、不合理的行政行为。当前,我国的立法及司法解释未规定滥用职权的具体表现形式。实践中,法院在认定“滥用职权”时所采取的标准及事由繁杂多样。如此一来,学者通过考察相关案例后得出的“滥用职权”的具体表现形式,难免存在不周延、划分标准凌乱、内容交叉重叠、自说自话等特征。诸如目的不正当、不考虑相关因素、考虑了无关因素、相同情况不同对待、不同情况相同对待、徇私枉法、打击报复、反复无常、恣意任性、违反比例原则、不合理的迟延等,都被认为是“滥用职权”的具体表现形式。

1. 未突破法定职权范围

关于滥用职权必须“未突破法定职权范围”,学界早已达成共识。[88]

---

[84] 该款规定:“行政机关的内设机构或者派出机构在没有法律、法规或者规章授权的情况下,以自己的名义作出具体行政行为,当事人不服提起诉讼的,应当以该行政机关为被告。”尽管该款内容未被2018年《行诉法解释》所保留,但其仍可纳入后者第20条第1款规定的情形中,即“行政机关组建并赋予行政管理职能但不具有独立承担法律责任能力的机构,以自己的名义作出行政行为,当事人不服提起诉讼的,应当以组建该机构的行政机关为被告”。

[85] 参见《最高人民法院公报》2003年第6期。

[86] 参见林莉红:《行政诉讼法学》(第5版),武汉大学出版社2020年版,第217页。

[87] 参见施立栋:《被滥用的“滥用职权”——行政判决中滥用职权审查标准的语义扩张及其成因》,载《政治与法律》2015年第1期。

[88] 参见罗豪才主编:《行政审判问题研究》,北京大学出版社1990年版,第293~294页;应松年主编:《行政诉讼法学》,中国政法大学出版社1994年版,第260页。

据此,“滥用职权”一定不构成“超越职权”。但从早期的司法实践来看,法院在认定“滥用职权”时,并未严格遵循上述共识。在谢培新诉永和乡人民政府违法要求履行义务案中,法院认为,被诉行为“具有任意性和随意性”,且某些收费项目还存在“重复提起”“强行摊派”等违法情形,既属于滥用职权又属于超越职权。[89] 在路世伟不服靖远县人民政府行政决定案中,法院认为,被告乐于管“不属于自己管的事”,用“于法无据的独特关系去影响他人,去为他人设定新的权利义务,去妨碍他人的合法权益……不仅超越职权,更是滥用职权”。[90] 之所以产生同时认定“滥用职权”与“超越职权”的现象,归根结底是因为部分法院仅以“滥用”或“职权”中的一项来界定“滥用职权”。这种裁判逻辑导致一些滥用行为被定性为“滥用职权”而不深究行为主体有无相应权限,一些无权限或越权行为被定性为“滥用职权”而不考量行为主体是否违反法律目的或有无“滥用”意图。[91] 例如,在王丽萍诉中牟县交通局行政赔偿纠纷案中,尽管法院未出现“既超越职权又滥用职权”的评价,但基于当事人对扣车决定并无异议,法院在不予审查该决定之合法性(包括未审查“是否越权”)的情况下,就直接得出“执行暂扣车辆决定时的这种行政行为,不符合合理、适当的要求,是滥用职权”之结论。[92]

从晚近的司法实践来看,法院在认定“滥用职权”时更契合学界共识——强调以“有权限”为前提。在定安城东建筑装修工程公司与海南省定安县人民政府、第三人中国农业银行定安支行收回国有土地使用权及撤销土地证案中,法院认为,涉案土地使用权证“当初未填写土地用途,并非城东公司的原因所致,本可以补正方式解决,县政府却以此为由”作出撤证决定,属于滥用职权,[93]亦即被告有撤证权限,但无撤证必要。在刘云务诉山西省太原市公安局交通警察支队晋源一大队道路交通管理行政强制案中,法院认为,被告“有依法扣留的职权”,但“扣留车辆属于暂时性

---

[89] 参见《最高人民法院公报》1993年第1期。

[90] 参见《最高人民法院公报》2002年第3期。

[91] 参见周佑勇:《司法审查中的滥用职权标准——以最高人民法院公报案例为观察对象》,载《法学研究》2020年第1期。

[92] 参见《最高人民法院公报》2003年第3期。

[93] 参见《最高人民法院公报》2015年第2期。

的行政强制措施,不能将扣留行为作为代替实体处理的手段……扣留涉案车辆后,既不积极调查核实车辆相关来历证明,又长期扣留涉案车辆不予处理,构成滥用职权”。[94] 一言以蔽之,滥用职权的前提是拥有这项职权。在崔龙书诉丰县人民政府行政允诺案中,法院认为:“基于保护公共利益的需要,赋予行政主体在解除和变更中的相应的优益权固然必要,但行政主体不能滥用优益权。”[95]该案同样是将“有权限”作为“滥用职权”的前提。

2. 存在主观故意

关于滥用职权是否须存在主观故意,早期主要有三种观点:(1)未强调故意,甚至不强调行政主体的主观状态。这种观点认为,滥用职权是在职权范围内违反行政合理性原则的自由裁量行为,但轻微不合理与一般不当不构成滥用职权。[96] (2)强调行政主体的主观状态,但不以故意为限。这种观点指出,滥用职权强调行政机关在主观方面“违法”,即违反法定目的,[97]具体是指行政机关在权限范围内“不正当地行使职权,不符合法律授予这种权力的目的”。[98] 而故意与过失都可能导致违反法定目的。诸如“违反法定目的”“目的不正当”之评价拉开了滥用职权之主观审查的序幕。(3)强调滥用职权须存在主观故意。[99]

晚近随着新法第70条在“滥用职权”之外增加“明显不当”作为并列的审查标准,上述第三种观点成为主流。例如,有观点认为,在引入“明显不当”标准后,滥用职权应当包含主观恶意,而“出于不正当动机行使权力”“极端轻率任性、不负责任的行为”都属于“恶意”的范畴。[100] 这两种“恶意”情形大致可类比刑法上的直接故意与间接故意。应当说,在旧法

---

[94] 参见《最高人民法院公报》2017年第2期。

[95] 《最高人民法院公报》2017年第11期。

[96] 参见朱新力:《行政滥用职权的新定义》,载《法学研究》1994年第3期。

[97] 参见江必新主编:《新行政诉讼法专题讲座》,中国法制出版社2015年版,第261页。

[98] 胡康生主编:《行政诉讼法释义》,北京师范学院出版社1989年版,第92页;黄杰主编:《行政诉讼法释论》,中国人民公安大学出版社1989年版,第120页。

[99] 参见罗豪才主编:《中国司法审查制度》,北京大学出版社1993年版,第406页;袁明圣:《对滥用职权与显失公正行为的司法审查》,载《法律科学(西北政法学院学报)》1996年第6期;关保英:《论行政滥用职权》,载《中国法学》2005年第2期。

[100] 参见何海波:《论行政行为“明显不当”》,载《法学研究》2016年第3期。

时期,尽管“显失公正”标准可针对过失导致的不当行为,但无奈“显失公正”仅适用于行政处罚,为了对行政处罚以外的过失导致的不当行政行为予以审查,当时的“滥用职权”标准不得不从“主观故意”扩展到“所有不合理”的行为;而在新法引入“明显不当”标准后,“滥用职权”标准便应回归至主观故意的范畴。[101]

3. 限于滥用自由裁量权

关于滥用职权是否限于滥用自由裁量权,主要有三种观点:(1)限于滥用自由裁量权中的实体裁量领域。这种观点认为,实务中的滥用程序裁量大多可归入“违反法定程序”,而事实认定问题与法律适用问题亦各自存在其审查标准,因此,“把滥用职权限于滥用实体裁量,更能照顾审查标准体系的和谐”。[102] (2)限于滥用自由裁量权,包括实体裁量与程序裁量。这种观点认为,滥用职权即滥用自由裁量权,“程序上的滥用职权”或“行为程序选择上的自由裁量权”也在此列。[103] (3)不限于滥用自由裁量权。这种观点认为,滥用职权包括滥用自由裁量权与滥用羁束裁量权。[104]实践中,由于作为审查标准的“滥用职权”被泛化解读,其在客观上已超出滥用自由裁量权的范畴。但从应然角度来看,考虑到新法第70条的各项审查标准之间应有合理分工,相比而言,上述第一种观点更值得推广。

实践中,有两种情形值得注意,它们涉及“滥用职权”与“违反法定程序”之间的区别适用问题。其一,行政主体严重逾期作出行政行为的,应否被认定为滥用职权?在潘龙泉诉新沂市公安局行政处罚案中,法院认为,被告对同案的其他违法相对人作出行政处罚后,时隔将近十年才对原告作出行政处罚,这违反了法定程序,亦属滥用职权。[105] 其二,违反正当程序原则的行政行为应否被认定为滥用职权?在临清市鲁信面粉公司诉山

---

[101] 参见周佑勇:《司法审查中的行政行为“明显不当”标准》,载《环球法律评论》2021年第3期。

[102] 何海波:《行政诉讼法》(第3版),法律出版社2022年版,第345页。

[103] 参见胡建淼:《有关行政滥用职权的内涵及其表现的学理探讨》,载《法学研究》1992年第3期;朱新力:《行政滥用职权的新定义》,载《法学研究》1994年第3期。

[104] 参见江必新主编:《新行政诉讼法专题讲座》,中国法制出版社2015年版,第263页。

[105] 参见最高人民法院行政审判庭编:《中国行政审判案例》(第4卷),中国法制出版社2012年版,第125~130页。

东省政府行政复议案中，法院认为，违背正当程序原则的，构成违反法定程序。最高人民法院行政审判庭为该案编写的“裁判要旨”进一步指出：“违背正当程序原则，构成违反法定程序或滥用职权（程序滥用）。”[106]然而，上述典型案件将程序违法之行为定性为“滥用职权”，颇值得商榷。基于审查标准之间的衔接与和谐考虑，上述两种情形均不应被认定为滥用职权，而是可借助“程序轻微违法”“违反法定程序”“重大且明显违反法定程序”等标准进行评价。

（六）明显不当

关于将“明显不当”增设为撤销判决适用情形的原因，学界有诸多讨论，这包括但不限于以下几点：（1）与当时有效的《行政复议法》（2009年）第28条中的“明显不当”保持术语一致；[107]（2）让“滥用职权”回归主观审查范畴；[108]（3）在法院由于“滥用职权”的主观审查操作较难、可能与刑法中“滥用职权罪”勾连等原因而甚少适用“滥用职权”标准的现实下，[109]试图为法院提供一种补充性的审查标准。

1．“明显不当”的适用范围

除撤销判决外，新法第77条关于变更判决的规定也出现“明显不当”字眼，即行政处罚明显不当的，法院可以判决变更。那么，撤销判决与变更判决中的两个“明显不当”在适用范围上一致吗？有观点认为，“明显不当”包括内容不当与程序不当，因程序不当一般无法被变更，故撤销判决中的“明显不当”应指除第77条以外的情形，特别是程序不当。[110] 不同

---

[106] 最高人民法院行政审判庭编：《中国行政审判案例》（第4卷），中国法制出版社2012年版，第131～135页。

[107] 参见马怀德主编：《新编中华人民共和国行政诉讼法释义》，中国法制出版社2014年版，第331页。

[108] 参见何海波：《论行政行为“明显不当”》，载《法学研究》2016年第3期；周佑勇：《司法审查中的行政行为“明显不当”标准》，载《环球法律评论》2021年第3期。

[109] 参见余凌云：《对行政机关滥用职权的司法审查——从若干判案看法院审理的偏好与问题》，载《中国法学》2008年第1期；信春鹰主编：《中华人民共和国行政诉讼法释义》，法律出版社2014年版，第189页；应松年主编：《〈中华人民共和国行政诉讼法〉修改条文释义与点评》，人民法院出版社2015年版，第224页；姜明安主编：《行政法与行政诉讼法》（第7版），北京大学出版社、高等教育出版社2019年版，第530页。

[110] 参见林莉红：《行政诉讼法学》（第5版），武汉大学出版社2020年版，第219页。

的观点则指出,基于体系解释,两个“明显不当”应属一致。[111] 应当说,同一部法律中的相同术语须尽量避免出现不同的含义及适用范围。针对程序明显不当的行政行为,将其撤销并无理论障碍,但将其变更则无法实现。这是因为变更判决具有直接性,无须被告再依法院之见解作出行为,而对于已经历的程序顶多可能“责令重作”,不可能“变更”。从体系解释出发,既然两个“明显不当”应属一致,那么,可撤销的“明显不当”就只能受限于和可变更的“明显不当”同样的适用范围,即二者均不包含程序不当。

由于撤销判决与变更判决在传统理解中分别指向行政行为的合法性审查与合理性审查问题,若两个“明显不当”一致,则会陷入“明显不当”究竟属合法性审查标准还是合理性审查标准的争论。事实上,所谓争论也只是理解角度不同而已。“明显不当”应属合理性审查标准,同时被纳入实质合法性审查的范畴,二者并不冲突。[112] 申言之,旧法第 5 条规定:“人民法院审理行政案件,对具体行政行为是否合法进行审查。”这表明我国确立了行政诉讼中的合法性审查原则。同时,旧法第 54 条第 4 项规定:“行政处罚显失公正的,可以判决变更。”由于在当时可判决变更的行政行为仅限行政处罚一种,故旧法第 54 条第 4 项被理解为例外的合理性审查情形。尽管新法在“总则”部分的第 6 条保留了合法性审查原则,但新法第 70 条有关撤销判决的适用情形中新增一项行政行为“明显不当”,第 77 条有关变更判决的适用情形中亦出现“行政处罚明显不当”的新表述,这使得有关合法性审查原则的传统理解遭受冲击。若固守形式法治观的传统理解,则合法性审查原则虽可容纳新法第 77 条“行政处罚明显不当”这一例外,但在第 70 条第 6 项将“明显不当”所评价的对象扩展至所有行政行为后,合理性审查与合法性审查的“分庭抗礼”便成为事实,故再难以“例外—原则”的关系来描述这两种审查标准。为缓解新法第 70 条第 6 项与“总则”第 6 条的紧张关系,一种主张“在坚守合法性审查原则的同时扩大解释‘合法性’之意涵,将‘明显不当’纳入违法范畴”的观念(实质法治观)被提倡。应当说,“明显不当”在撤销判决的适用情形中被

---

[111] 参见章剑生:《现代行政法总论》(第 2 版),法律出版社 2019 年版,第 507 页。

[112] 参见梁君瑜:《行政诉讼变更判决的适用范围及限度》,载《法学家》2021 年第 4 期。

肯定,彰显了我国行政诉讼制度在审查标准上的巨大发展,尽管仍奉行合法性审查原则,但"合法性"的内涵已发生改变,即由机械的形式合法性转向了灵活的实质合法性。[113]

实践中,"明显不当"可能被用于审查程序问题,[114]且从语词表达来看,以"明显不当"描述程序、事实、法律问题本无障碍。但是,这显然忽略了行政诉讼审查标准体系的整体和谐,也对某些问题是否存在"当"与"不当"有欠考量。首先,前已述及,程序问题不存在被变更的可能性,故该问题不在新法第77条"明显不当"的射程之内。基于体系解释,该问题自然也不属于新法第70条"明显不当"的适用范围。其次,事实问题、法律问题各自存在"主要证据不足""适用法律、法规错误"的审查标准。这两项标准在历经三十余年的行政审判实践后已由法院形成一定共识,且通过撤销(含责令重作)判决并非不可为原告提供救济。此时,再掺杂"明显不当"标准,恐将引发与前述两项标准之间的选择疑难。另外,针对权限问题能否适用"明显不当"标准?权限问题大致可分为越权与滥权两类。就前者而言,是否越权乃非此即彼之判断,故不存在"当"与"不当",且对其亦有"超越职权"的审查标准。就后者而言,是否滥权已有"滥用职权"的审查标准,而该标准的客观方面指向"不合理的处理结果",这与"明显不当"相同,故在后文中须进一步甄别。学界较为主流的观点是,"明显不当"最好被理解为针对行政行为实体裁量问题的审查标准,亦即"裁量空间内的处理结果明显不当"才是新法所说的"明显不当",如此可确保不同审查标准之间既有区分又可衔接,且照顾了整个审查标准体系的和谐。[115] 来自立法部门的观点也认为,对"明显不当"不能作过宽理解,将其界定为被诉行政行为结果的畸轻畸重为宜。[116]

---

[113] 参见应松年主编:《〈中华人民共和国行政诉讼法〉修改条文释义与点评》,人民法院出版社2015年版,第226页。

[114] 在最高人民法院指导案例88号张道文、陶仁等诉四川省简阳市人民政府侵犯客运人力三轮车经营权案中,法院认为:"简阳市政府1996年的经营权许可在程序上存在明显不当,直接导致与其存在前后承继关系的本案被诉行政行为的程序明显不当。"

[115] 参见何海波:《行政诉讼法》(第3版),法律出版社2022年版,第337页。

[116] 参见全国人大常委会法制工作委员会行政法室编著:《中华人民共和国行政诉讼法解读》,中国法制出版社2014年版,第197页。

2. “明显不当”与“滥用职权”的甄别

“明显不当”与“滥用职权”不易区分。二者的客观方面都体现为“不公正、不合理的结果”,在具体表现形式上多有重合。而且,二者在裁判说理上有相似之处。同样是以“违反比例原则”进行说理,但法院的结论有时为“明显不当”[117],有时为“滥用职权”[118]。

早在新法出台前,就有观点指出:“既然滥用职权标准以主观过错为构成要件,那么采纳‘明显不当’,就意味着不一定追问主观上是否存在问题,从而与‘滥用’区别。”[119]在新法将“滥用职权”与“明显不当”作为并列的审查标准后,学界对二者进行甄别时,主要形成了三种观点:(1)从主观方面存在故意抑或过失出发,认为“滥用职权”须存在主观故意,过失无法构成,而“明显不当”指向非故意的行为。[120] 按照这种观点,“明显不当”与“滥用职权”互不包含。(2)从考察角度为主观角度抑或结果角度出发,主张“滥用职权”乃基于主观角度,而“明显不当”乃基于结果角度。[121] 申言之,前者侧重于行政机关主观上是否有恶意,后者则关注被诉行为结果的可接受性。[122] 在此基础上,有学者进一步指出:“‘明显不当’并不要求行政机关主观上存在过错,而是仅从行政行为在外观上存在不当进行判

[117] 参见陈超诉济南市城市公共客运管理服务中心客运管理行政处罚案,载《最高人民法院公报》2018 年第 2 期;郑仲华不服福建省莆田市建设局拆迁行政裁决案,载最高人民法院行政审判庭编:《中国行政审判案例》(第 3 卷),中国法制出版社 2012 年版,第 133 ~ 136 页。另外,在苏州鼎盛食品公司不服苏州市工商局商标侵权行政处罚案中,法院指出:“行政处罚以达到行政执法目的和目标为限,并尽可能使相对人的权益遭受最小的损害。”这实则指向比例原则中的第二个子原则——必要性(最小损害)原则。法院最终得出“构成显失公正”的结论(参见《最高人民法院公报》2013 年第 10 期)。而“显失公正”与“明显不当”同义。

[118] 参见刘云务诉山西省太原市公安局交通警察支队晋源一大队道路交通管理行政强制案,载《最高人民法院公报》2017 年第 2 期。尽管该案的再审判决书中未出现“比例原则”字眼,但其提到“对……相对人可以采用多种方式实现行政目的时,在足以实现行政目的的前提下,应尽量减少对相对人权益的损害”,这实则指向比例原则中的必要性(最小损害)原则。

[119] 沈岿:《行政诉讼确立“裁量明显不当”标准之议》,载《法商研究》2004 年第 4 期。

[120] 参见林莉红:《行政诉讼法学》(第 5 版),武汉大学出版社 2020 年版,第 218 ~ 219 页。

[121] 参见姜明安主编:《行政法与行政诉讼法》(第 7 版),北京大学出版社、高等教育出版社 2019 年版,第 530 页。

[122] 参见章剑生:《现代行政法总论》(第 2 版),法律出版社 2019 年版,第 490 页。

定，适用于那些主观意图无法判定或主观上并无过错的情形。”[123]依此逻辑，“明显不当”因在主观方面具备更多可能性而包含“滥用职权”，“滥用职权”则被用于规制“明显不当”审查标准中的那些具有主观故意的不当行政行为。[124] 显然，这种观点会导致“明显不当”成为“滥用职权”的上位概念，从而有悖于新法第70条的并列表述逻辑。(3)倡导对“滥用职权”去主观化，这种观点的核心理由是“滥用职权”的主观色彩可能导致该标准被虚置，法院的审理偏好将会以“明显不当”架空“滥用职权”。[125] 应当说，考虑到“滥用职权须存在主观故意”这一点在我国理论界与实务界均获得广泛认同，短期内较难撼动，且对“明显不当”的适用同样存在主观审查——查明主观上非故意，故“滥用职权”的主观化与否，并非法院审理偏好的成因。综上，第一种观点更值得推广。

四、撤销判决的适用结果

判决的适用结果，主要涉及判决的具体形式与判决效力两部分内容。撤销判决的主判决形式包括全部撤销与部分撤销，而从判决形式即责令重作。2000年《行诉法解释》第59条第2项曾将“责令被诉行政机关采取相应的补救措施”作为判决撤销后可附带的处理手段。但2018年《行诉法解释》未沿用上述规定，而新法第76条将“判决责令被告采取补救措施”的主判决调整为确认违法判决与确认无效判决，不再包含撤销判决。撤销判决的效力主要包括形成力、既判力、拘束力，若附带作出责令重作判决，则责令重作的部分还具有执行力。其中，形成力是让被诉行政行为溯及既往地消灭，恢复到该行为作出前的法律状态，即直接形成“消灭行政行为的状态”。既判力作用于当事人及法院，具体表现为积极面向的禁止矛盾裁判与消极面向的禁止重复起诉。但既判力无法禁止被告基于同一事由作出与原先被撤销行为(基本)相同的行政行为。换言之，禁止重

---

[123] 周佑勇：《司法审查中的滥用职权标准——以最高人民法院公报案例为观察对象》，载《法学研究》2020年第1期。

[124] 参见周佑勇：《司法审查中的行政行为“明显不当”标准》，载《环球法律评论》2021年第3期。但该文又指出，“明显不当”标准适用于“审查‘滥用职权’审查标准适用范畴以外的不当行政行为”。如此一来，“明显不当”与“滥用职权”就应该互不包含。

[125] 参见余凌云：《论行政诉讼上的合理性审查》，载《比较法研究》2022年第1期。

复起诉对被告而言无关痛痒,后者不能也不必借助“起诉”的方式就可通过运用行政权来逃避判决义务。对此,拘束力恰恰可发挥重要作用。拘束力作用于被诉行政主体与相关行政主体,具体表现为积极面向的撤销矛盾行为、重新处理与消极面向的禁止反复。[126] 其中,禁止反复是指禁止被告基于同一事由作出与原先被撤销行为(基本)相同的行政行为。执行力主要存在于给付类判决,其科予被告作为义务。责令重作判决因科予被告重新作为的义务,故而也具有执行力。考虑到在我国的行政诉讼法规范体系中,有关判决效力的规定仍相对稀缺,仅涉足既判力中的禁止重复起诉、拘束力中的禁止反复等,下文不再专门就判决效力作学理层面的展开。

(一)全部撤销与部分撤销

通常所说的“判决撤销被诉行政行为”即全部撤销,这意味着该行为的效力被溯及既往地消灭且其违法性被确认。相比而言,部分撤销针对的是具有可分性的行政行为,且不影响该行为其余部分的效力。上述“可分性”往往表现为被诉行为包含多项影响相对人合法权益的处理或在处理幅度上可作调整。前者如最高人民法院指导案例 76 号萍乡市亚鹏房地产开发有限公司诉萍乡市国土资源局不履行行政协议案,一审法院判决的第二项内容属于部分撤销,具体如下:“撤销被告萍乡市国土资源局于 2013 年 2 月 21 日作出的《关于对市亚鹏房地产开发有限公司 TG－0403 号地块有关土地用途的答复》中第二项补交土地出让金 208.36 万元的决定。”[127]后者如谢培新诉永和乡人民政府违法要求履行义务案,法院判决的第一项内容属于部分撤销,具体如下:“撤销被告永和乡人民政府对原告谢培新作出的 1992 年农民负担通知中超额

---

[126] 参见王贵松:《行政诉讼判决对行政机关的拘束力——以撤销判决为中心》,载《清华法学》2017 年第 4 期。

[127] 另外,还可参见吉德仁等诉盐城市人民政府行政决定案,载《最高人民法院公报》2003 年第 4 期(该案法院判决:“撤销盐城市政府第 13 号《专题会议纪要》第五条中‘城市公交在规划区内开通的若干线路,要保证正常营运,继续免交有关交通规费’的决定。”);宋莉莉诉宿迁市建设局房屋拆迁补偿安置裁决案,载《最高人民法院公报》2004 年第 8 期[该案法院判决:“维持宿迁市建设局宿建裁字(2003)26 号裁决中的第(一)项;撤销裁决书中的第(二)项、第(三)项、第(四)项。”]。

部分。”[128]

实践中，部分撤销判决与变更判决有时不易区分。在苏州鼎盛食品公司不服苏州市工商局商标侵权行政处罚案中，法院以行政处罚显失公正为由，判决变更被诉行政处罚决定中的“责令停止侵权行为，罚款人民币 50 万元”为“责令停止侵权行为”。[129] 由于“责令停止侵权行为”属于责令改正的范畴，并非行政处罚，故该案法院虽适用变更判决，但实则撤销了行政处罚的内容，将其理解为对整份行政决定书的部分撤销亦无不可。

(二)责令重作

责令重作并非独立的判决形式，而是撤销判决的从判决。这包含三层含义：(1)若法院未判决撤销，则不得判决责令重作；(2)法院在判决撤销时，并非必须判决责令重作，这须结合个案的具体情况来判断；(3)责令重作判决的适用对象与适用情形，应与其依附的撤销判决保持一致，但被诉行政行为因超越事务、级别或地域管辖权而被判决撤销时，法院不得判决责令重作，因为一旦重作，被告仍将构成“超越职权”。

1.“可以”判决责令重作

关于责令重作判决的适用，新法第 70 条的规定是“可以判决被告重新作出行政行为”，亦即法院对于是否判决责令重作，享有一定的裁量空间。即便原告的诉讼请求为“撤销”而不含“责令重作”，法院基于责令重作的必要性考虑，仍可判决撤销并责令重作。例如，原告诉请撤销行政处罚行为，法院审查发现被诉行为违反法定程序，但在事实认定、规范适用、权限行使、处理结果方面均正确，对原告确有必要重新考虑处罚的，可在判决撤销时责令被告重作。

2.责令重作判决的内容

责令重作判决蕴含司法权与行政权分离的理念。原则上，法院应尊重行政主体的首次判断权。若行政主体未作出判断或判断有误，则法院顶多可从反面否定行政主体的错误判断、责令行政主体重新作出判断(必须做)，而不能限定行政主体重新作出判断的具体内容(怎么做)，更不能

[128] 《最高人民法院公报》1993 年第 1 期。

[129] 参见《最高人民法院公报》2013 年第 10 期。

在判决中直接代替行政主体作出判断(代替做)。因此,一般认为,责令重作判决在内容上只是笼统地判决被告重新作出处理。至于具体怎么处理,由被告自行决定,法院不作干预。但是,从我国相关司法解释与司法实践的情况来看,责令重作判决也可能体现出法院对行政主体的干预。其干预程度犹如渐变的"光谱",可能是提示被告"参照"法院的裁判意旨重作,也可能是直接限定被告重作的具体内容。

首先,在相关司法解释方面,《最高人民法院关于审理行政许可案件若干问题的规定》第 11 条规定:"人民法院审理不予行政许可决定案件,认为原告请求准予许可的理由成立,且被告没有裁量余地的,可以在判决理由写明,并判决撤销不予许可决定,责令被告重新作出决定。"本条对于被告裁量权缩减至零的情形,只是责令被告重新作出决定,虽将相关情况"在判决理由写明",但与直接限定被告重作的具体内容依然有别。[130]

其次,在司法实践方面,通过梳理《最高人民法院公报》(1985—2021 年)刊登的公报案例、最高人民法院发布的指导案例以及由该院行政审判庭编写的典型案例,可以发现:绝大多数的责令重作判决表现为笼统地责令被告重新作出处理。其中,某些情形强调了重作的具体期限,[131]其判决主文的一般格式为"撤销被诉行为,责令被告在收到本判决若干日内重新

---

[130] 相比而言,根据 2018 年《行诉法解释》第 91 条关于履行判决的规定,"尚需被告调查或者裁量的",法院应当判决被告针对原告的请求重新作出处理。反之,无需被告进一步调查或裁量的(裁量权缩减至零),法院可以判决被告限期履行原告请求的法定职责。

[131] 共计 11 件。参见梁宝富不服治安行政处罚复议决定案,载《最高人民法院公报》1991 年第 3 期;李治芳不服交通事故责任重新认定决定案,载《最高人民法院公报》2001 年第 5 期;丰浩江等人诉广东省东莞市规划局房屋拆迁行政裁决纠纷案,载《最高人民法院公报》2004 年第 7 期;宋莉莉诉宿迁市建设局房屋拆迁补偿安置裁决案,载《最高人民法院公报》2004 年第 8 期;孙立兴诉天津园区劳动局工伤认定行政纠纷案,载《最高人民法院公报》2006 年第 5 期(后入选最高人民法院指导案例 40 号);杨庆峰诉无锡市劳动和社会保障局工伤认定行政纠纷案,载《最高人民法院公报》2008 年第 1 期;邓金龙诉深圳市社会保险基金管理局工伤保险待遇决定案,载《最高人民法院公报》2019 年第 11 期;季频不服宜兴市公安局宜城派出所治安其他行政行为案,载《最高人民法院公报》2020 年第 12 期;中核深圳凯利集团有限公司诉深圳市人力资源和社会保障局工伤认定案,载《最高人民法院公报》2020 年第 12 期;黄泽富等诉成都市金堂工商行政管理局行政处罚案,最高人民法院指导案例 6 号(2012 年);罗镕荣诉吉安市物价局物价行政处理案,最高人民法院指导案例 77 号(2016 年)。

作出行政行为”;某些情形则未强调重作期限,仅单纯判决重作,[132]而这些情形中往往是立法已明确规定了重作行政行为的时间上限(如专利复审、商标复审)。值得注意的是,在上述梳理的案例中,出现了少量直接限定被告重作之具体内容的案例。详言之,在王长淮诉江苏省盱眙县劳动和社会保障局工伤行政确认案中,法院判决责令被告在60日内重新作出认定原告为工伤的具体行政行为。[133] 在丹阳市珥陵镇鸿润超市诉丹阳市市场监督管理局不予变更经营范围登记案中,法院判决被告于本判决生效后15个工作日内对原告的申请重新作出登记。[134] 在最高人民法院指导案例76号萍乡市亚鹏房地产开发有限公司诉萍乡市国土资源局不履行行政协议案中,法院判决被告在本判决生效之日起90天内对涉案国有土地使用证上的8359.1m^2 的土地用途依法予以更正。

3.对被告重作行为的限制

根据新法第71条,法院判决被告重新作出行政行为的,被告不得以

---

[132] 共计15件。参见谢培新诉永和乡人民政府违法要求履行义务案,载《最高人民法院公报》1993年第1期;罗伦富不服交通事故责任认定案,载《最高人民法院公报》2002年第5期;何文良诉成都市武侯区劳动局工伤认定行政行为案,载《最高人民法院公报》2004年第9期;黄金成等25人诉成都市武侯区房管局划分物业管理区域行政纠纷案,载《最高人民法院公报》2005年第6期;陆廷佐诉上海市闸北区房屋土地管理局房屋拆迁行政裁决纠纷案,载《最高人民法院公报》2007年第8期;劲牌有限公司与国家工商行政管理总局商标评审委员会商标驳回复审行政纠纷案,载《最高人民法院公报》2012年第4期;赵东红等诉国家知识产权局专利复审委员会专利无效行政纠纷案,载《最高人民法院公报》2012年第10期;精工爱普生株式会社、国家知识产权局专利复审委员会、佛山凯德利办公用品有限公司、深圳市易彩实业发展有限公司专利无效行政诉讼案,载《最高人民法院公报》2014年第7期;曹忠泉与国家知识产权局专利复审委员会、上海精凯服务机械有限公司实用新型专利权无效行政纠纷案,载《最高人民法院公报》2014年第9期;普兰娜生活艺术有限公司与国家工商行政管理总局商标评审委员会商标申请驳回复审行政纠纷案,载《最高人民法院公报》2017年第12期;西峡龙成特种材料有限公司与榆林市知识产权局、陕西煤业化工集团神木天元化工有限公司专利侵权纠纷行政处理案,载《最高人民法院公报》2018年第5期;杰杰有限公司与国家工商行政管理总局商标评审委员会、第三人金华市百姿化妆品有限公司商标异议复审行政纠纷案,载《最高人民法院公报》2018年第7期;阿尔法拉瓦尔股份有限公司与国家知识产权局、第三人SWEP国际公司发明专利权无效行政纠纷案,载《最高人民法院公报》2020年第11期;迈克尔·杰弗里·乔丹与国家工商行政管理总局商标评审委员会、乔丹体育股份有限公司“乔丹”商标争议行政纠纷案,最高人民法院指导案例113号(2019年);克里斯蒂昂迪奥尔香料公司诉国家工商行政管理总局商标评审委员会商标申请驳回复审行政纠纷案,最高人民法院指导案例114号(2019年)。

[133] 参见《最高人民法院公报》2011年第9期。

[134] 参见《最高人民法院公报》2018年第6期。

同一事实和理由作出与原行政行为基本相同的行政行为。这种限制被告重作行为的效力即“禁止反复效力”，其源于撤销判决而非责令重作判决。理论上，即便法院未判决责令被告重作，被告自行重作的行为也要受撤销判决所约束。[135] 2018 年《行诉法解释》第 90 条就禁止反复效力作出细化规定，[136]具体涉及三方面内容：(1)禁止反复效力适用于在“主要事实”“主要理由”“结果”方面均与原行政行为相同的重作行为。若被告的重作行为与原行政行为的结果相同，但主要事实或主要理由有改变，则不违反禁止反复效力。(2)行政行为可能仅因违反法定程序而被判决撤销，此时，该行为在事实、理由、结果方面均正确，若禁止被告基于原先正确的事实和理由而作出结果相同的行为，则势必会陷被告于两难境地。因此，法院仅以违反法定程序为由判决撤销被诉行为的，被告的重作行为将不受禁止反复效力所限制。(3)虽然被告的重作行为违反了禁止反复效力，但由于行政行为具有公定力，故该行为不会自动失效。基于不告不理原则，仅当该行为被提起行政诉讼时，法院才有权判决撤销。值得探讨的是，当法院面对违反禁止反复效力的重作行为时，应基于何种适用情形来判决撤销？在余姚市甬兴气体分滤厂与余姚市住房和城乡建设局燃气经营许可纠纷案中，法院认为，被诉不予许可决定此前已被法院判决撤销并责令重作，被告仍以相同理由再次作出不予许可决定，应认定为滥用职权。[137] 但是，若原行政行为仅因“主要证据不足”或“适用法律、法规错误”而被判决撤销并责令重作，则当被告又基于同一事实和理由作出与原行为基本相同的行为时，该重作行为往往也会构成“主要证据不足”或“适用法律、法规错误”，此时便会和“滥用职权”的审查标准产生竞合。另外，由于违反禁止反复效力的本质是被告不履行法院生效判决，因此，重作行为的相

---

[135] 参见信春鹰主编：《中华人民共和国行政诉讼法释义》，法律出版社 2014 年版，第 191 页。

[136] 该条规定：“人民法院判决被告重新作出行政行为，被告重新作出的行政行为与原行政行为的结果相同，但主要事实或者主要理由有改变的，不属于行政诉讼法第七十一条规定的情形。人民法院以违反法定程序为由，判决撤销被诉行政行为的，行政机关重新作出行政行为不受行政诉讼法第七十一条规定的限制。行政机关以同一事实和理由重新作出与原行政行为基本相同的行政行为，人民法院应当根据行政诉讼法第七十条、第七十一条的规定判决撤销或者部分撤销，并根据行政诉讼法第九十六条的规定处理。”

[137] 参见《最高人民法院公报》2022 年第 2 期。

对人除提起行政诉讼外，还可申请法院强制执行已生效的撤销并责令重作判决。[138]

被告的重作行为除了受禁止反复效力的限制外，还应受禁止不利变更原则的限制。新法第77条第2款对禁止不利变更原则及其例外情形作出规定，即变更判决不得加重原告义务或减损其权益，但利害关系人同为原告且诉讼请求相反的除外。从文义解释来看，该原则不适用于撤销并责令重作判决，自然也无法限制被告的重作行为。但是，设立禁止不利变更原则的初衷是鼓励人们在权益受损时积极寻求救济，以此对抗公权力的侵害。若起诉后反遭受更不利的结果，则无疑会挫伤人们寻求权利保护的积极性，也有悖行政救济的本旨。同理，若允许更不利的重作行为，则一样会挫伤人们寻求权利保护的积极性。

---

[138] 参见最高人民法院行政审判庭编著：《最高人民法院行政诉讼法司法解释理解与适用》(上)，人民法院出版社2018年版，第423页。

●《行政诉讼法》第72条(履行判决)评注

赵　宏*

摘　要:履行判决可说是目前六类行政诉讼判决中规定相对简明、适用也相对单一的一类,但其同样历经判决初创、要件扩展、类型分野和构造填充的规范演变。对履行判决应从体系定位、内外界限、前置条件、构成要件、裁判构造等方面予以把握。履行判决的外部界限在于其与给付判决的区分,二者并非相互包含而是互相并立,区分点则在于"法定职责"与"给付义务"的分立。对于起诉被告不履行法定职责的案件,《行政诉讼法》根据不同情形配置以判决驳回原告诉讼请求、确认违法以及判决履行三种处理机制。履行判决的诉讼要件包括客观面向的"被告不履行法定职责"和主观面向的"原告拥有履行请求权"两项,前者又可分解为"被告负有法定职责"和"不履行法定职责"两项要素。对二者的判断也并非分阶进行,而是在请求权审查模式下被相互嵌套在一起。履行判决在裁判构造上表现为"科予特定义务判决"与"科予重做义务判决"的双层递进式构造,二者的区分在于"被告是否需进一步调查和裁量",这一问题在诉讼法中被总结为"裁判时机是否成熟",但其关涉的实体法问题则在于行政裁量和裁量的缩减。

关键词:履行判决;法定职责;违法拒绝履行;不予答复;履职请求权;答复判决

我国现行《行政诉讼法》第72条规定,"人民法院经过审理,查明被告不履行法定职责的,判决被告在一定期限内履行"。这一条被作为我国行

---

* 赵宏,中国政法大学法学院教授,法学博士。

政诉讼履行判决的基本依据。相对于撤销判决、变更判决和确认判决，履行判决可说是目前六类行政诉讼判决中规定相对简明、适用也相对单一的一类。从1989年初创时单一整全的"被告不履行或者拖延履行法定职责的，判决其在一定期限内履行"，到2014年修法时被细分为履行判决和给付判决两类，履行判决的体系定位与适用标准也持续存在争议，其所涉及的主要问题包括：履行判决如何与给付判决相互区分，其之于给付判决究竟是一般还是特别；作为履行判决适用核心要件的"不履行法定职责"如何确定；履行判决的审查重点究竟应落脚于行政机关的不作为还是公民的履职请求权；履行判决的裁判构造究竟是程序性裁判还是实体性裁判等。上述问题在学理上和裁判中虽已形成一定共识，但仍旧存在认知谜团需要澄清。因此，本文尝试以规范评注的样式，对履行判决的适用与标准进行体系梳理，并尝试提炼出有关其边界与适用的核心基准。

一、规范演变与核心要义

履行判决的主要依据在于《行政诉讼法》第72条，但与其适用边界和核心要件相关联的条文却散见于《行政诉讼法》和《最高人民法院关于适用〈中华人民共和国行政诉讼法〉的解释》(以下简称2018年《行诉法解释》)各处。上述条文大多能在1989年《行政诉讼法》、《最高人民法院关于执行〈中华人民共和国行政诉讼法〉若干问题的解释》(以下简称2000年《行诉法解释》)、《最高人民法院关于适用〈中华人民共和国行政诉讼法〉若干问题的解释》(以下简称2015年《行诉法解释》)中找到来源。履行判决也经由这些规范填充而轮廓渐明。

(一)1989年《行政诉讼法》的判决初创

1989年《行政诉讼法》将履行判决规定于第54条第3项，即"被告不履行或者拖延履行法定职责的，判决其在一定期限内履行"。如果对1989年《行政诉讼法》进行体系性考察，这一条显然对应了第11条中针对行政不作为可提起的行政诉讼，即"(四)认为符合法定条件申请行政机关颁发许可证和执照，行政机关拒绝颁发或者不予答复的；(五)申请行政机关履行保护人身权、财产权的法定职责，行政机关拒绝履行或者不予答复的"，其定位也因此是对公民、法人或其他组织要求行政机关履职的诉讼请求的判决回应。

根据该法的语词表述,履行判决适用的情形包括两类:“不履行法定职责”和“拖延履行法定职责”。最初关于“不履行”的概念界定之争常常纠结于“不履行”除包括明确的拒绝履行外,是否还应涵括“不予答复”①,以及如果将“明确拒绝”纳入不履行的范畴,又如何使履行判决与撤销判决相互区分。彼时已有观点认为,履行义务判决适用于行政机关的消极不答复。而对于行政机关明确拒绝相对人申请的行为,应适用撤销判决。②

这种观点也获得相关司法解释的支持。例如 2009 年《最高人民法院关于审理行政许可案件若干问题的规定》第 11 条规定,“人民法院审理不予行政许可决定案件,认为原告请求准予许可的理由成立,且被告没有裁量余地的,可以在判决理由写明,并判决撤销不予许可决定,责令被告重新作出决定”。2011 年《最高人民法院关于审理政府信息公开行政案件若干问题的规定》第 9 条同样规定,“被告对依法应当公开的政府信息拒绝或者部分拒绝公开的,人民法院应当撤销或者部分撤销被诉不予公开决定,并判决被告在一定期限内公开。尚需被告调查、裁量的,判决其在一定期限内重新答复。……被告依法应当更正而不更正与原告相关的政府信息记录的,人民法院应当判决被告在一定期限内更正。尚需被告调查、裁量的,判决其在一定期限内重新答复……”。与作为拒绝决定的“不予公开决定”相区分,如果是被告对原告要求公开或者更正政府信息的申请无正当理由逾期不予答复,根据该规定第 10 条,则是“人民法院应当判决被告在一定期限内答复”。但将“明确拒绝”排除在履行判决适用情形之外的观念,后来并未被 2014 年《行政诉讼法》和 2018 年《行诉法解释》吸收。由此,明确拒绝履行究竟应适用何种判决的争论也延续至今。

存有疑惑的还有该条中的“拖延履行”。学界此前对拖延履行与不履行的关系,大致有两种观点:其一,认为拖延履行是不履行的表现形式之一。既然隶属于不履行,那么拖延履行的本质仍旧是未履行,其与其他不履行的区别就在于行政机关的主观恶意,即“行政机关对法律、规范明确

---

① 参见蔡小雪:《行政审判中的合法性审查》,人民法院出版社 1999 年版,第 170 页;叶必丰:《行政法与行政诉讼法》,武汉大学出版社 2008 年版,第 429 页;姜明安主编:《行政法与行政诉讼法》(第 3 版),北京大学出版社、高等教育出版社 2007 年版,第 597 页。

② 参见林莉红:《行政诉讼法学》(修订版),武汉大学出版社 2001 年版,第 204 ~ 205 页;方世荣、石佑启主编:《行政法与行政诉讼法》,北京大学出版社 2005 年版,第 484 页。

规定履行职责的有关事项故意拖延办理,或者对于某些紧急事项不及时办理”。③ 这一认识较符合 1989 年《行政诉讼法》的立法原意,既然法律为拖延履行法定职责配备的判决种类为履行,那么也应当认为“拖延履行就是行政主体超期没有履行职责”④,但“拖延履行”若仍旧是未履行,这一列举又不再具有独立意涵。此外,增加“故意”作为“拖延履行法定职责”的主观要件也势必增加原告的证明责任且加大法院的认定难度,最终仍旧对当事人不利。⑤ 其二,认为不履行与拖延履行是并列关系,这一点是基于 1989 年《行政诉讼法》第 54 条第 3 项的语词表述:“被告不履行或者拖延履行法定职责的”。既然是并列关系,那么拖延履行就意味着已经履行,只是超过了法律规定的期限。但若将“拖延履行”等同于“迟到的行政行为”,同样又会关联其他判决。实践中,对于迟到的行政行为,法院可能会因其“违反法定程序”中的时限要求而予以撤销;⑥也可能认为其虽然违反了法定期限,但“迟到的行为”实体合法,撤销并无实意还会伤及行政效能,因而做出确认违法的判决。概念间的纠缠使法院在《行政诉讼法》修改之前常常混用而不做细致界分。

(二)2000 年《行诉法解释》的要件解释

2000 年《行诉法解释》又对履行判决进行了细节补充和展开。该解释补充的关键性条文如下:

1. 第 56 条第 1 项规定,“起诉被告不作为理由不能成立的”,人民法院应当判决驳回原告的诉讼请求。履行判决针对的是“行政不作为”,但法院在审查原告起诉被告不作为案时,也会出现其诉讼请求并不成立的情形,此时适用维持判决并不合逻辑,应由对原告诉讼请求更有针对性的

---

③ 参见马怀德主编:《行政诉讼原理》,法律出版社 2003 年版,第 422 页;陈骏业:《不履行、拖延履行法定职责的一种学理阐释》,载《法商研究》2004 年第 2 期。

④ 余洋:《论行政诉讼中的“拖延履行法定职责”》,载《苏州大学学报(法学版)》2019 年第 1 期。

⑤ 参见罗豪才主编:《中国司法审查制度》,北京大学出版社 1993 年版,第 406 页;袁明圣:《对滥用职权与显失公正行为的司法审查》,载《法律科学(西北政法学院学报)》1996 年第 6 期;关保英:《论行政滥用职权》,载《中国法学》2005 年第 2 期。

⑥ 例如,在王子健要求卫生部履行法定职责案中,法院认为“卫生部在收到王子健的复议申请后,超过法定期限 70 余天才做出《复议申请不予受理通知书》,违反了法定程序”。参见朱世宽:《行政机关履行法定职责应符合履职期限的要求》,载贺荣主编:《行政执法与行政审判实务——行政裁决与行政不作为》(第 5 卷),人民法院出版社 2005 年版,第 272 页。

驳回原告诉讼请求替代。这一条可作为履行判决之外，原告起诉被告不作为的另一分支性判决。

2. 第57条第2款规定："有下列情形之一的，人民法院应当作出确认被诉具体行政行为违法或者无效的判决：（一）被告不履行法定职责，但判决责令其履行法定职责已无实际意义的……"此处的确认违法判决同样可作为起诉被告不作为的判决分支。最高人民法院行政审判庭解释本条增加的缘由时指出，"在一些诉行政不作为的案件中，由于原告请求的时效性很强，或者时过境迁，使得请求的事项对于原告而言已经没有实际意义，在这种情况下，行政诉讼法第54条第三项规定的限期强制履行判决就难付适用，因为这种判决对原告非但起不到实际的救济作用，甚至可能造成当事人更大的负担。其实，原告提起诉讼的目的不外是请求赔偿或是讨个说法，而这两个目的都是正当合法的，法律应当给予支持"。⑦ 由此看来，增加确认违法判决主要是回应延期所导致的履行实益的丧失，而确认违法也能够满足原告退而求其次的，要求宣告系争行为违法和索赔的诉求。

3. 第60条第2款规定，"人民法院判决被告履行法定职责，应当指定履行的期限，因情况特殊难于确定期限的除外"。这一条明确了法院指定履行期限的义务，并确定了履行判决中"以指定期限为原则、不指定期限为例外"的适用法则，由此也与该条第1款规定的责令重做判决中，人民法院原则上不指定履行期限，唯有"不及时重新做出具体行政行为，将会给国家利益、公共利益或者当事人利益造成损失的，可以限定重新做出具体行政行为的期限"相互区别。而要求法院在做出履行判决时指定期限，同样是基于敦促被告积极履职，避免原告权益因被告持续拖延而持续受损的考虑。

4. 第50条第4款规定，"原告起诉被告不作为，在诉讼中被告作出具体行政行为，原告不撤诉的，参照上述规定处理"。这一条可说是第56条与第57条的逻辑延续。因履行判决涉及的是行政机关的不作为，而被告在诉讼中又对原告的请求予以回应且做出行政行为的，如原告不申请撤诉，则法院应继续审查原来的"不作为"，如审查后认为被告不履行违法，

⑦ 最高人民法院行政审判庭编：《〈关于执行《中华人民共和国行政诉讼法》若干问题的解释〉释义》，中国城市出版社2000年版，第122页。

因被告已做出履行,此时法院为避免重复就应做出确认违法的判决;若经审查认为此前的不作为合法,就会被归入"原告起诉被告不作为理由不成立"的类型,因此应当判决驳回原告的诉讼请求。

5. 第 39 条第 1 款规定,"公民、法人或者其他组织申请行政机关履行法定职责,行政机关在接到申请之日起 60 日内不履行的,公民、法人或者其他组织向人民法院提起诉讼,人民法院应当依法受理。法律、法规、规章和其他规范性文件对行政机关履行职责的期限另有规定的,从其规定"。该条的功能在于明晰了"在合理期限内未履行法定职责"中的合理期限,因此也属于履行判决构成要件的延展。

由此,经由 2000 年《行诉法解释》,履行判决的构成要件及其与其他判决间的关联获得基本确立。上述内容后来也大多为修正后的《行政诉讼法》以及现行有效的 2018 年《行诉法解释》所吸收。

(三)2014 年《行政诉讼法》修正后的类型分野

2014 年《行政诉讼法》修正后,履行判决单独成条,而判决适用理由的规范表述也与此前略有不同,即第 72 条规定,"人民法院经过审理,查明被告不履行法定职责的,判决被告在一定期限内履行"。此处的"被告不履行法定职责"将之前的"被告不履行或者拖延履行法定职责"予以整合。

该次修法最大的变化还在于因给付判决的增加,履行判决和给付判决彼此分野形成并立。给付判决被作为直接针对"被告依法负有给付义务"的判决类型,从而与针对"被告不履行法定职责"的履行判决互相区分。在大多数规范释义中,给付判决都被作为对应《行政诉讼法》第 12 条第 1 款第 10 项所规定的要求行政机关支付"抚恤金、最低生活保障待遇或者社会保险待遇"等行政给付类案件的判决类型,给付判决也因此被认为"顺应了近年来社会保险法等相关行政给付法律制度的完善,彰显了对行政给付行为的监督和规范"⑧。但给付判决的增加又引发甄别履行判决和给付判决的困难,这些困难不仅在于如何理解作为二者区分要点的"给付义务"和"法定职责",还在于如何定位履行判决与给付判决的关系。

除明确的判决类型增加外,2014 年修正后的《行政诉讼法》还吸收了

⑧ 江必新、邵长茂、李详编著:《新行政诉讼法导读》,中国法制出版社 2015 年版,第 25 页。

2000 年《行诉法解释》第 56、57、39 条的规定，即针对原告申请被告履行法定职责的案件，法院还可根据不同情况做出驳回原告诉讼请求判决（《行政诉讼法》第 69 条）、确认违法判决（《行政诉讼法》第 74 条），同样也申明了行政机关履行法定职责的合理期限（《行政诉讼法》第 47 条）。

（四）2018 年《行诉法解释》的构造填充

2018 年《行诉法解释》第 91 条对《行政诉讼法》第 72 条又进行了如下细化："原告请求被告履行法定职责的理由成立，被告违法拒绝履行或者无正当理由逾期不予答复的，人民法院可以根据行政诉讼法第七十二条的规定，判决被告在一定期限内依法履行原告请求的法定职责；尚需被告调查或者裁量的，应当判决被告针对原告的请求重新作出处理。"⑨

这一条可以说是 2018 年《行诉法解释》对于履行判决予以构造填充的最重要条款，其意义又在于以下三方面：第一，2018 年《行诉法解释》虽延续了 1989 年《行政诉讼法》的规范样式，将 2014 年《行政诉讼法》第 72 条中的"被告不履行法定职责"同样细分为"违法拒绝履行"和"无正当理由逾期不予答复"两种情形，但此种规范表达相较此前的"不履行和拖延履行法定职责"意涵更为清晰。但"违法拒绝履行"被归入"不履行法定职责"，也意味着此前学者建议的拒绝履行更宜适用撤销判决的观念并未被司法解释所采纳。第二，该条增加"原告请求被告履行法定职责的理由成立"作为履行判决的适用要件，这也意味着履行判决的审查要点不再只是"行政不作为"是否适法，还包含原告是否存在相应的履职请求权。行政诉讼的主观化构造在此已露端倪。第三，该条在一定程度上明晰了履行判决兼具程序性裁判和实体性裁判的属性，且在二者适用上呈现出递进关系。

除明晰"不履行法定职责"的类型、适用前提和细致刻画履行判决的裁判构造外，2018 年《行诉法解释》增加的还有履行判决的前置条件，即第 93 条第 1 款规定，"原告请求被告履行法定职责或者依法履行支付抚恤金、最低生活保障待遇或者社会保险待遇等给付义务，原告未先向行政机关提出申请的，人民法院裁定驳回起诉"。据此，"先向行政机关提出申请"成为诉请行政机关履职的前提，略过这一程序径直起诉的，法院将"裁

⑨ 这一条在 2015 年《行诉法解释》第 22 条中就已有规定，2018 年《行诉法解释》可说是完全继受了这一规范表述。

定驳回起诉”。法院可以裁定驳回起诉的情形还包括该条第 2 款所规定的“人民法院经审理认为原告所请求履行的法定职责或者给付义务明显不属于行政机关权限范围的”。

2018 年《行诉法解释》第 98 条还增加了有关履行判决附带性效果的规定：“因行政机关不履行、拖延履行法定职责，致使公民、法人或者其他组织的合法权益遭受损害的，人民法院应当判决行政机关承担行政赔偿责任。在确定赔偿数额时，应当考虑该不履行、拖延履行法定职责的行为在损害发生过程和结果中所起的作用等因素。”此外，2000 年《行诉法解释》第 50 条同样为 2018 年《行诉法解释》第 81 条所吸收：“……原告起诉被告不作为，在诉讼中被告作出行政行为，原告不撤诉的，人民法院应当就不作为依法作出确认判决”。

综上，尽管几经修改后的履行判决相较其他判决类型仍旧属于条文简明、适用单一的一类，但《行政诉讼法》和司法解释中关涉履行判决的条文却并不仅限于《行政诉讼法》第 72 条，还包含第 47 条、第 69 条、第 73 条、第 74 条以及 2018 年《行诉法解释》第 81 条、第 91 条、第 93 条、第 98 条。这些条文的体系构造与逻辑关联大体表现如图 1 所示。

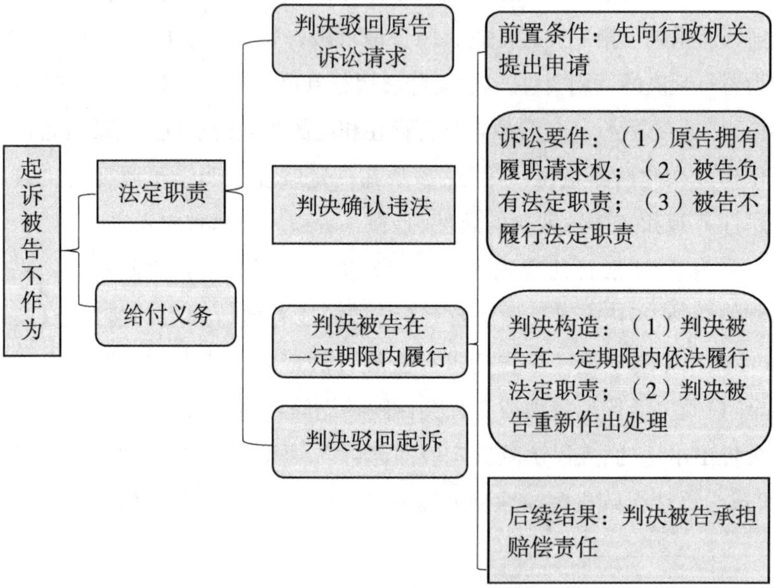

图 1　履行判决相关规定的体系构造与逻辑关联

图1也提示出对履行判决进行阐释的规范范围和核心要点。在体系定位上,因为履行判决和给付判决针对的都是被告的不作为,而不作为的标的又被区分为"法定职责"和"给付义务",所以法院会分别做出履行判决和给付判决,给付判决也因此构成了履行判决的外部界限。而在起诉被告不履行法定职责的案件中,法院会根据不同事由分别判决驳回原告诉讼请求、确认违法以及判决被告在一定期限内履行甚至于直接驳回起诉,这又构成了履行判决适用的内部界限。在适用标准上,履行判决有其前置条件,而法院是否判决被告履行又依赖于如何框定"原告拥有履职请求权"和"被告不履行法定职责"这两项要件,前置条件、核心构成因此成为履行判决适用的基本标准。在判决步骤上,履行判决会有"判决被告在一定期限内履行"和"判决被告重新做出处理"之分,这一点同样涉及这一判决的裁判构造。在附带性效果上,履行判决会引发赔偿责任也会有判决效力与执行问题,这些都可作为履行判决的效果延伸。本文的评注也尝试在这一框架下展开。

二、履行判决的体系定位

履行判决在整体行政诉讼中的定位大致可从其与给付判决的区别中获得。一般认为,履行判决与给付判决对应的都是"行政不作为"。2014年《行政诉讼法》中未有"行政不作为"的表述,但这一概念却出现于司法解释中。[10] 这个概念聚讼纷纭,学理认知与司法操作也都不尽一致。从法条依据来看,行政不作为最初被认为直接对应《行政诉讼法》第12条第1款第3项和第6项,即"申请行政许可,行政机关拒绝或者在法定期限内不予答复……"以及"申请行政机关履行保护人身权、财产权等合法权益的法定职责,行政机关拒绝履行或者不予答复的"。前者被概括为"许可满足型不作为",后者被归纳为"危险防止型不作为"。但伴随2014年《行政诉讼法》引入"认为行政机关没有依法支付抚恤金、最低生活保障待遇或者社会保险待遇"的案件,上述分类已凸显不足,在不作为案件中,至少还应包含"社会给付类不作为"。履行判决与给付判决的界分同样与

---

[10] 参见2018年《行诉法解释》第81条规定,"……原告起诉被告不作为,在诉讼中被告作出行政行为,原告不撤诉的,人民法院应当就不作为依法作出确认判决"。

上述不作为的具体样态相关。

从判决功能而言,履行判决与给付判决同属给付类判决,即法院要求被告履行某种义务。这一点又与形成类和确认类判决相互区分。但因为分享同样的规范构造,具有类似的效果功能,履行判决和给付判决并不易区分,实践中也常常被混用。

在甄别履行判决与给付判决各自的适用领域时,首先要处理的是二者在诉讼法中的基本定位。对此大致有三种观念:其一,履行判决与给付判决互相独立,这种独立性又基于法定职责和给付义务的并置分立,即二者指向不同,相互之间并非包含与被包含的关系。这种观念不仅为很多学者所主张,也能够从规范表述中获得支持。⑪ 其二,将履行判决作为给付判决的上位判决,认为给付判决只是从履行判决中分离出来的判决类型。这一观念主要溯源履行判决的规范演变历史,⑫给付义务被作为法定职责的特殊类型。用以证明这一观点的理由还包括这两条在整体《行政诉讼法》中的先后次序。⑬ 其三,将给付判决作为兜底性判决,使之发挥如德国法中一般给付之诉一样的"多功能武器"作用。在这种观念之下,给付义务反而成为法定职责的上位概念,给付判决与履行判决也被塑造为类似于德国法上"科予义务之诉"与"一般给付之诉"这样的一般与特别的关系。⑭ 这种观念对"给付"进行了最广义的解释,其不仅包含金钱与财物,还包含行政行为。行政行为既包括积极的作为行为也包括消极的不作为,既包括事实行为也包括法律行为。⑮ 这种观念代表了对行政诉讼判决样式未来发展的期许,甚至包含行政诉讼类型化的志向,却与现行

---

⑪ 2018年《行诉法解释》第68条第1款第2项规定,《行政诉讼法》第49条第3项规定的"有具体的诉讼请求"包括请求判决行政机关履行特定法定职责或给付义务,此处就是将"法定职责"与"给付义务"并列。

⑫ 郭修江法官就认为"给付判决脱胎于履行判决",参见郭修江:《行政诉讼判决方式的类型化——行政诉讼判决方式内在关系及适用条件分析》,载《法律适用》2018年第11期。

⑬ 履行判决位于《行政诉讼法》第72条,给付判决紧接其后位于《行政诉讼法》第73条。

⑭ 参见梁凤云:《不断迈向类型化的行政诉讼判决》,载《中国法律评论》2014年第4期。

⑮ 参见梁凤云:《不断迈向类型化的行政诉讼判决》,载《中国法律评论》2014年第4期。

法的规范意旨与构造并不相符。相较之下,第一种观念不仅具有规范依据,而且也更符合立法者原意。在最高人民法院行政审判庭编纂的诸部释解中都明确2014年修法是“于履行判决之外,增设给付判决”,此增加又与《行政诉讼法》第12条第1款第10项列举的“认为行政机关没有依法支付抚恤金、最低生活保障待遇或者社会保险待遇”的起诉事由互相对应,这就说明履行判决与给付判决并非互相包含,应属并置的关系。

在肯定了履行判决与给付判决相互并立的体系定位后,对二者适用的区分,学界又大致从两个方向上展开,一种思考进路是明晰给付义务中的给付概念。其背后逻辑是,既然不履行法定职责与不履行给付义务同属于“行政不作为”这个大范畴,那么借由给付义务的框定划定给付判决的适用场域后,履行判决的适用范围自然也会获得厘清。

有关给付判决的观点分歧,从最狭义到狭义再到广义,大体也分为三类:(1)最狭义解释。这种解释将给付判决限于针对《行政诉讼法》第12条第1款第10项列举的“支付抚恤金、最低生活保障待遇或者社会保险待遇”这三种情形,而不扩及其他的给付类型。而这三种情形又直接表现为金钱或财物给付。但这种观点在2018年《行诉法解释》出台后被推翻,该解释第92条已在“原告申请被告依法履行支付抚恤金、最低生活保障待遇或者社会保险待遇”三类案件后增加“等给付义务”作为兜底,这也意味着给付判决所针对的给付义务并非仅限于最狭义的金钱或财物给付。(2)狭义解释。这种解释将给付义务从上述三类案件拓展至其他社会保障权领域的给付,甚至涵括社会保障以外的其他典型给付。在实践中又具体表现为困难生活补助金,针对军人的价格临时补贴、慰问金,医疗救助,住房救助,就业救助,受灾人员救助,临时救助等。[16] 除社会保障型给付外,其他给付还包括行政奖励、行政补贴、行政补助、行政允诺、发送慰问金等。[17] (3)广义解释。广义解释尝试在行政给付的基础上再行

---

⑯ 参见本卷《行政法论丛》中马立群的论文:《〈行政诉讼法〉第73条(给付判决)评注》。

⑰ 实践中还有针对行政补偿或赔偿诉求作出给付判决的案例,例如,最高人民法院在灵川县金满园农业科技开发有限公司、广西壮族自治区桂林市灵川县人民政府行政补偿再审案中指出,“行政补偿是国家对行政主体的合法行政行为给行政相对人的合法权益造成损害所进行的给付救济”。

拓展给付判决的适用范围，认为给付义务并不仅限于给付行政中的义务。但也有学者坚持“给付判决的内容应限于给付行政的范围”[18]，即不能脱逸出传统“生存照顾”的范畴，由此才能避免其离开法律规范自由扩张。

除着眼于厘清给付义务外，另有一种思考进路是分别确定履行判决与给付判决的适用对象，由此也形成了“履行判决对应行政处理，给付判决对应非行政处理”以及“履行判决对应行为义务，给付判决对应金钱义务”两种区分模型。这两种模型简洁明了、便于操作，但细究之下却又都有缺陷。“行政处理—非行政处理”的模型，借鉴了德国“科予义务之诉”与“一般给付之诉”的划分方式。[19] 有学者反对此种划分，其理由是我国行政实体法上至今缺少明确的“行政处理”和“事实行为”的概念界定，也不具备德国法上以不同诉讼类型应对行政处理和事实行为的背景。[20] 这一理由似乎未中要害，有关行政处理和事实行为的区分学界研究已久，也有一定共识，并不构成适用这一模型的障碍。这一模型不够恰切可能在于其并不符合《行政诉讼法》的规范原意。从规范的语词表述来看，履行判决和给付判决的区分更多表现为作为义务的类型差异，而非作为方式究竟属于具有公法上意思表示的“行政处理”，还是不包含任何调整性要素的“事实行为”。“行为—金钱”模型认为，行政机关不履行行为义务的，适用履行判决；不履行金钱给付和财物交付义务的，适用给付判决。[21] 这一模型在适用上更为简洁，但适用结果却易将“给付判决”中的给付限缩为最狭义的金钱与财物给付，这又与2018年《行诉法解释》对给付义务的扩展不符。

除适用对象外，亦有学者主张对履行判决和给付判决通过司法审查的强度予以区分，履行判决对应低审查强度，法院处理表现为程序性裁判，而给付判决对应高审查强度，法院处理表现为实体性裁判。由此出发，给付判决的增加在立法上是为了“弥补以程序性裁判为原则的履行判决的不足，

---

⑱ 黄学贤：《给付判决在行政诉讼判决体系中的定位》，载《苏州大学学报（哲学社会科学版）》2021年第4期。

⑲ 参见杨东升：《论一般给付诉讼之适用范围——〈行政诉讼法〉第73条评释》，载《行政法学研究》2015年第6期。

⑳ 参见梁君瑜：《行政诉讼履行判决的构造与边界》，载《北方法学》2021年第4期。

㉑ 参见郭修江：《行政诉讼判决方式的类型化——行政诉讼判决方式内在关系及适用条件分析》，载《法律适用》2018年第11期。

承担实体性裁判的分工”[22]。这种区分标准颇有学理价值,也充分考虑了规范内部构造的区别。但如果再仔细斟酌会发现,在此承担区分标准功能的可能并非司法审查的强度,而是行政在个案中是否仍有裁量空间,法院审查强度只是其外观表现。即使在给付判决中,行政也同样可能会有裁量空间;而履行判决也并非都是程序性裁判,法院同样需根据裁量空间的有无进行分阶处理。

综上,对履行判决和给付判决的区分可能无法从上述三项标准中简单择一,对二者的区分应从体系定位、意涵要素和彼此关联等方面综合考虑。在参酌上述要素后,以下认识可能更为适宜妥当。

首先,履行判决与给付判决彼此并立,二者并非互相包含,也不是一般与特殊的关系。在此基础上,履行判决与给付判决的界定就依赖于对“法定职责”和“给付义务”的厘清,二者在逻辑上同样是彼此分立而非互相纠缠。其次,从立法原意和司法实践考虑,给付义务还是应被限定于给付行政范畴内,其中尤其应包括支付抚恤金、最低生活保障待遇或社会保险待遇等社会保障型给付。给付义务的范围可能会伴随给付行政的未来发展而不断扩张,但仍要将其系于“生存照顾”的观念之上,否则给付义务和法定职责的范围就又会出现交叉重叠。最后,因社会保障型给付大多表现为金钱或财物给付,“行为—金钱”模型会成为履行判决与给付判决区分的外观表现。但这种标准虽然直观却并不周延,在金钱财物以外,给付判决也还是会适用于其他的给付形式。[23]

三、履行判决的前置条件与适用标准

明晰其内外部界限后再聚焦于判决内部,则首先涉及履行判决的前置条件与适用标准。前置条件是履行判决做出的程序性前提,要件构成则是具体适用的实体化标准,这里既包含客观化要件又包括主观化要件。

[22] 黄锴:《行政诉讼给付判决的构造与功能》,载《法学研究》2020年第1期。

[23] 实践中也有法院依据《行政诉讼法》第73条规定的给付判决,判决被告履行事实行为的情形。例如,判令被告拆除其在原告楼房下违法所建的围墙,以及判决被告在具体期限内对原告土地进行复垦并返还。参见本卷《行政法论丛》中马立群的论文:《〈行政诉讼法〉第73条(给付判决)评注》。

(一)前置条件

2018年《行诉法解释》第93条第1款增加了履行判决的前置条件,即"原告请求被告履行法定职责或者依法履行支付抚恤金、最低生活保障待遇或者社会保险待遇等给付义务,原告未先向行政机关提出申请的,人民法院裁定驳回起诉"。之所以增加上述前置条件,所考虑的正是诉的利益。若当事人的真正诉求只是要求行政机关履行法定职责,先向行政机关主张,而不是先提起行政诉讼显然更具实效,也更易满足其诉求。若未经申请程序径直转向司法救济,不仅起诉的必要性不足,也会消耗有限的司法资源和行政应诉的精力。[24] 与此相适应,《行政诉讼法》第38条第1款也规定,"在起诉被告不履行法定职责的案件中,原告应当提供其向被告提出申请的证据。但有下列情形之一的除外:(一)被告应当依职权主动履行法定职责的;(二)原告因正当理由不能提供证据的"。

类似规定也同样出现于2011年《最高人民法院关于审理政府信息公开行政案件若干问题的规定》中,该规定第3条指明,"公民、法人或者其他组织认为行政机关不依法履行主动公开政府信息义务,直接向人民法院提起诉讼的,应当告知其先向行政机关申请获取相关政府信息。对行政机关的答复或者逾期不予答复不服的,可以向人民法院提起诉讼"。前置程序的设置并未阻断司法救济之路,只是给司法救济设置前置程序,由此来发挥行政机关先行处理的优势。[25]

同样可理解为前置性起诉条件的还有2018年《行诉法解释》第93条第2款规定:"人民法院经审理认为原告所请求履行的法定职责或者给付义务明显不属于行政机关权限范围的,可以裁定驳回起诉"。行政机关的权限范围主要可从事务和地域两个维度上判断。而所谓"明显"在司法实践中则往往以一个"理性人"能够感受到的"明显"为准。[26] 如果原告所请求履行的法定职责或给付义务明显不属于行政机关的权限范围,这就意

㉔ 参见李广宇:《政府信息公开司法解释读本》,法律出版社2011年版,第133~134页。

㉕ 参见王贵松:《信息公开行政诉讼的诉的利益》,载《比较法研究》2017年第2期。

㉖ 参见梁君瑜:《行政诉讼变更判决的适用范围及限度》,载《法学家》2021年第4期。

味着原告并无诉讼利益,或曰权利保护必要。[27] 与德国、日本对于缺乏权利保护必要性的案件,法院适用判决方式驳回不同,我国是以法院驳回起诉的方式予以处理。最高人民法院也曾认为,“所谓驳回起诉,是为了不使不符合法定条件或者没有权利保护必要性的起诉进入实体审理”[28]。

(二)客观要件:被告不履行法定职责

根据《行政诉讼法》第 72 条,履行判决的适用要件仅在于“被告负有法定职责”与“被告不履行”这两项。2018 年《行诉法解释》第 91 条将“不履行”又细分为“违法拒绝履行”与“无正当理由逾期不予答复”两类,并增加“原告请求被告履行法定职责的理由成立”作为补充,履行判决的适用标准也由这些要件所共同刻画。在要件构成中,“被告不履行法定职责”可说是履行判决理由具备性的客观面向;而“原告请求被告履行法定职责的理由成立”则是客观面向对应的主观面向。

1. 被告负有法定职责

对“法定职责”的范围同样有狭义、广义的认识之分。狭义观点认为:法定职责即法律、法规明确规定的职责。[29] 规章与其他规范性文件成为法定职责的来源应以“合法有效”为前提。[30] 其理由在于,行政审判正是“以法律、法规为依据,参照规章,并可引用合法有效的规范性文件”。除法律、法规、规章以及规范性文件外,广义观点认为,“法定职责”还会源自“行政行为、上级行政机关的指令、先行行为及行政协议”[31],甚至“行政机

---

[27] 参见[德]弗里德赫尔穆·胡芬:《行政诉讼法》,莫光华译,法律出版社 2003 年版,第 386 页。

[28] 潘爱凤诉台前县人民政府、濮阳市人民政府房屋行政登记及行政复议案,最高人民法院(2017)最高法行申 357 号行政裁定书。

[29] 参见信春鹰主编:《中华人民共和国行政诉讼法释义》,法律出版社 2014 年版,第 193 页。

[30] 在陈爱华诉南京市江宁区住房和城乡建设局不履行房屋登记法定职责案中,法院即认为行政机关以政府规范性文件为依据拒绝为不能出示遗嘱公证书的遗嘱受益人办理房屋转移登记的行为违法。参见《最高人民法院公报》2014 年第 8 期。

[31] 在李文英请求泸州市江阳区卫生局履行行政合同安排工作案中,法院就认可,“原告与被告签订的行政合同有效,被告在签订行政合同后,已经按合同约定将原告协调安排到乡镇卫生机构就业,用人单位未予接受原告责任不在被告,被告已按行政合同履行了义务”。参见最高人民法院行政审判庭编著:《最高人民法院行政诉讼法司法解释理解与适用》(上),人民法院出版社 2018 年版,第 425 页。

关的事先承诺也可形成法定职责”[32]。

从司法实务来看，法院早已将法定职责的规范依据扩展至规章以及其他规范性文件。从法律、法规、规章及其他规范性文件中提取“法定职责”较少会引发争议。行政行为[33]、上级指令甚至先行行为[34]作为法定职责来源的案件也不少见。较有争议的主要是行政允诺所形成的职责与行政协议所设定的职责，是否同属于《行政诉讼法》第72条规定的“法定职责”。

所谓行政允诺，即行政机关基于公共管理目的，而向相对人做出的当其做出某项行为时，即向其做出某项行政行为或给予其某种事实利益的行政行为。[35] 行政允诺可作为法定职责来源的观念同样体现于一些公报案例中，例如，黄银友等诉大冶市政府等行政允诺案中，法院即采取确认原被告之间的行政允诺法律关系成立，由此产生行政机关的法定职责，继而适用履行判决的基本思路。[36] 崔龙书诉丰县人民政府行政允诺案中，法院也指出，“行政机关作出行政允诺后，在与相对人发生行政争议时，对行政允诺关键内容做出无事实根据和法律依据的随意解释，法院不予支持”。[37] 但亦有观点认为，在2014年《行政诉讼法》修改后，因第78条第1款新增行政协议履行判决，即“被告不依法履行、未按照约定履行或者违

---

[32] 江必新主编：《中华人民共和国行政诉讼法理解适用与实务指南》，中国法制出版社2015年版，第65页。

[33] 在林曦诉福州市台江区人民政府拒绝履行拆迁后安置住房法定职责案中，法院认为台江区政府已根据拆迁政策做出《关于唐邓福、林曦拆迁房屋安置的通知》确认林曦享有拆迁安置的权利，这一行政行为也使其负有为林曦合理安置住房的义务。参见最高人民法院中国应用法学研究所编：《人民法院案例选·行政卷（下）》（1992～1999年合订本），中国法制出版社2000年版，第963页。

[34] 关于先前行为引起的附随义务，例如，行政机关在限制当事人人身自由后，有保障其人身权不受他人违法侵犯的义务。在刘桂兰诉昆明市公安局官渡分局不履行法定职责行政赔偿案中，一、二审法院均认为，被告接警将被他人殴打致伤的杜文华带至派出所之后，在特定的环境中便负有监护伤者的责任。但被告在杜文华一直未清醒的8小时内，没有采取相应的救助措施致使杜文华死亡，构成了行政不作为。参见最高人民法院中国应用法学研究所编：《人民法院案例选》2007年第2辑，人民法院出版社2007年版，第471页。

[35] 参见姜明安主编：《行政法与行政诉讼法》（第7版），北京大学出版社、高等教育出版社2019年版，第533页。

[36] 参见章剑生：《行政允诺的认定及其裁判方式——黄银友等诉湖北省大冶市政府、大冶市保安镇政府行政允诺案评析》，载《交大法学》2016年第2期。

[37] 《最高人民法院公报》2017年第11期。

法变更、解除本法第十二条第一款第十一项规定的协议的，人民法院判决被告承担继续履行、采取补救措施或者赔偿损失等责任”，所以出现第72条与第78条的适用竞合，而上文中的行政允诺也不再是“法定职责”的来源。[38] 但此处涉及的问题是，履行行政协议是否可归入履行判决的适用范畴或者作为履行判决的一个分支。

《行政诉讼法》与2019年《最高人民法院关于审理行政协议案件若干问题的规定》都是将有关行政协议的审查大致区分为协议之诉与行为之诉两个序列。对于“请求判决撤销行政机关变更、解除行政协议的行政行为，或者确认该行政行为违法”的诉求，因其审查标的仍旧是行政行为，故可归入撤销判决和确认（违法/无效）判决中，但“请求判决行政机关依法履行或者按照行政协议约定履行义务”则属于典型的协议之诉，其规范结构虽与履行判决和给付判决类似，但因为原告要求履行的是协议义务（意定义务），而非其他法定职责或给付义务，所以其应该是与履行判决和给付判决并列的协议类判决。从这个意义上说，协议义务不宜被列入《行政诉讼法》第72条的“法定职责”中。[39] 但这并不意味着，在2014年修法后，行政允诺同样不再属于法定职责的来源。[40] 按照行政允诺的一般界定，行政机关是借由允诺这一行政行为自科了某种作为或履行义务，其应和上级行政机关的指令、先行行为一样属于第72条中的“法定职责”的范畴。

但也有实务界的观点认为，“被告不依法履行、未按照约定履行行政协议义务的，人民法院应当按照不履行法定职责行政案件的审理规则进行审理，不能将其作为行政协议合同纠纷案件审理”。其例证是“行政机关不依法履行、未按照约定履行行政协议义务行为违法，造成原告实际损

---

[38] 参见梁君瑜：《行政诉讼履行判决的构造与边界》，载《北方法学》2021年第4期。

[39] 行政机关在行政协议中的义务究竟是法定义务还是意定义务存在争议，此处其实凸显依法行政与契约自由之间的张力与调和。但本文认为在经过协议转化后，应将其作为意定义务来认识和处理。

[40] 梁君瑜老师在其文章中引述崔龙书诉丰县人民政府行政允诺案，指出该案中法院认定被告“未依法、未依约履行招商引资奖励允诺义务”后，即做出行政协议履行判决，因此说明行政允诺已非“法定职责”的来源（参见梁君瑜：《行政诉讼履行判决的构造与边界》，载《北方法学》2021年第4期），但此处法院其实是将行政允诺本身作为行政协议予以处理，认为原被告的行政允诺法律关系即行政协议关系，这并不足以推导出行政允诺已非法定职责的结论。

失的,应当按照行政机关不依法履行、未按照约定履行行政协议违法行为在损失发生和形成中的作用大小,判决行政机关承担行政赔偿责任,而非承担行政协议的违约责任”[41]。但这种观点是将协议纠纷都归于行为之诉的审查框架下,体现的是对行政协议的公法一体化理解和处理的思路,这一点并不符合2019年《最高人民法院关于审理行政协议案件若干问题的规定》有关协议审查的构造安排。

2. 被告不履行法定职责

在论及被告不履行法定职责时,无论是学界还是实务界都惯于将这两个概念互相捆绑,“不履行法定职责即不作为”的观念也影响甚远。[42]因此有必要在此概念之下展开对“不履行法定职责”的探讨。需要注意的是,“不作为”并非只是学理概念,其同样出现在2018年《行诉法解释》中,在逻辑上司法解释似乎也将其作为不履行“法定职责”和“给付义务”的上位概念。[43]

在最早关于“行政不作为”的论述中,有三种典型观点:其一,认为行政不作为即“行政机关不履行法定职责”,其对应的也是《行政诉讼法》所列举的行政机关拒绝颁发许可证或不予答复,拒绝相对人要求保护人身权、财产权的申请或不予答复,不发给相对人抚恤金等。其二,认为行政不作为是“行政机关对相对人的申请拖延履行法定职责或不予答复”,这种观点将行政机关明示的拒绝排除在不作为之外,被认为代表了一种形式主义的判决进路。在此观念下,行政机关明确拒绝仍旧是在行政程序上做出了一项处理决定,应属于拒绝的作为而非不作为。其三,行政不作为是“行政机关对一定行政行为的抑制,即拒绝做出一定的行为”,在此认识下,无论是行政机关拒绝做出某种行为还是不做某种行为都是不作为,而并不强调行政机关是否有法定义务,因此即使是明确拒绝,从其本质来说仍旧是否定了当事人的申请,未满足其诉求。[44]

---

[41] 郭修江:《行政诉讼判决方式的类型化——行政诉讼判决方式内在关系及适用条件分析》,载《法律适用》2018年第11期。

[42] 参见温泽彬、曹高鹏:《论行政诉讼履行判决的重构》,载《政治与法律》2018年第9期。

[43] 但将不作为视作不履行法定职责的上位概念也会出现无法容纳不正确履行的问题。因此这两个概念仍旧在边界上存在一定交叉。

[44] 参见周佑勇:《行政不作为的理论界定》,载《江苏社会科学》1999年第2期。

如果说第一种观点只是对应了“行政不作为”在诉讼法中的具体表现样式，则第三种观点更为符合2018年《行诉法解释》的界定。但与很多学理意见认为“行政不作为”一定要有违法性不同，[45]2018年《行诉法解释》中的“不作为”显然只是指“行政机关对一定行政行为的抑制”，即通过积极拒绝或消极不答复的方式否定了当事人的诉求主张，此处并未包含合法/违法的判断，也因此才会有后续的驳回起诉、驳回原告诉讼请求、责令履行、责令给付以及确认违法等类型化的处理方式。

（1）违法拒绝履行

在1989年的《行政诉讼法》中，履行判决所对应的是“被告不履行或者拖延履行法定职责”，但对于此处的“不履行”除了包含不予答复外是否还包括“明确拒绝”，该法则语焉不详。2018年《行诉法解释》则明确“不履行法定职责”包含“违法拒绝履行”和“无正当理由逾期不予答复”两类，由此破除了此前有关“拒绝履行”是否属于不履行法定职责的疑虑。

将“违法拒绝履行”纳入“不履行法定职责”的范畴，被学者总结为一种实质主义的判断进路，即行政机关虽然已做出积极行为，在实体上也有了明确结论，但并未满足相对人的诉求，因此在实质上仍旧是对应当履行的法定作为义务的拒绝。[46] 除学理说理外，实务界支持将“违法拒绝履行”纳入“不履行法定职责”范畴的理由是，针对原告起诉要求被告履行法定职责的案件，如果被告明确予以拒绝，原告起诉时仅诉请撤销明示拒绝行为的情况相当少见，反而是要求确认拒绝行为违法并责令行政机关履行法定职责的案件占了绝大多数。[47] 从这个意义上说，很多学者将履行判决类比为德国法上的义务之诉和一般性的预防之诉也不无道理。[48]

违法拒绝履行是行政主体以明确意思表示拒绝合法申请，且该拒绝

---

[45] 参见周佑勇：《行政不作为的理论界定》，载《江苏社会科学》1999年第2期。

[46] 参见宋智敏：《论行政拒绝履行行为的司法审查——以42份行政拒绝履行案件判决书为分析样本》，载《法学评论》2017年第5期。

[47] 2004年发布的《最高人民法院关于规范行政案件案由的通知》（已失效）中，将行政案件的案由分为作为、不作为和行政赔偿三类。不作为的案件，又以“诉”“行政主体的类别”“不履行特定行政职责或义务”作为案由的构成要素。而2020年发布的《最高人民法院关于行政案件案由的暂行规定》中，将“行政行为”作为一级案由，其中包括行政机关与行使职权相关的所有作为与不作为，而二级案由中就包括不履行职责。

[48] 参见梁凤云：《不断迈向类型化的行政诉讼判决》，载《中国法律评论》2014年第4期；李广宇：《政府信息公开司法解释读本》，法律出版社2011年版，第134页。

行为产生终结行政程序的效果。其既可以表现为程序上明示拒绝（如做出不予受理决定）也可以表现为实体上明示拒绝（如受理后做出不予许可决定）；拒绝既可以是口头的，也可以是书面的。违法拒绝履行必须是行政主体明确表达出终结行政程序以及对相对人诉求不予支持的意思表示。与之相反，如果行政机关只是作出通知相对人补充材料等过程性答复，则不属于拒绝履行。[49]

值得关注的是，如果将违法拒绝履行作为“不履行法定职责”的情形，又会引发适用判决不唯一的结果。有关这一问题的争论自1989年《行政诉讼法》制定之初延续至今。从行政行为教义角度来看，因为拒绝履行已包含了行政机关明确的意思表示，已对当事人的权利义务进行了实质调整，所以已具备行政行为的品质，对此当然可适用撤销判决。但从回应当事人的诉求角度来看，对于“违法拒绝履行”的案件，履行判决又是更适宜的判决形式。而实践中，对于被告明确拒绝履行职责的案件，法院大多会在履行与撤销并重作判决之间徘徊。[50] 上述问题除涉及对违法拒绝履行的属性认识外，还涉及对履行判决效力的认知，这一点在后文的裁判构造中予以讨论。

（2）无正当理由逾期不予答复

被告不履行法定职责的另一表现是无正当理由逾期不予答复。不答复即在程序上和实体上没有任何明确表示。法条之所以强调“无正当理由”，是因为在无作为可能（如不可抗力）或无答复义务（如明显并非法定职责）时，不予答复并不违法。[51] 而是否“逾期”的判断又由《行政诉讼法》第47条所明晰，即如果法律、法规对行政机关履行职责的期限有所规定，则适用此规定；如果没有规定，行政机关的一般履职时间是接到申请之日起两个月。但这一条也会引发疑问，即是否只有法律、法规才可规定行政机关的履职时间，而规章和其他规范性文件中的履职时限规定可能并不会被法院所认可。在启东市发圣船舶工程有限公司诉启东市人民政府渡口行政许可及南通市人民政府行政复议案中，法院判决则指出“当法律规

---

[49] 参见梁君瑜：《行政诉讼履行判决的构造与边界》，载《北方法学》2021年第4期。
[50] 参见梁君瑜：《行政诉讼履行判决的构造与边界》，载《北方法学》2021年第4期。
[51] 参见梁君瑜：《行政诉讼履行判决的构造与边界》，载《北方法学》2021年第4期。

范明确规定了行政机关的履责期限,除特殊情形外,人民法院一般应当参照相关法律规范的规定确定行政机关的履责期限;法律规范未对行政机关履责期限作出规定的,人民法院应结合具体案情,充分考虑当事人合法权益保护的及时性和行政机关履责的可行性等因素,根据《中华人民共和国行政诉讼法》第四十七条的规定,合理确定行政机关的履责期限。如存在正当理由或不可抗力的,即便行政机关超出人民法院生效判决所确定的期限作出行政决定,亦不能认定该行为构成程序违法"[52]。此处并未将"法定期限"限定为"法律、法规规定的期限",在法定期限之外,法院同样提出了"合理期限"的确定基准。

(3)不适当履行和未充分履行

不适当履行即行政机关虽有履行行为,但履行方式不当。例如,《最高人民法院关于审理政府信息公开行政案件若干问题的规定》第9条第2款中就规定,"被告提供的政府信息不符合申请人要求的内容或者法律、法规规定的适当形式的,人民法院应当判决被告按照申请人要求的内容或者法律、法规规定的适当形式提供"。

在不履行法定职责的行为类型中,另有一类是未充分履行,或曰未完整履行。此类不履行是指行政机关虽然有所作为,但作为程度不够,[53]如行政主体的方法、措施、手段不当,或者未尽到注意义务,或者根本就未进行实质性作为。司法实务中,典型的"未充分履行"主要发生于危险防止型不作为[54]案件中,法院也通常认为"没有实施防止危害的行为"和"没有实施最终防止危害结果发生的行为"是两种典型的未充分履行。前者如公安机关对在被关押期间生病的羁押人未予以及时治疗致其死亡。[55] 后者则是行政机关虽然已实施了一定行为,但该行为却未有效阻止危害结果的发生。典型的如某建设委员会已根据当事人申请,向拆迁人发出通

[52] 《最高人民法院公报》2020年第12期。

[53] 参见杨小君:《行政不作为形式及其违法性》,载《重庆工学院学报(社会科学版)》2009年第1期。

[54] 所谓"危险防止型不作为"是"行政机关对于存在于自然界或社会上的危险及第三者行为发生之危险,未能以适当形式规制或取缔权限致使损害发生的行为"。参见王和雄:《论行政不作为之权利保护》,台北,三民书局1994年版,第297页。

[55] 参见最高人民法院中国应用法学研究所编:《人民法院案例选》(2001年第2辑),人民法院出版社2001年版,第419页。

知,要求其妥善处理房屋拆迁中的问题,但法院经审理认为,“该通知从内容来看,并不具有对违法拆迁行为做出相应处理并责令其停止不合法拆迁行为等履行职责的实质内容”[56]。亦有学者将此类行为概括为“形式作为而实质不作为的行政行为”[57]。

尽管法院提取的上述“没有实施防止危害的行为”和“没有实施最终防止危害结果发生的行为”两项标准已较为明晰,但在判断被告是否充分且完整履行时,却仍旧存在其他意见。梁君瑜老师总结学理和实务中的四项判定基准如下:其一,以“行政机关有效措施之持续”作为判断履职到位的标准。据此,如果行政机关对违法相对人进行处罚后,未履行后续监管措施或未申请法院强制执行,而导致公益持续受损,则属于履职不充分。其二,以“相对人违法行为之停止”作为判断履职到位的标准。其三,以“行政监管手段之穷尽”作为履职到位的标准。其四,综合上述因素,以“违法行为是否得到有效制止,行政机关是否充分、及时、有效采取法定监管措施,以及国家利益或社会公共利益是否得到有效保护”作为综合判断履职是否到位的标准。[58] 除上述标准外,在危险防止型不作为案中,因为造成相对人权利有侵害之虞的是第三人,相对人要求行政机关履职的本质是要求行政介入“相对人—第三人”的民事关系中,也因此,在这种三边框架下,对行政机关是否充分履职的判断其实又与相对人是否具有“介入请求权”以及行政机关在具体个案中如何履行“国家保护义务”相关。此处具体的判断基准又会转化为行政机关在此法律关系下裁量权限是否发生缩减的问题。

(三)主观要件:原告的履职请求权

如果细致观察 2018 年《行诉法解释》会发现,相比 1989 年以及 2014 年《行政诉讼法》的规范表述,其第 91 条在规定履行判决的构成要件时,还加入了“原告请求被告履行法定职责的理由成立”作为要件,这似乎也说明,履行判决的理由具备性除“不作为违法”外,还应包含原告有相应的

---

[56] 最高人民法院中国应用法学研究所编:《人民法院案例选》(2006 年第 3 辑),人民法院出版社 2007 年版,第 458 页。

[57] 黄学贤:《形式作为而实质不作为行政行为探讨——行政不作为的新视角》,载《中国法学》2009 年第 5 期。

[58] 参见梁君瑜:《行政诉讼履行判决的构造与边界》,载《北方法学》2021 年第 4 期。

履职请求权。有学者因此总结，"履行判决还应包含一个有待审查的前置性适用要件：原告享有履行法定职责的请求权"，履行判决的适用要件也因此呈现"履职请求权——→法定职责——→不履行的三阶层审查结构"[59]。

履职请求权是主观公权利的典型类型，其导出过程自然也要依据保护规范理论，这一原理和过程也已在刘广明案、关卯春案等裁判中有了清晰说明。[60] 但需要注意的是，尽管主观公权利本质上是一种要求执行规范的权利，即"法律执行请求权"或曰"规范实现请求权"[61]，但因为在公法中国家义务与个人权利并非一一对应，而主观公权利只存在于"法规范赋予法律主体以权能，去要求、行使或以其他法律方式实现规范内容之处"[62]，所以公民普遍的、一般的法律执行请求权在整体上是被否定的，其所享有的只是客观法所赋予的个别的、单项的法律执行请求权。这种个别的、单项的履职请求权，又主要来源于一般法，最新的联立公司案则将其扩张至行政机关做出行政行为时所应依据的法律、法规、规章以及规范性文件。只要上述法律规范在保护公益之余同样保护当事人的私人利益，而原告又主张其处于该规范的保护圈内，就可以此为依据来主张权利保护。

履职请求权大致包含两类：一类为授益型履职请求权（或曰满足申请型请求权），即请求行政机关对自己做出授益行政行为。这类请求权本质上就是广义的给付请求权的亚种。其在行政诉讼法中的典型表现为申请行政许可遭拒或逾期未获答复，此类请求权多为行政相对人提出，因此其既可源于一般法，也可诉诸基本权利规范。[63] 另一类为规制型履职请求权（或曰危险防止型请求权）。这类请求权多发生在三边的法律关系下。在

---

[59] 梁君瑜：《行政诉讼履行判决的构造与边界》，载《北方法学》2021年第4期。

[60] "只有主观公权利，即公法领域权利和利益，受到行政行为影响，存在受到损害的可能性的当事人，才与行政行为具有法律上的利害关系。"参见刘广明与张家港市人民政府行政复议案，最高人民法院（2017）最高法行申169号行政裁定书。"只有当起诉人诉请保护的权益，恰好落入行政机关做出行政行为时所依据的行政实体法律规范的保护范围时，起诉人的原告资格才能被承认。"参见关卯春与浙江省住房和城乡建设厅城乡建设行政管理案，最高人民法院（2017）最高法行申4361号行政裁定书。

[61] Arno Scherzberg, Das subjektiv-oeffentliche Recht- Grundfragen und Faelle, Jura 11/2006, S. 840.

[62] Arno Scherzberg, Das subjektiv-oeffentliche Recht- Grundfragen und Faelle, Jura 11/2006, S. 840.

[63] 参见赵宏：《保护规范理论的误解澄清与本土适用》，载《中国法学》2020年第4期。

此法律关系下，对相对人权益产生直接影响的往往是第三人，相对人基于国家保护义务而要求行政予以介入，但此时第三人又可针对行政介入主张对其权利干预的防御，由此就形成一种“行政机关—相对人—第三人”的三边法律关系。而相对人要求行政机关履职本质上是要求行政介入水平的民事法律关系中，而行政机关履职又是在三边法律关系下对相互冲突的私益进行权衡、分配和调和。因此，此类履职请求权又被称为“介入请求权”。这类主观公权利是在传统行政相对人防御权和给付权基础上发展出的第三人公权。[64] 而对第三人公权的承认，不仅符合现代分配行政基本构造，也赋予了除行政相对人之外的第三人独立的法地位，使其权益保护不再只是行政机关维护公益的反射作用。

再回到履行判决中，尽管原告的履职请求权与被告负有法定职责分属履行判决的主观和客观面向，但二者其实是一体两面，无法从根本上予以区分。如果原告拥有针对行政机关的履职请求权，行政机关的明确拒绝或不予答复就是违法的，反之亦然。[65] 正如对客观的“法定职责”的判断一样，原告是否有请求权同样取决于实体法、上级指令、行政行为、先行行为以及行政允诺。上述实体法规范同样应包含裁量规范。就裁量规范而言，因为无瑕疵裁量请求权的提出，如果行政机关拥有裁量权，但其裁量存在瑕疵，则对履职请求的拒绝或不予答复同样违法，因为原告同样在主观上拥有要求行政予以合义务裁量的请求权；唯有裁量缩减至零时，原告才会拥有针对特定行为的作为请求权。而在判断行政机关是否充分履职时，对行政裁量和裁量收缩的客观确定对应的正是原告“无瑕疵裁量请求权”与“针对特定行为的作为请求权”的主观确定。因此，“履职请求权”与“法定职责”的判断并非分阶进行，而是在请求权审查模式下被相互嵌套在一起。

---

[64] 参见赵宏：《行政法学的主观法体系》，中国法制出版社2021年版，第198页；王世杰：《行政法上第三人保护的权利基础》，载《法制与社会发展》2022年第2期。

[65] 参见［德］弗里德赫尔穆·胡芬：《行政诉讼法》，莫光华译，法律出版社2003年版，第441页。德国联邦行政法院甚至认为，因为义务之诉就是用以贯彻做出行政行为请求权的诉讼形态，因此拒绝或怠于履职是否违法只属于判定请求权的前阶段事项。因为有可能原本拒绝并未违法，但由于事实和法律状态后来的变化，原告反而会享有请求权。这种情形尤其发生于建筑规划行政领域。参见Weyreuther，Festschrift Menger S，681/683。

（四）请求权审查模式下主客观要件的统合

2018年《行诉法解释》在"不作为违法"的条件之上又引入公民的履职请求权，反映的是行政诉讼审查模式和审查框架的悄然改变。

行政诉讼素来有主观和客观的定位之争，我国行政诉讼虽然功能定位一直不明，但从既往诉讼以行政行为作为审查单元，审查要点在于行政行为适法性，判决以撤销为主来看，其呈现出浓厚的客观适法性监督色彩。但行政诉讼并非单纯的客观适法性监督，其同样是对个人主观公法权利的保护，这一点在2014年修法时已获强调，而确认判决、履行判决、给付判决的增加也都寓于传统的行为之诉之外，行政诉讼同样也纳入了法律关系之诉。法律关系之诉与行为之诉将审查要点聚焦于系争行政行为，并对其客观适法性进行审查已有不同。法律关系之诉的审查要点是在具体法律关系之下对关系主体的权利义务进行分别提取。与法律关系之诉直接关联的审查模式也不再是传统行政诉讼中的"违法性审查模式"，而是与民事诉讼通约的"请求权审查模式"。

请求权审查模式在德国行政诉讼中已属典型，这一点尤其体现于义务之诉中。对于义务之诉，法院审查的要点不仅是行政机关的拒绝或是不作为是否违法，而且包括原告是否有要求行政机关做出某项行政行为的请求权。[66] 反映于德国《联邦行政法院法》第113条第5款则是义务理由具备性的要件除了拒绝和不作为违法外，还包括原告的权利受损和条件成熟两项。这就意味着，只有行政机关的裁量缩减至零，原告才会拥有针对特定行为的履职请求权，法院也才会判决被告做出此前拒绝的行为。但反过来，即使原告并无针对某项行政行为的请求权，也总会拥有要求行政进行无瑕疵裁量的请求权，法院也会相应做出答复判决，由此与科以特定行为义务的判决相互对照区分。此处其实已悄然发生了请求权的替换（Anspruchsaustausch）[67]，但却并不妨碍义务之诉一直在请求权审查模式之下进行。

从我们目前判决的规范样式来看，撤销判决所遵循的仍旧是典型的

---

[66] 参见［德］弗里德赫尔穆·胡芬：《行政诉讼法》，莫光华译，法律出版社2003年版，第224页。

[67] See Stephan Meyer, Rechtswidrigkeits – oder Anspruchsaufbau bei der Verpflichtungsklage? JuA, 2020(3), S. 2111.

违法性审查模式,原告权利受损并未成为法院决定是否撤销违法系争行为的要件;但从履行判决来看,因为"原告请求被告履行法定职责的理由成立"这一要件的加入,其审查模式已有向请求权审查模式转变的端倪。相应地,明确拒绝或不予答复是否违法,也因此要被嵌入请求权的框架下考虑。行政机关的"履职义务"与当事人的"履职请求权"在此被作为履行判决的客观与主观面向,两者已无法切割而是互相关联。

四、履行判决的裁判构造与其他问题

关于履行判决的裁判构造样式,一直有程序裁判和实质裁判之争。但 2018 年《行诉法解释》已对《行政诉讼法》第 72 条中的裁判构造进行了说明,由此也形成了程序性裁判与实体性裁判并立的二阶递进式判决构造,二者的区别在于"被告是否仍需进一步查清事实或者是否还有裁量余地"。

(一)履行判决的二阶构造

所谓程序性裁判是法院仅判决被告重做或履行法定职责,但不对行政机关的行政行为进行内容上的限定。而实体性裁判则是法院直接指明履行职责的范围和方式。例如在谢文杰诉山西师范大学不履行颁发毕业证法定职责案[68]中,法院在"理由具备、事实清楚、法律规定明确""法效果唯一"的情况下,直接判决山西师范大学在判决生效后 30 日内依法为原告颁发本科毕业证书。

1. 程序性裁判与实体性裁判的适用顺序之争

对于两种裁判的适用顺序,学者亦存在争论。有观点认为,程序性裁判并未使原告的诉求获得充分满足,在行政机关重新做出行政行为后,原告也常常并不满意,因此,为防止诉讼程序空转,增强司法救济力度,强化司法对不作为的监督,在不作为案中应以实体性裁判为主。而 2018 年《行诉法解释》第 91 条增加规定"原告请求被告履行法定职责的理由成立,被告违法拒绝履行或者无正当理由逾期不予答复的",判决被告在一定期限内依法履行原告请求的法定职责,其出发点也在于提高救济时效

---

[68] 参见最高人民法院行政审判庭编:《中国行政审判案例》(第 2 卷),中国法制出版社 2011 年版,第 229 页。

和实质化解纠纷。[69] 另有学者从立法原旨和规范表述出发，认为《行政诉讼法》第72条确立的仍旧是“以程序性裁判为原则、以实体性裁判为例外”的基本立场。其原因在于：我国《行政诉讼法》自1989年开始确立的就是“有限度的司法审查”立场，即尊重行政机关的专业判断和行政裁量，具体至履行判决，尽管法院有权责令被告行政机关履行，但如何履行仍旧涉及行政的专业判断，这一立场在2014年修法后也未做改变，其背后代表的是对权力分立和专业分工原则的尊重。[70]

履行判决之所以会存在应以实体性裁判还是程序性裁判为主之争，关键点就在于，相比撤销判决和确认（违法/无效）判决，司法因要在判决中科以行政以具体的履行义务，所以属于对行政干预和介入更深的判决。[71] 而行政诉讼所涉及的一般问题即如何确定司法审查的强度，如何平衡司法监督与尊重行政判断的张力，也就更凸显于履行判决中。从这个角度而言，对实体性裁判和程序性裁判适用优先顺序的选择，毋宁说是在司法谦抑和司法能动的立场之间进行选择。而从立法说明来看，尝试对二者间的张力予以调和，“在坚持司法中立和司法被动的原则之下，强调司法对社会需求和实质正义的回应，实现司法审查有限与有为的兼得”[72] 仍旧是行政诉讼的主流立场。这就说明，在一般情况下，履行判决仍旧以程序性裁判为主，法院只是判决被告针对原告的请求重新作出处理；只有被告无需再进行调查或没有裁量权时，才会判决被告在一定期限内依法履行原告请求的法定职责。但值得注意的是，2018年《行诉法解释》第91条中的“判决被告针对原告的请求重新作出处理”也并非就是对重做内容不做任何限定的纯粹的程序性裁判，而更接近德国法上的答复判决（Bescheidungsurteil）。对此下文会详细阐释。

2. 科予特定义务判决与科予重做义务判决

2018年《行诉法解释》规定，在理由具备、事实清楚、法律规定明确、

---

[69] 参见刘群：《实质解决行政争议视角下的行政履行判决适用研究》，载《行政法学研究》2019年第2期。

[70] 参见梁君瑜：《行政诉讼履行判决的构造与边界》，载《北方法学》2021年第4期。

[71] 参见温泽彬、曹高鹏：《论行政诉讼履行判决的重构》，载《政治与法律》2018年第9期。

[72] 全国人大常委会法制工作委员会行政法室编：《行政诉讼法立法背景与观点全集》，法律出版社2015年版，第318页。

法效果唯一的情况下，法院会判决被告限期履行特定义务；尚需被告进一步调查裁量的，则判决被告针对原告的请求重新做出处理。这一构造非常类似德国《联邦行政法院法》第 113 条第 5 款中有关义务之诉判决主文的规定：“拒绝或怠为行政行为违法，并因此侵害原告权利时，如案件裁判时机已成熟，则法院应判决行政机关做出原告所申请的职务行为，如裁判时机并未达到，法院应宣示，行政机关应依法院裁判意旨做出决定。”前者在德国法中被称为科予特定义务判决，后者则是答复判决。[73] 这种分阶构造在我国《行政诉讼法》第 72 条之下其实可更准确地界定为科予特定义务判决和科予重做义务判决。

法院在履行判决中是判决被告限期履行原告要求的职责，还是判决其针对原告请求重新作出处理，取决于“是否需要进一步调查和裁量”，这一要件对应的正是义务之诉中的“裁判时机是否成熟”。所谓“裁判时机成熟”（Spruchreife）是指“对于一个即将终结的关于诉讼请求的法院决定而言，所有事实和法律上的前提皆已具备”[74]。从这个意义上说，裁判时机成熟并非仅具有诉讼法的性质，而更多关涉实体法问题。对于羁束行为而言，裁判时机成熟意味着案件事实要件和法律要件均已完备，行政机关也已为适当、完整的调查，不需要再进一步调查；对于裁量行为而言，则意味着“裁量已缩减至零”。反之，如果有关行政决定的案件事实尚未厘清，或是对当事人的请求行政机关拥有裁量空间和判断余地时，法院就只能做出答复判决。

在大量的裁量行为中，有关裁判时机是否成熟的问题，最终又都转化为实体法上的“裁量是否缩减至零”的问题。而有关裁量缩减至零的要件，无论是德日还是我国学者都已有较为充分的讨论。典型性意见首先有王天华教授的“四要件说”，即裁量是否缩减至零取决于：其一，侵害法益的严重性，侵害法益的严重性是裁量收缩的规范基础；其二，行政介入

[73] 我国台湾地区“行政诉讼法”的规定也极为类似：“原告之诉有理由，且案件事证明确者，应判命行政机关做成原告所申请内容之行政处分；原告之诉虽有理由，惟案件事证尚未臻明确或涉及行政机关之行政裁量决定者，应判命行政机关遵照其判决之法律见解对原告做成决定。”台湾地区学者将前者称为“命为处分判决”，将后者称为“命为决定判决”或“答复判决”。

[74] ［德］弗里德赫尔穆·胡芬：《行政诉讼法》，莫光华译，法律出版社 2003 年版，第 444 页。

的可期待性，这种合理期待又以法律规定的行政机关的相关职权为基础；其三，危险预见的可能性，即行政机关对危险的发生或对公民权利的损害具有预见可能；其四，损害结果的可回避性，即行政机关知道或预见到危险后，有能力避免危险或者防止对公民侵害结果发生。[75] 王贵松教授则将四要件扩展为五要件，分别为：(1) 重大法益；(2) 具体危险的迫切性；(3)危险发生的预见可能性；(4)损害结果的回避可能性；(5)规制权限发动的期待可能性。相较前者，其将侵害法益的严重性进行了再次拆解。[76] 若行政裁量依上述标准已缩减至零，则法院就应做出科以行政以特定履职义务的判决，这种义务为原告在诉讼中所主张，因此是对原告公法请求权的全面承认，也是对原告诉求的充分满足。

在我国司法裁判中，亦有关于裁判时机成熟的阐释。例如在田永案中，法院在对案件事实予以充分调查基础上，认为原告学籍并未被取消，因此被告有义务根据教育法律规范为原告颁发相应学历证明。这一事项在法院看来属于羁束行为，此时既已无需再进一步调查就应直接判决颁发。但对于学位证明的颁发，法院则认为其尚牵扯对毕业生毕业成绩、毕业鉴定等诸多材料的审核，原告是否完全符合学士学位的授予条件尚需经过必要审查，因此被告对是否颁发学士学位还享有裁量权，不能直接科以其作为义务。[77] 该案也通过对羁束行为与裁量行为的区分，而对裁判时机成熟进行了有益探索。[78]

如案件事实尚需调查或被告对是否做出特定履职行为尚有裁量权，则法院应判决被告针对原告的请求重新做出处理。这类判决为科予重做义务判决，其对应的又是德国法中的答复判决。但在我国既往研究中，还有学者认为这是重做判决在履行判决中的移植。这种观点忽视了重做判

---

[75] 参见王天华：《裁量收缩理论的构造与边界》，载《中国法学》2014 年第 1 期。

[76] 参见王贵松：《行政裁量的构造与审查》，中国人民大学出版社 2016 年版，第 251 页。

[77] 参见最高人民法院中国应用法学研究所编：《人民法院案例选 · 行政卷（下）》（1992 ~ 1999 年合订本），中国法制出版社 2000 年版，第 963 页。

[78] 教育行政诉讼中法院直接判决被告履行原告所要求的特定行为义务的并不少见，在杨宝玺诉天津服装技校不履行法定职责案中，法院也认为教育机构向接受教育且完成规定学业的受教育者颁发毕业证书是教育结构的法定职责，教育机构以各种理由不颁发毕业证书属于不履行法定职责且缺乏法律依据，因此判决其在规定期限内履行。参见《最高人民法院公报》2005 年第 7 期。

决之于撤销判决的依附性作用，将重做判决作为独立性裁判予以处理，但这种观念却与《行政诉讼法》的规定不符。

此处需要甄别的还有，法院判决被告针对原告的请求重新做出处理，是否就无需再对如何“重做”予以提示。此前很多学者倾向于“原则判决说”，即法院只可要求行政机关在一定期限内履行法定职责，至于具体履行方式、数量、救济方式等问题则完全不能涉及。[79] 这种“原则判决”因为完全不涉及实体内容，也更接近理想类型的程序性判决。还有学者在此基础上又总结出所谓“提示性判决”，即法院虽然不在判决主文中直接判令行政机关履行特定职责，但却通过判决说理形式，厘清或确认法律关系，提示行政机关按照法院的法律见解做出特定行为。[80] 但这种在“重做”之下又区分程序性判决和提示性判决的做法，其实忽略了作为履行判决分支的“针对原告的请求重新做出处理”的科予重做义务判决的真实意涵和拘束效力。

因为欠缺“裁判时机成熟”要件而仅判决被告重新处理，并不意味着原告要求被告履职的请求就完全不具备理由，被告亦可自由决定是否履职。相反，德国法认为，答复判决其实已包含了被告拒绝或不予答复行为违法的确认，也意味着被告负有作为义务，而且作为义务还受判决中宣布的法院的法律观(Rechtsauffassung des Gerichts)的约束，即答复判决的效力不仅在于行政机关负有作为义务必须重做决定，还包括法院的法律观。这种法律观不仅可以从裁判主文中获得，还可从裁判理由中获得。[81] 这种法律观既是对行政机关重做决定的提示亦是约束。也因此，在履行判决之下再按照约束程度区分“实体性判决(科予特定义务判决)”“提示性判决”“程序性判决”并不恰当，履行判决的裁判构造包含“实体性判决(科予特定义务判决)”“程序性判决(科予重做义务判决)”两类，而其中的程序性判决也并非就只是不含任何实体要求的框架性裁判。

---

[79] 参见杨伟东:《行政行为司法审查强度研究——行政审判权纵向范围分析》,中国人民大学出版社 2003 年版,第 245 页。

[80] 参见于洋:《行政诉讼履行法定职责实体判决论——以“尹荷玲案”为核心》,载《北京理工大学学报(社会科学版)》2018 年第 2 期。

[81] See BVerwGE, DVBL. 1995, 925.

(二)起诉被告不履行法定职责的其他处理

履行判决针对的是原告起诉被告不履行或拖延履行法定职责的诉求,但针对此诉求,法院在审查后也会分别作出责令履行、驳回原告诉讼请求、确认违法三种处理。

1. 判决驳回原告诉讼请求

根据《行政诉讼法》第69条,"……原告申请被告履行法定职责或者给付义务理由不成立的,人民法院判决驳回原告的诉讼请求"。这一条其实早已出现于2000年《行诉法解释》中,且被作为驳回诉讼请求判决比维持判决更能回应当事人的诉讼请求的证明。"驳回原告诉讼请求判决是与各种原告胜诉判决相对应的原告败诉判决,与后者之间是一种如影随行的关系,凡诉讼请求无理由者,均得适用"[82]。

2. 判决确认违法

《行政诉讼法》第74条规定,"……行政行为有下列情形之一,不需要撤销或者判决履行的,人民法院判决确认违法:……(三)被告不履行或者拖延履行法定职责,判决履行没有意义的"。这一条适用的核心要件与履行判决相同,即法院经审理认为,被告的确不履行或拖延履行法定职责,但因为期限经过等原因,判决履行已丧失实益,反而浪费行政资源徒增诉讼负累,甚至"继续履行都会损害国家利益、公共利益或他人合法权益,或没有继续履行可能"[83]时,判决确认违法反而更宜回应当事人的真实诉求。

(三)违法拒绝履行法定职责的判决形式

对于明确拒绝履行法定职责的,司法实践中往往是在履行判决与撤销并责令重做判决间徘徊,即使在2015年《行诉法解释》明确此类行为应适用履行判决后,上述状况也未获彻底改变。例如,在2018年公报案例丹阳市珥陵镇鸿润超市诉丹阳市场监督管理局不予变更经营范围登记案中,法院即判决"撤销被告做出的《个体工商户登记驳回通知书》,并责令被告于判决生效后15个工作日对原告的申请重新做出登记";在2019年

---

[82] 李广宇:《新行政诉讼法逐条注释》,法律出版社2015年版,第560页。

[83] 郭修江:《行政诉讼判决方式的类型化——行政诉讼判决方式内在关系及适用条件分析》,载《法律适用》2018年第11期。

公报案例邓金龙诉深圳市社会保险基金管理局工伤保险待遇决定案中，法院同样"撤销了被告做出的《工伤保险待遇决定书》，责令被告自判决生效起30日内对原告的工伤保险待遇申请重新做出处理决定"。

在责令被告履行职责前需先撤销先行的拒绝决定，这种观点此前也为日本和我国台湾地区所支持。日本在2004年修订《行政案件诉讼法》后，将拒绝申请决定的撤销之诉与科予义务之诉合并提起；[84]我国台湾地区的做法是原告不必专门诉请撤销，但法院基于明确"法律"秩序的考虑，可依职权自行撤销；若法院未自行撤销，也应解释为默示撤销，被告基于排除后续履行之障碍，也可自行撤销。[85] 但德国法却明确拒绝行为不能单独诉请撤销。德国学者甚至指出"撤销之诉和义务之诉原则上是互相排斥的，它们之间并非相互补充，而是非此即彼的关系"[86]。对于一个拒绝授益的决定甚至是部分许可，在德国法上，义务之诉都是更适当的选择，而且此时也不能考虑撤销之诉与义务之诉的合并。[87]

德国法对拒绝行为不适用撤销之诉，原因主要在于：其一，义务之诉中已经包含了对拒绝行为违法性的确认。正如上文所言，"当事人拥有履职请求权"与"行政机关拒绝违法"本质上就是一体两面的关系，义务之诉会产生排除拒绝行为效力的功能，因此无需再借助撤销判决[88]。其二，与撤销之诉相比，义务之诉具有特殊性，从条文构造来看，德国《联邦行政法院法》第113条第5款相对于第1款也是特别规定。其三，被拒绝的相对人的根本诉求也并不只是撤销一项拒绝决定，而是希望借由请求来获得授益，因此撤销判决对于原告而言，既未回应其真实诉求，也无权利保护的必要。参考德国法的理由以及2015年《行诉法解释》的明确提示，对于违法拒绝履行法定职责的行为，仍应以适用履行判决为宜，适用撤销并责令重做判决其实是忽略了履行判决的内在功能，因此显得繁复冗余。

---

[84] 参见［日］盐野宏：《行政救济法》，杨建顺译，北京大学出版社2008年版，第119页。

[85] 参见陈敏：《课予义务诉讼之制度功能及适用可能性》，载台湾行政法学会主编：《台湾行政法学会学术研讨会论文集（1999）》，台北，元照出版有限公司2000年版，第11页。

[86] ［德］弗里德赫尔穆·胡芬：《行政诉讼法》，莫光华译，法律出版社2003年版，第219页。

[87] See BVerwGE 37,151.

[88] 在德国法中，义务之诉的主文就是"原机关的裁决与复议机关的复议决定均废弃"。这也说明其已包含确认违法和阻却效力存续的功能。

五、履行判决效力及其他问题

与履行判决适用相关的尚有判决效力、裁判基准时以及不履行法定职责的赔偿问题。就判决效力而言,除下文重点讨论的判决对于行政机关的拘束力外,尚有执行力问题。履行判决与给付判决同样归属于给付类判决,但与给付判决有明确的可执行性不同,若被告不主动履行法院在履行判决中的指令,法院依据《行政诉讼法》第96条,一般只能采取间接方式敦促其履行。

(一)判决效力与裁判基准时

无论是科予特定义务判决还是科予重做义务判决,判决主文和理由说明中的法律观念都会产生判决的既判力,也因此会约束行政机关在重做特定行为或重做处理时必须予以遵守。“只有当据以做出裁判的事实或法律状态有所变更时,此项拘束力才会消失”[89]。

履行判决中另一需要注意的问题是做出实体裁判的基准时。因为原告的履职请求能否成立、应否满足,往往取决于法院在判断事实与法律状态时,究竟是以哪个时点作为标准。因为从行政机关的第一次行为至法院的最终判决,事实和法律可能已经过诸多变更。与撤销判决的基准时是以行政机关的最终决定时点为基准不同,履行判决则是以判决时或法院程序结束时请求权是否存立作为实体裁判的基准时。[90]

(二)不履行法定职责所涉及的赔偿

2018年《行诉法解释》第98条还增加了有关履行判决附带性效果的规定:“因行政机关不履行、拖延履行法定职责,致使公民、法人或者其他组织的合法权益遭受损害的,人民法院应当判决行政机关承担行政赔偿责任。在确定赔偿数额时,应当考虑该不履行、拖延履行法定职责的行为在损害发生过程和结果中所起的作用等因素。”

---

[89] BVerwGE 29,1、2f.

[90] See BVerwGE 64,218/222;78,243/244. 但如果形式上是要求做出履行判决,但实质上除要求做出履行判决外,还需先消除行政机关对于其他人做出的授益行为的效力,即必须首先撤销授益行政行为时,此类案件就不能径直以“裁判时”作为判断基准时,而要在判断是否需要撤销授益行为的问题上适用撤销判决的基准时。参见李泠烨:《论不履行法定职责案件中的判断基准时》,载《当代法学》2018年第5期。

其实在此之前另有一种观点认为，在不履行法定职责案中，因行政机关未做出任何具有实体内容的行政行为，并未造成直接损害，行政机关不应承担赔偿责任。但这一观点后来为《最高人民法院关于公安机关不履行法定行政职责是否承担行政赔偿责任问题的批复》（法释〔2001〕23号，已失效）和《最高人民法院关于公安机关不履行、拖延履行法定职责如何承担行政赔偿责任问题的答复》（〔2011〕行他字第24号）所否定。在不履行法定职责案中，行政机关不作为虽然在责任上难辞其咎，但在确定赔偿数额时，却应当考虑不履行法定职责的行为在损害发生过程和结果中所起的作用等因素。在直接造成损害的第三人无力赔偿、赔偿能力不足或是下落不明时，也可根据行政机关不履行法定职责在损害发生过程和结果中的作用，判决其先承担相应的行政赔偿责任，之后再由其向第三人追偿。[91]

[91] 参见江勇：《审理不履行法定职责行政案件的十大问题》，载《人民司法·应用》2018年第4期。

●《行政诉讼法》第73条(给付判决)评注*

马立群**

摘　要:2014年《行政诉讼法》第73条增设了给付判决,其是从1989年《行政诉讼法》第54条履行判决中分离出来的判决种类。根据规范意旨,给付判决是专门针对行政给付行为设置的相应判决。司法实践中给付判决存在扩张适用的现象,除了社会保障与给付行政类案件外,也被普遍适用于行政补偿、行政赔偿、行政协议等案件领域。给付判决的适用条件包括原告享有给付请求权、被告依法负有给付义务、经申请被告未履行给付义务、被告未履行给付义务无正当理由、判决被告履行仍有实际意义。原告的给付请求权与被告的给付义务具有对应性。实践中普遍对请求权基础采用广义的解释,其既包括法律、法规或规章的规定,也包括法律上被认可的名义,如行政决定、行政协议、行政允诺、先行行为等。给付判决的内容应具体明确,但对于给付的金额需要行政机关事先核定时,法院可以作出责令行政机关先行处理的判决。给付判决具有执行力,可以通过法院强制执行的方式实现判决确定的内容。

关键词:给付判决;给付请求权;给付义务;给付标的;执行力

一、规范生成背景与规范意旨

(一)规范生成背景

根据1989年《行政诉讼法》第11条第1款第6项,“认为行政机关没有依法发给抚恤金的”,属于行政诉讼的受案范围。发放抚恤金属于行政

* 本文系教育部哲学社会科学研究重大课题攻关项目“全面依法治国视域下司法行政职能定位及作用发挥问题研究”(项目编号:20JZD021)的阶段性成果。

** 马立群,西南政法大学行政法学院教授,法学博士。

给付行为，但当时《行政诉讼法》没有规定与此直接对应的判决类型。1989年《行政诉讼法》第54条第3项规定："被告不履行或者拖延履行法定职责的，判决其在一定期限内履行。"学理上将该判决类型称为"履行判决"[①]"强制履行判决"[②]"给付判决"等。[③] 根据早期的理论和实务观点，没有依法发放抚恤金的案件适用履行判决。[④] 从性质上讲，这类案件是指认为行政机关没有依法发给抚恤金而提起诉讼的案件。这属于义务性行政行为，即依照法律、法规的规定，行政机关应履行一定的义务，而该行政机关没有履行。[⑤] 相关法律释义中指出，发放抚恤金必须是法律、法规所明确规定的，其意义在于，从申请人方面看，得到抚恤金是自己的法定权利，不发给是侵犯了自己的合法权益；从人民法院方面看，审理这些案件有法律、法规的依据。[⑥] 随着社会保障制度和给付行政的不断发展，实践中公民提起财产给付的案件类型日益多样化，已远超出依法发放抚恤金的范围。因适用履行判决不能完全适应审判实际的需要，2013年12月16日提请审议的《行政诉讼法修正案（草案）》中增加了给付判决。在全国人大常委会举行的两次审议中该给付判决条款的内容没有受到质疑和改动。[⑦] 但是学理界普遍对履行判决和给付判决的区分标准提出了疑虑。[⑧] 这一问题也成了新法实施后困扰行政审判的一个突出问题。[⑨]

---

① 罗豪才、应松年主编：《行政诉讼法学》，中国政法大学出版社1990年版，第252页。

② 张尚鷟主编：《走出低谷的中国行政法学——中国行政法学综述与评价》，中国政法大学出版社1991年版，第549页。

③ 参见柴发邦主编：《行政诉讼法教程》，中国人民公安大学出版社1990年版，第345页。

④ 参见张尚鷟主编：《走出低谷的中国行政法学——中国行政法学综述与评价》，中国政法大学出版社1991年版，第549页；罗豪才、应松年主编：《行政诉讼法学》，中国政法大学出版社1990年版，第252页。

⑤ 参见张尚鷟主编：《走出低谷的中国行政法学——中国行政法学综述与评价》，中国政法大学出版社1991年版，第425页。

⑥ 参见胡康生主编：《行政诉讼法释义》，北京师范学院出版社1989年版，第24页。

⑦ 参见全国人大常委会法制工作委员会行政法室编：《行政诉讼法立法背景与观点全集》，法律出版社2015年版，第9～40页；江必新、邵长茂、方颉琳编著：《行政诉讼法修改资料汇纂》，中国法制出版社2015年版，第242～246页。

⑧ 参见余凌云：《论行政诉讼法的修改》，载《清华法学》2014年第3期。

⑨ 参见董巍：《行政诉讼一般给付判决适用的分析与规范——以中国裁判文书网142份一般给付判决书为样本》，载贺荣主编：《深化司法改革与行政审判实践研究——全国法院第28届学术讨论会获奖文集》（下），人民法院出版社2017年版，第1612～1620页。

2014 年《行政诉讼法》第 73 条规定:"人民法院经过审理,查明被告依法负有给付义务的,判决被告履行给付义务。"从生成背景来看,2014 年《行政诉讼法》第 73 条针对履行给付义务的判决是从 1989 年《行政诉讼法》履行判决中分离出来的判决类型。[⑩] 正是基于这一点,国内部分行政诉讼法教科书和著作中仍然将这种判决置于履行判决中予以论述。[⑪] 也有观点认为,《行政诉讼法》第 72 条与第 73 条内容没有实质性区别,并将两类判决合在一起阐述。[⑫] 为了与《行政诉讼法》第 72 条规定的"履行判决"相区分,目前学理上将这种新设的判决类型称为"一般给付判决"[⑬]"行政给付判决"[⑭]"给付判决"[⑮]。本文采用《关于〈中华人民共和国行政诉讼法修正案(草案)〉的说明》(以下简称《修正案(草案)说明》)中使用的"给付判决"这一概念。一般认为,行政诉讼法上的给付判决,是指具有公法上请求权的公民、法人或者其他组织对行政机关不履行给付义务的行为不服提起行政诉讼,人民法院判令行政机关依法承担给付义务的判决。[⑯] 从性质上看,给付判决属于一种独立的主判决,可以不依附于其他判决类型单独适用。目前,给付判决在判决体系中的定位、给付判决的适用范围和适用标准等问题在理论界与实务界依然存在争议,需要结合实践案例,明确争议焦点,提炼可以普遍化的适用标准。

(二)规范意旨

《修正案(草案)说明》中仅指出,"根据审判实际需要,增加给付判

---

⑩ 履行判决与给付判决的具体区分,参见本卷《行政法论丛》中赵宏的论文:《〈行政诉讼法〉第 72 条(履行判决)评注》。

⑪ 参见林莉红:《行政诉讼法学》(第 5 版),武汉大学出版社 2020 年版,第 220 页;姜明安:《行政诉讼法》(第 4 版),法律出版社 2021 年版,第 351 页。

⑫ 参见何海波:《行政诉讼法》(第 3 版),法律出版社 2022 年版,第 500~503 页。

⑬ 江必新、梁凤云主编:《行政诉讼法理论与实务》,法律出版社 2016 年版,第 1641 页。

⑭ 沈起、王小川:《行政给付判决的适用范围——以行政诉讼法第七十三条为中心》,载《人民司法》2020 年第 1 期。

⑮ 黄锴:《行政诉讼给付判决的构造与功能》,载《法学研究》2020 年第 1 期;黄学贤:《给付判决在行政诉讼判决体系中的定位》,载《苏州大学学报(哲学社会科学版)》2021 年第 4 期;郭修江:《行政诉讼判决方式的类型化——行政诉讼判决方式内在关系及适用条件分析》,载《法律适用》2018 年第 11 期。

⑯ 参见姜明安主编:《行政法与行政诉讼法》(第 7 版),北京大学出版社、高等教育出版社 2019 年版,第 532 页。

决”,对于增加该判决的具体理由和目的并未作进一步说明。[17] 我国立法机关在颁布法律时并不公布官方的立法理由,全国人大常委会相关机构编写的法律释义是最“接近原意”的解释资料。根据法律释义中的观点,“本条规定的给付判决,要比给付诉讼狭窄很多,是专门针对行政给付行为设置的相应判决”[18]。依据《行政诉讼法》第12条第1款第10项,“认为行政机关没有依法支付抚恤金、最低生活保障待遇或者社会保险待遇的”,属于人民法院的受案范围。2014年的修改将受案范围中的行政给付案件事由由支付抚恤金扩大至包含支付最低生活保障待遇、社会保险待遇等事项,对行政给付已经成为行政行为重要类型的现实作出了回应。[19] 此外,学理界组织编写的释义中提出,该规范的“主要目的在于解决《行政诉讼法》第12条第1款第10项所规定的行政给付类诉讼案件的判决问题”[20]。

2014年修改《行政诉讼法》时没有规定诉讼类型,而仅规定了判决类型。从上述法律释义中的观点可以推知,增加给付判决主要是从功能主义立场,为行政给付行为设置对应的判决类型。概括而言,给付判决类型与行政行为案件类型相对应。此外,司法实务界的观点指出:“构建服务型政府是全面建成小康社会的重要任务,在这个背景下,政府给付义务是行政诉讼不可回避的一个领域。于履行判决之外,增加给付判决,符合实际需要。”[21]综上所述,《行政诉讼法》第73条的立法目的在于为《行政诉

---

⑰ 参见信春鹰:《关于〈中华人民共和国行政诉讼法修正案(草案)〉的说明》,第十二届全国人民代表大会常务委员会第六次会议,2013年12月23日。

⑱ 全国人大常委会法制工作委员会行政法室编写:《〈中华人民共和国行政诉讼法〉解读与适用》,法律出版社2015年版,第162页。另外袁杰和信春鹰各自主编的释义中第73条的内容与全国人大常委会法制工作委员会行政法室编写的释义内容相同,应系同一作者执笔完成。参见袁杰主编:《中华人民共和国行政诉讼法解读》,中国法制出版社2014年版,第202~203页;信春鹰主编:《中华人民共和国行政诉讼法释义》,法律出版社2014年版,第194~195页。为避免重复引用,本文以下写作中引用全国人大常委会法制工作委员会行政法室编写的释义。

⑲ 参见全国人大常委会法制工作委员会行政法室编写:《〈中华人民共和国行政诉讼法〉解读与适用》,法律出版社2015年版,第162页。

⑳ 莫于川等:《新〈行政诉讼法〉条文精释及适用指引》,中国人民大学出版社2015年版,第160页。

㉑ 江必新主编:《中华人民共和国行政诉讼法理解适用与实务指南》,中国法制出版社2015年版,第336页。

讼法》第 12 条第 1 款第 10 项规定的事项以及其他行政给付行为提供对应的判决形式。

二、给付判决的适用范围

(一)最狭义解释:社会保障权领域

从立法目的可以得知,给付判决最明确的适用对象是《行政诉讼法》第 12 条第 1 款第 10 项列举的三类给付行为,即支付抚恤金、最低生活保障待遇或者社会保险待遇。个别法律释义中采用这种最狭义的解释:“我们不能完全按照行政诉讼理论中所阐释的给付判决类型来对《行政诉讼法》第 73 条所确立的给付判决作对应性理解。给付判决的适用对象应该根据《行政诉讼法》第 12 条第 1 款第 10 项的规定来理解,限于行政机关没有依法支付抚恤金、最低生活保障待遇或者社会保险待遇的情形,而不扩张及其他金钱给付领域。”[22]从性质上讲,这三类给付行为都是与公民的社会保障权相对应的行为,但是,采用列举式的立法方式难免挂一漏万,遗漏其他社会保障权领域的给付义务。2018 年《最高人民法院关于适用〈中华人民共和国行政诉讼法〉的解释》(以下简称 2018 年《行诉法解释》)第 92 条规定:“原告申请被告依法履行支付抚恤金、最低生活保障待遇或者社会保险待遇等给付义务的理由成立,被告依法负有给付义务而拒绝或者拖延履行义务的,人民法院可以根据行政诉讼法第七十三条的规定,判决被告在一定期限内履行相应的给付义务。”该条解释中增加了“等”字,无疑扩大了《行政诉讼法》第 73 条的适用范围。《最高人民法院关于审理行政案件适用法律规范问题的座谈会纪要》(法〔2004〕96 号)中指出:“以‘等’、‘其他’等概括性用语表示的事项,均为明文列举的事项以外的事项,且其所概括的情形应为与列举事项类似的事项。”根据这一理解,行政诉讼法司法解释并未突破行政诉讼法的规范目的,仍将适用范围限于社会保障权领域的给付义务。[23] 持这一立场的观点将给付判决界定为:“原告起诉要求被告履行支付抚恤金、最低生活保障待遇或者社

[22] 应松年主编:《〈中华人民共和国行政诉讼法〉修改条文释义与点评》,人民法院出版社 2015 年版,第 230 ~ 232 页。

[23] 参见胡建淼:《行政诉讼法学》,法律出版社 2019 年版,第 467 页。

会保险待遇等金钱财产给付义务，被告依法负有给付义务而拒绝或者拖延履行义务的，人民法院依法判令被告在一定期限内履行给付义务的司法行为。”[24]

在实践中，除了申请依法支付抚恤金、最低生活保障待遇或者社会保险待遇的情形外，给付判决还适用于以下社会保障权领域：(1)困难生活补助金；[25](2)针对军人的价格临时补贴、慰问金；[26](3)医疗救助；[27](4)住房救助；[28](5)就业救助；[29](6)受灾人员救助；[30](7)临时救助；[31]等等。

(二)狭义解释：给付行政领域

根据《行政诉讼法》第73条的规范意旨，该条的适用范围不仅限于社会保障权领域，也包括给付行政领域。有观点指出，从文义上看，2018年《行诉法解释》第92条中的“等”所概括的情形或事项应与所列举的事项属同一类，之所以列举支付抚恤金、最低生活保障待遇、社会保险待遇三项内容，就是为了将给付义务限定在给付行政的范围内。[32] 对司法解释的这一理解符合《行政诉讼法》第73条的规范意旨，并未扩大给付判决的适用范围。在实践中，除了社会保障权领域的案件外，涉及给付行政的案件还有以下类型：(1)行政奖励；[33](2)行政补贴；[34](3)行政补助(退耕还林补助等)；[35]

---

[24] 胡建淼：《行政诉讼法学》，法律出版社2019年版，第466页。

[25] 参见四川省乐山市市中区人民法院行政判决书，(2020)川1102行初60号。

[26] 参见广西壮族自治区全州县人民法院行政判决书，(2020)桂0324行初24号。

[27] 参见内蒙古自治区通辽市中级人民法院行政判决书，(2020)内05行终13号。

[28] 参见湖南省永州市零陵区人民法院行政判决书，(2020)湘1102行初109号。

[29] 参见湖南省张家界市武陵源区人民法院行政判决书，(2020)湘0811行初150号。

[30] 参见贵州省六盘水市中级人民法院行政判决书，(2020)黔02行终35号。

[31] 参见山西省侯马市人民法院行政判决书，(2018)晋1081行初30号。

[32] 参见李傲、赵晓洁：《论我国一般给付判决的适用范围——以231份判决书为分析样本》，载《河南财经政法大学学报》2019年第5期；董巍：《行政诉讼一般给付判决适用的分析与规范——以中国裁判文书网142份一般给付判决书为样本》，载贺荣主编：《深化司法改革与行政审判实践研究——全国法院第28届学术讨论会获奖论文集》(下)，人民法院出版社2017年版，第1614页。

[33] 参见福建省宁德市中级人民法院行政判决书，(2020)闽09行初1号。

[34] 参见最高人民法院行政裁定书，(2019)最高法行申9318号；最高人民法院行政裁定书，(2020)最高法行申1145号；最高人民法院行政裁定书，(2019)最高法行申3965号；最高人民法院行政裁定书，(2018)最高法行申6616号。

[35] 参见最高人民法院行政裁定书，(2020)最高法行再272号。

(4)行政允诺(承诺);[36](5)发放慰问金;[37]等等。概括而言,狭义解释是诉诸《行政诉讼法》第73条规范意旨的解释,将其适用范围限于给付行政领域。

(三)广义解释:以给付义务为出发点

《行政诉讼法》第73条没有明确规定适用给付判决的案件类型,而是采用了"被告依法负有给付义务"这一高度抽象性的表述。如果仅从《行政诉讼法》第73条的文义出发,就会产生更大的解释空间。有实务观点指出,"给付义务"不限于"给付行政"范畴;给付内容不仅包括金钱等财物,还包括行为。[38] 最高人民法院在杜三友等804人与山西省临汾市人民政府不履行给付待遇再审案裁定书中指出:"依法支付抚恤金、最低生活保障待遇或者社会保险待遇,是行政机关重要的给付义务,但绝不仅仅是给付义务的全部内容。只要公民、法人或者其他组织具有给付请求权,就可以依法向人民法院提起给付之诉。"[39]就此而言,给付判决具有兜底判决的作用。此外,也有观点主张,给付判决的适用范围除了财产性给付、事实行为给付、停止作为给付和不得公开信息的预防性不作为给付外,未来应进一步将请求颁布相应规范的给付行为和更多的预防性不作为给付纳入其适用范围之内。[40]

在行政审判实践中,《行政诉讼法》第73条自适用起就存在扩张现象,其适用范围已经超越了给付行政的范畴。除社会保障和其他给付行政领域的案件外,给付判决被广泛适用于行政补偿案件、[41]行政赔偿案件[42]和行

---

[36] 参见最高人民法院行政裁定书,(2020)最高法行再332号;江西省吉安市青原区人民法院行政判决书,(2020)赣0803行初205号。

[37] 参见广西壮族自治区全州县人民法院行政判决书,(2020)桂0324行初24号。

[38] 参见梁凤云:《不断迈向类型化的行政诉讼判决》,载《中国法律评论》2014年第4期;梁凤云:《新行政诉讼法讲义》,人民法院出版社2015年版,第447页。

[39] 最高人民法院行政裁定书,(2017)最高法行申3461号。

[40] 参见李傲、赵晓洁:《论我国一般给付判决的适用范围——以231份判决书为分析样本》,载《河南财经政法大学学报》2019年第5期。

[41] 参见最高人民法院行政裁定书,(2019)最高法行申1242号;最高人民法院行政裁定书,(2018)最高法行申325号;最高人民法院行政裁定书,(2017)最高法行申1062号。

[42] "对于行政赔偿案件,应当适用给付判决,依法作出具有具体给付内容的行政赔偿判决。"参见最高人民法院行政裁定书,(2020)最高法行赔申466号;最高人民法院行政裁定书,(2020)最高法行赔申467号;最高人民法院行政裁定书,(2019)最高法行赔申1号。

政协议案件领域。[43] 此外，给付判决也适用于不当得利等财产返还、禁止公布政府信息、[44]违法结果除去等案件领域。[45] 在行政法上，行政机关的给付义务的来源具有多样性，并不仅限于给付行政所产生的给付义务。从诉判关系来看，属于行政诉讼受案范围的案件，在被告依法负有给付义务，原告的给付请求权成立时，法官没有理由不给予救济。[46] 例如，根据2018年《行诉法解释》第68条第1款第5项，原告起诉"有具体的诉讼请求"包括"请求判决行政机关予以赔偿或者补偿"，而行政赔偿与行政补偿都以支付金钱为主要方式。[47] 在原告胜诉时，给付判决是回应原告诉讼请求最恰当的判决形式。在高占奎诉辽宁省抚顺市新抚区人民政府行政补偿再审案中，最高人民法院指出，"在依法查明事实的情况下，人民法院可以直接针对当事人的实质诉求，即获得补偿权益的诉求作出裁判，以便尽快稳定行政法律关系，尽快实现案结事了"。[48] 因此，从诉判关系原理、法官不得拒绝裁判、[49]为公民提供有效救济等视角来看，给付判决在实践中的确具有兜底性判决的作用。

广义解释虽然具有现实的必要性，但无疑超出了《行政诉讼法》第73

---

[43] 参见最高人民法院行政裁定书，(2017)最高法行申195号。

[44] 参见《最高人民法院关于审理政府信息公开行政案件若干问题的规定》(法释〔2011〕17号)第11条规定：政府信息涉及原告商业秘密、个人隐私且不存在公共利益等法定事由，且政府信息尚未公开的，应当判决行政机关不得公开。

[45] 实证研究参见李傲、赵晓洁：《论我国一般给付判决的适用范围——以231份判决书为分析样本》，载《河南财经政法大学学报》2019年第5期；董巍：《行政诉讼一般给付判决适用的分析与规范——以中国裁判文书网142份一般给付判决书为样本》，载贺荣主编：《深化司法改革与行政审判实践研究——全国法院第28届学术讨论会获奖论文集》(下)，人民法院出版社2017年版，第1612~1620页。

[46] 参见周作彩：《房屋征收补偿案中判决类型的适用——郭传欣诉巨野县人民政府、菏泽市人民政府房屋征收行政补偿案评析》，载《交大法学》2018年第4期。

[47] 参见《国家赔偿法》第32条第1款规定："国家赔偿以支付赔偿金为主要方式。"第2款规定："能够返还财产或者恢复原状的，予以返还财产或者恢复原状。"对行政赔偿方式的详细解读，参见沈岿：《国家赔偿法：原理与案例》(第2版)，北京大学出版社2017年版，第392~400页。

[48] 最高人民法院行政裁定书，(2019)最高法行申2271号。相同的观点另见最高人民法院行政裁定书，(2019)最高法行申1242号；最高人民法院行政裁定书，(2019)最高法行申1243号；最高人民法院行政裁定书，(2019)最高法行申1248号；最高人民法院行政裁定书，(2019)最高法行申1240号；最高人民法院行政裁定书，(2019)最高法行申1245号。

[49] 参见范伟：《"法官不得拒绝裁判"原则的逻辑再造：从绝对性到相对性》，载《政法论坛》2021年第1期。

条的规范意旨。因此,学理上有观点提出,应对给付判决适用范围的扩张持谨慎态度。有学者指出,“给付判决的内容当然应当限于给付行政的范围,但是应当特别注意的是,给付行政是一个动态的发展过程。给付判决的内容应当与给付行政的发展水平相适应而不断调适”。[50] 也有观点指出,现阶段,给付判决尚不能发挥“多用途武器”之功能,其适用空间应限于法律规范规定的给付义务、给付行政范畴内的给付义务、以金钱或财产为内容的给付义务。[51]

三、给付判决的适用条件

学理和实务观点一般将给付判决的适用条件概括为五项,包括原告享有给付请求权、被告依法负有给付义务、经申请被告未履行给付义务、被告未履行给付义务无正当理由、判决被告履行给付义务对原告仍有意义。[52] 其中,前三个要件属于适用给付判决的基本要件。

(一)原告享有给付请求权

理论界和实务界形成的共识是,给付判决的适用要件之一是原告具有公法上的给付请求权。[53] 根据最高人民法院的观点,“这种给付请求权,既有可能来自法律、法规、规章的规定,来自一个行政决定或者一个行政协议的约定,也有可能来自行政机关作出的各种形式的承诺”。[54] 法院审理行政给付案件,需要寻找和确定请求权基础。法院审理的核心是原告的给付请求权是否成立,即原告请求给付的理由是否成立。[55] 这一点与民事诉讼的给付之诉相似。不同的是,给付请求权的原因和基础主要来

---

[50] 黄学贤:《给付判决在行政诉讼判决体系中的定位》,载《苏州大学学报(哲学社会科学版)》2021年第4期。

[51] 参见黄锴:《行政诉讼给付判决的构造与功能》,载《法学研究》2020年第1期。

[52] 参见江必新主编:《中华人民共和国行政诉讼法理解适用与实务指南》,中国法制出版社2015年版,第336页;姜明安主编:《行政法与行政诉讼法》(第7版),北京大学出版社、高等教育出版社2019年版,第533页。

[53] 姜明安主编:《行政法与行政诉讼法》(第7版),北京大学出版社、高等教育出版社2019年版,第532页;江必新主编:《中华人民共和国行政诉讼法理解适用与实务指南》,中国法制出版社2015年版,第336页;马怀德主编:《行政诉讼法学》(第5版),北京大学出版社2019年版,第271页。

[54] 最高人民法院行政裁定书,(2017)最高法行申3461号。

[55] 相关案例参见最高人民法院行政裁定书,(2020)最高法行申1145号。

源于公法。[56] 原则上，作为主观公权利的一种类型，公法上的给付请求权同样依赖于客观法。[57] 在给付行政领域，实务中对请求权的规范基础普遍采用广义的理解。除了上述案例外，最高人民法院在司正红诉黑龙江省鸡西市滴道区人民政府履行给付义务再审案中亦明确指出："给付请求权可以来自法律、法规或规章的规定，也可源自行政决定、行政协议及行政机关的承诺。"[58]公法上的请求权不仅包括依法取得的财产性给付请求权，还包括公法上的不当得利返还请求权、公法上的无因管理请求权、基于行政协议的给付请求权等。法院裁判时请求权成立且无阻碍情形，是判断原告的诉讼请求是否具备理由和适用给付判决的前提。原则上，给付诉讼和判决中的请求权必须限于可以"直接"行使的给付请求权。如果原告的请求权需要行政机关通过行政行为核准资格，则应通过履行诉讼和判决救济。[59]

（二）被告依法负有给付义务

给付判决的另一重要的适用条件是被告必须依法负有给付义务。《行政诉讼法》第73条中的"依法"和"给付义务"都属于抽象性概念，司法适用中需要明确识别基准。

1. 作为给付义务基础的"依法"。被告的给付义务与原告的给付请求权具有对应性。同样，学理界和实务界普遍对《行政诉讼法》第73条中的"依法"作广义上的理解。在这一点上涉及给付行政与法律保留的适用问题。[60] 学理上认为，法律保留的首要目的在于自由权的保障，至于社会权的保障，则存在不少法律问题之外的政治、经济和社会因素考量。而给付

---

[56] 参见王锴：《行政法上请求权的体系及功能研究》，载《现代法学》2012年第5期；徐以祥：《行政法上请求权的理论构造》，载《法学研究》2010年第6期。

[57] 参见赵宏：《行政法学的主观法体系》，中国法制出版社2021年版，第209~214页。

[58] 最高人民法院行政裁定书，(2018)最高法行申7900号。

[59] 参见杨东升：《论一般给付诉讼之适用范围——〈行政诉讼法〉第73条评释》，载《行政法学研究》2015年第6期。

[60] 相关讨论参见王贵松：《行政活动法律保留的结构变迁》，载《中国法学》2021年第1期；喻少如：《论给付行政中法律保留原则的适用》，载《武汉大学学报（哲学社会科学版）》2011年第2期；黄学贤：《给付行政适用法律保留原则若干问题探讨》，载《江海学刊》2005年第6期；戴建华：《论给付行政中法律保留原则的适用》，载《学术论坛》2009年第6期；刘志刚：《论法律保留原则在给付行政中的适用》，载《国家检察官学院学报》2005年第6期；等等。

行政问题涉及的是财政支出问题,理应按照财政民主主义的要求进行控制,但未必都能体现为法律的形式,社会保障等常规给付有法律化的可能,而救助金等特别给付则难以法律化。[61] 学理和实务上对《行政诉讼法》第73条中“依法”的普遍性解释与法律保留的这一解读基本一致。学理上认为,“被告依法负有给付义务”是指被告依照法律法规等负有给付相对人权益的公法义务。这里的“依法”可以是依照法律法规等规范性文件的明确规定,也可以是依照法律法规所认可的名义,如行政合同、行政允诺、先行行为等。[62] 根据最高人民法院的观点,“行政机关的给付义务,既有可能来自法律、法规、规章的规定,也有可能来自行政决定或者行政协议的约定”。[63] 在地方法院的裁判中也可以发现,给付义务的依据往往不限于法律、法规和规章,还包括了行政规范性文件和执行法律的行政行为,如依据法律制定的各种奖励办法、补偿补贴办法等。[64]

2. 给付义务的具体类型和范围。采用排除法来界定给付义务是目前理论和实务中比较常见的一种方式。如认为行政义务不仅包括法定职责,而且包括行政机关先行行为引发的义务、承诺引起的义务、合同义务、附随义务等。给付义务是法定职责以外的其他行政义务。[65] 给付义务的内容多以金钱或财产为主,如行政赔偿、行政补偿之诉等;而履行判决中所涉及的内容则是行政相对人请求行政机关作出行政行为的内容。[66] 以给付义务的来源进行划分,可以将其概括为以下几种基本类型。

(1)法律规定的给付义务。这里的法律是指广义的法律,不仅包括全国人大及其常务委员会制定的法律,还包括行政法规、地方性法规和规章。例如,《社会保险法》第2条规定:“国家建立基本养老保险、基本医疗

---

[61] 参见王贵松:《行政活动法律保留的结构变迁》,载《中国法学》2021年第1期。

[62] 参见黄锴:《行政诉讼给付判决的构造与功能》,载《法学研究》2020年第1期;姜明安主编:《行政法与行政诉讼法》(第7版),北京大学出版社、高等教育出版社2019年版,第532页。

[63] 最高人民法院行政裁定书,(2018)最高法行申5903号。

[64] 参见福建省宁德市中级人民法院行政判决书,(2020)闽09行初1号。

[65] 参见姜明安主编:《行政法与行政诉讼法》(第7版),北京大学出版社、高等教育出版社2019年版,第533页;江必新主编:《中华人民共和国行政诉讼法理解适用与实务指南》,中国法制出版社2015年版,第336页。

[66] 参见马怀德主编:《行政诉讼法学》(第5版),北京大学出版社2019年版,第271页。

保险、工伤保险、失业保险、生育保险等社会保险制度,保障公民在年老、疾病、工伤、失业、生育等情况下依法从国家和社会获得物质帮助的权利。"该法第17条规定:"参加基本养老保险的个人,因病或者非因工死亡的,其遗属可以领取丧葬补助金和抚恤金;在未达到法定退休年龄时因病或者非因工致残完全丧失劳动能力的,可以领取病残津贴。所需资金从基本养老保险基金中支付。"法律规定的给付义务是一般性和抽象性的义务,当出现法律事实时,行政机关始负有具体的给付义务。

(2)先行行为引起的给付义务。先行行为引起的给付义务通常源于因先行行为的法律效力发生变动而需消除其法律后果的情形。例如,因行政机关注销了采矿许可证,根据相关政策规定,应退还原告采矿权价款。[67] 行政强制措施、行政处罚决定被法院撤销或者行政机关自行撤销后,相对人享有涉案财物的返还请求权(结果除去请求权),行政机关负有返还义务。此外,先行行为导致行政机关产生公法上的不当得利时,相对人享有不当得利返还请求权,行政机关负有返还义务。例如,在郭某某诉被告抚顺市东洲区房屋征收与补偿管理办公室返还预收款项案中,法院依据《行政诉讼法》第73条判决被告返还原告的预交房改款。[68]

(3)行政允诺产生的给付义务。根据实务中的观点,行政允诺是指行政主体为实现特定的行政管理目的,向行政相对人公开作出的当行政相对人作出一定的行为即给予其利益回报的意思表示行为。[69] 当行政相对人作出符合行政允诺事项的行为时,行政主体与行政相对人之间即构成行政允诺法律关系,行政主体应按照其允诺履行相应的给付义务。

(4)法律行为设定的给付义务。这类义务主要是基于行政协议产生的给付义务。《行政诉讼法》第78条中并未规定行政协议案件判决与其他判决类型之间的适用关系。第73条规定的履行给付义务在内容上包括了给付因契约行为而约定的给付义务的情形。[70] 在适用关系上,《行政诉讼法》第73条规定的给付判决与第78条的判决方式存在规范竞合,属于一般规定与特别规定的关系。在具体案件中,判决形式的选择主要取

---

[67] 参见山西省襄汾县人民法院行政判决书,(2020)晋1023行初45号。

[68] 参见抚顺市新抚区人民法院行政判决书,(2021)辽0402行初30号。

[69] 参见浙江省高级人民法院行政判决书,(2018)浙行终1579号。

[70] 参见胡建森:《行政诉讼法学》,法律出版社2019年版,第466页。

决于原告的诉讼请求与案件的诉讼标的。

（三）经申请被告未履行给付义务

被告未履行给付义务包括拒绝履行、拖延履行和未完全履行给付义务。2018 年《行诉法解释》第 93 条第 1 款规定："原告请求被告履行法定职责或者依法履行支付抚恤金、最低生活保障待遇或者社会保险待遇等给付义务，原告未先向行政机关提出申请的，人民法院裁定驳回起诉。"适用给付判决的前提是原告必须向行政机关提出过申请，这是由行政给付行为属于依申请行为的特点所决定的。未履行给付义务的表现形式包括拒绝履行给付义务、拖延履行给付义务、未完全履行给付义务三种情形。拒绝履行给付义务是指被告对原告的申请采用明示的方式作出了拒绝给付的决定。从性质上讲，拒绝给付请求的行为亦属于行政行为，具有可撤销性。如原告向人力资源和社会保障局申请先行支付工伤保险待遇，后者作出不予支付告知书即属于这种情形，原告在起诉时可以同时提出撤销不予支付告知书的诉讼。[71] 拖延履行给付义务是指被告超过法定期限或者在合理期限内未履行给付义务。未完全履行给付义务是指被告实际履行的义务不符合法定的义务范围或者原告申请履行的内容。

（四）被告未履行给付义务无正当理由

在给付诉讼中法院审理的内容包括两个方面：一是原告申请行政机关履行给付义务的请求权能否成立；二是行政机关未履行给付义务是否具有正当理由。第二个方面涉及对行政机关未履行给付义务的合法性判断问题。在实践中，有些裁判文书中将确认（未履行给付义务）违法判决与给付判决一并使用，也有裁判文书中在判决理由部分确认了被告未履行法定给付义务违法。[72] 法院对行政机关未履行给付义务的合法性进行审查，这是行政诉讼"监督行政机关依法行使职权"的必然要求。因此，给付判决亦具有"对违法给付行政行为责任的评价"这一功能。[73] 被告未履行给付义务有法律所规定或认可的理由时，就可以排除被告行政行为（不

---

[71] 参见贵州省黔西县人民法院行政判决书，（2020）黔 0522 行初 210 号。

[72] 参见吉林省桦甸市人民法院行政判决书，（2021）吉 0282 行初 5 号；云南省大理市人民法院行政判决书，（2020）云 2901 行初 21 号。

[73] 参见沈岿、王小川：《行政给付判决的适用范围——以行政诉讼法第七十三条为中心》，载《人民司法》2020 年第 1 期。

作为）的违法性。这些正当理由包括：（1）请求权未成立，如原告提交的申请资料不符合法律的规定；（2）请求权已消灭，如原告主张的权利已过申请时效；（3）请求权阻止，如因法律和政策的调整，或者因原告的原因需要进一步明确规则等。在诉讼中这些正当理由属于被告的答辩理由。行政机关无法定理由或者其他正当理由未履行给付义务，原告公法上的给付请求权成立时，法院应当作出给付判决。

（五）判决被告履行仍有实际意义

法院在作出裁判前被告已经依法履行了给付义务，或者判决履行给付义务已无实际意义时，不再适用给付判决。在前一种情形下，如果原告不变更诉讼请求，法院应判决驳回原告的诉讼请求；在后一种情形下，如果被告未履行给付义务违法，法院可以作出确认违法判决。

此外，在行政机关通过行政决定明确拒绝的情形下，实务观点认为，"被告不履行给付义务，作出答复的结果正确，但程序违法的，应当根据《行政诉讼法》第74条第1款的规定，判决确认违法，保留其法律效力"。[74] 在被告对原告请求履行给付义务的申请不予答复的情形下，行政机关未履行答复义务，被诉行政行为违法。如果原告请求履行给付义务的诉讼请求不能成立，法院判决被告履行答复义务没有实际意义，徒增当事人诉累。根据《行政诉讼法》第74条第2款第3项的规定，人民法院应当判决确认不予答复行为违法，并驳回原告请求责令被告履行给付义务的诉讼请求。[75]

四、给付标的的种类与范围

给付标的是给付判决主文中所确定的给付客体。给付判决的给付标的在理论和实务中存在争议，其主要源于对2018年《行诉法解释》第92条中"等"字的不同理解。一种观点认为，2018年《行诉法解释》第92条中的"等"字不应当包括金钱或财物给付以外的内容，"行为"应被排除在给付内容外。[76] 另一种观点认为，原告申请被告依法履行支付抚恤金、最

---

[74] 蔡小雪：《行政审判中的合法性审查》，人民法院出版社1999年版，第257页。

[75] 参见薛政编著：《行政诉讼法注释书》，中国民主法制出版社2020年版，第568页。

[76] 参见章剑生：《现代行政法总论》（第2版），法律出版社2019年版，第501页；最高人民法院行政审判庭编著：《最高人民法院行政诉讼法司法解释理解与适用》（上），人民法院出版社2018年版，第428页。

低生活保障待遇或者社会保险待遇等给付义务主要是指原告在行政法上的财产权利。这里的“等”是等外等，除了列举的支付抚恤金、最低生活保障待遇或者社会保险待遇外，还包括其他的非财产给付义务，如服务类给付。[77] 还有观点指出，“给付的内容除了物，还包括行政行为。这里的行政行为是一个大概念，既可能是一种积极的作为，也可能是一种消极的不作为；既可能是一种行政行为，也可能是一种非行政行为”。[78] 通过行政审判案例可以发现，实践中给付判决的标的以财产给付为主，但也存在非财产性质的给付。

（一）财产给付

1. 金钱给付。无论是从立法目的还是从现有的判决类型上看，给付判决的适用范围都是以金钱为主的财产性给付。[79] 给付金钱的数额需要在个案中根据案件事实、原告的请求权和被告的给付义务来具体确定。实践中存在的主要问题是在被告未履行金钱给付义务时，是否应判决给付利息以及如何确定利息的计算标准，对此《行政诉讼法》与相关司法解释均未明确规定。在行政协议案件领域，如果双方约定了利息，且约定的计算利率不高于法定利率，法院可以根据约定利率判决具体的数额，超出法定利率的部分不予支持。如果双方未约定利息，且在法律、行政法规、规章和规范性文件中没有规定，法院应根据双方责任、[80]违约金与利息之间的关系、[81]标的物的增值价值[82]等综合判断是否支付利息。关于利率的计算标准，实践中通常采用（中国人民银行）同期存款利率、[83]（中国人民

[77] 参见梁凤云编著：《新行政诉讼法逐条注释》，中国法制出版社2017年版，第590页。

[78] 江必新主编：《新行政诉讼法专题讲座》，中国法制出版社2015年版，第276页。

[79] 参见黄学贤：《给付判决在行政诉讼判决体系中的定位》，载《苏州大学学报（哲学社会科学版）》2021年第4期。

[80] 参见最高人民法院行政裁定书，（2020）最高法行申760号；河北省保定市中级人民法院行政判决书，（2020）冀06行终73号。

[81] 参见最高人民法院行政裁定书，（2020）最高法行申3496号。

[82] 参见最高人民法院行政裁定书，（2020）最高法行申5229号。

[83] 参见安徽省高级人民法院行政判决书，（2019）皖行终522号；湖南省高级人民法院行政判决书，（2019）湘行终1448号。《招标投标法实施条例》第57条第2款规定：“招标人最迟应当在书面合同签订后5日内向中标人和未中标的投标人退还投标保证金及银行同期存款利息。”

银行）同期贷款利率[84]和同期全国银行间同业拆借中心公布的贷款市场报价利率（LPR）[85]三种计算方式。

在行政赔偿案件中，根据最高人民法院的观点，行政机关逾期支付赔偿金所产生的利息损失，属于直接损失的范围，应当予以行政赔偿。[86] 依据《国家赔偿法》第 36 条第 7 项的规定，对于利息的计算标准原则上以“中国人民银行同期同类存款基准利率”为准。[87] 在实践中，法院在个别案件中也采用中国人民银行同期贷款利率、[88]同期中国人民银行公布的五年期人民币整存整取定期存款基准利率[89]等计算标准。

2. 物之给付。物之给付的形式既包括种类物，也包括特定物。实践中涉及物之给付的案件主要集中于房屋和土地征收征用领域，如法院判决被告履行具体面积的安置房的安置补偿待遇。[90] 类似的案例还包括判令被告按照套内建筑面积交付具体面积的安置房，[91]判令履行搬迁安置协议约定的回迁安置义务，[92]判令被告向原告安置具体面积的集体产业用房，[93]判令被告交付统一安置的停车位等。[94] 此外，实践中也有涉及违法后果清除的案件，法院依据《行政诉讼法》第 73 条采用给付判决方式判令被告返还相关物品。例如，因被告违法持有原告的所有产权证，法院判决

[84] 参见张某春诉重庆市綦江区新盛镇人民政府不履行土地复垦行政协议案，载《最高人民法院行政协议典型案例（第一批）》2021 年 5 月发布。

[85] 参见广州铁路运输中级法院行政判决书，（2020）粤 71 行终 1568 号。

[86] 参见最高人民法院行政判决书，（2017）最高法行再 5 号；辽宁省沈阳市中级人民法院行政判决书，（2020）辽 01 行初 97 号。

[87] 参见《国家赔偿法》第 36 条第 7 项规定，“返还执行的罚款或者罚金、追缴或者没收的金钱，解除冻结的存款或者汇款的，应当支付银行同期存款利息”。相关案例参见最高人民法院行政判决书，（2017）最高法行再 5 号；云南省文山壮族苗族自治州中级人民法院行政判决书，（2020）云 26 行赔初 19 号；辽宁省高级人民法院行政判决书，（2019）辽行终 1359 号；福建省宁德市中级人民法院行政判决书，（2020）闽 09 行初 12 号。

[88] 参见最高人民法院行政裁定书，（2019）最高法行赔申 1 号。

[89] 参见辽宁省沈阳市中级人民法院行政判决书，（2020）辽 01 行初 3 号。

[90] 参见山东省德州市中级人民法院行政判决书，（2020）鲁 14 行终 244 号；河南省驻马店市驿城区人民法院行政判决书，（2020）豫 1702 行初 275 号；辽宁省抚顺市中级人民法院行政判决书，（2020）辽 04 行初 2 号；等等。

[91] 参见山东省济南市历下区人民法院行政判决书，（2020）鲁 0102 行初 427 号；贵州省黔南布依族苗族自治州中级人民法院行政判决书，（2017）黔 27 行初 582 号。

[92] 参见河南省高级人民法院行政判决书，（2017）豫行终 1253 号。

[93] 参见南昌铁路运输法院行政判决书，（2020）赣 7101 行赔初 56 号。

[94] 参见河南省郑州市中级人民法院行政判决书，（2019）豫 01 行初 445 号。

被告返还原告的房屋所有权证;[95]因违法拆迁法院判令被告按照返还物品清单返还原物;[96]因证据登记保存行政行为违法,判令被告返还登记保存的车辆;[97]因违法扣押,判令被告交付扣押的低保存折等。[98]

(二)非财产给付

实践中法院依据《行政诉讼法》第73条判令被告履行的非财产给付主要是行政事实行为。这种情形主要集中于违法后果清除和政府信息公开案件领域。例如,法院判令行政机关拆除其在原告楼房下违法所建的围墙。[99] 也有案件中法院判令被告在具体的期限内对原告的土地进行复垦并返还。[100] 在政府信息公开领域,有些案件中采用给付判决方式判令行政机关公开政府信息。[101] 根据2011年《最高人民法院关于审理政府信息公开行政案件若干问题的规定》第11条,基于法定的事由,法院可以判决行政机关不得公开相关信息。对于涉及此类禁止作为的案件,[102]实践中有些法院也采用给付判决。[103] 此外,在行政协议案件领域,也有法院通过给付判决判令被告与原告签订协议,如判令被告与原告签订房屋拆迁补偿安置协议、[104]判令被告与原告重新签订住房公积金贷款借款合同等。[105] 也有案件中法院判令被告按房屋征收补偿协议向原告交付房屋,并为原告办理进户手续。[106]

在实践中,相对于财产类给付,非财产给付案件数量较少。但是,因行政实体法上给付义务的来源和方式具有多元性,给付判决为法院解决

---

[95] 参见河南省上蔡县人民法院行政判决书,(2020)豫1722行初163号。

[96] 参见山东省济宁市中级人民法院行政判决书,(2020)鲁08行赔初13号。

[97] 参见江苏省连云港市中级人民法院行政判决书,(2018)苏07行终37号。

[98] 参见河南省义马市人民法院行政判决书,(2018)豫1281行初10号。

[99] 参见四川省成都市中级人民法院行政判决书,(2021)川01行终357号。

[100] 参见山东省莘县人民法院行政判决书,(2020)鲁1522行初67号。

[101] 参见浙江省宁波市中级人民法院行政判决书,(2017)浙02行终425号;浙江省宁海县人民法院行政判决书,(2017)浙0226行初20号;湖北省十堰市中级人民法院行政判决书,(2018)鄂03行终90号。

[102] 对禁止判决的学理讨论,参见何海波:《行政诉讼法》(第3版),法律出版社2022年版,第503~505页。

[103] 参见山西省晋中市中级人民法院行政判决书,(2018)晋07行初58号、59号。

[104] 参见福建省莆田市中级人民法院行政判决书,(2017)闽03行初272号。

[105] 参见湖北省荆州市沙市区人民法院行政判决书,(2017)鄂1002行初28号。

[106] 参见黑龙江省高级人民法院行政判决书,(2018)黑行再20号。

此类纠纷，并为原告获得完整和有效的救济提供了一种可能的途径。但是，存在的现实问题是，在有些案件情形中，以非财产给付为客体的给付判决与履行判决的边界并不清晰。如有些法院依据《行政诉讼法》第73条，采用给付判决方式判令被告按《国有土地使用权出让意向书》约定的内容，为原告办理土地使用权登记手续；[107]判令被告履行对于“沈阳市大东区新壹品小区沥青路面铺筑”物业专项维修资金的审批职责；[108]判令被告履行承包合同义务，按照合同约定及时为宋家庄川砂石场办理河道采砂许可证等。[109] 在这些案件中，被告的给付义务虽然源自行政协议，但给付义务的性质，如办理不动产登记、行政许可，却属于行政机关的法定职责。对于此类案件，需要在理论和实务中进一步明确和统一适用标准。

五、给付判决的形式

可执行性是给付判决的核心特征。给付判决内容的明确程度对判决的执行力具有决定性影响。对于给付判决的内容，《行政诉讼法》第73条仅抽象地表述为“判决被告履行给付义务”。对此，2018年《行诉法解释》第92条增加了履行义务的期限要求以及对给付义务的内容进行了限定，即在诉讼请求具备理由时，法院可以“判决被告在一定期限内履行相应的给付义务”。但这也仅是对适用给付判决提出的原则性要求，给付判决的具体内容仍然需要在个案中进一步明确。根据最高人民法院2015年发布的《行政诉讼文书样式(试行)》，给付判决主文的表述要求为：“一、撤销被告×××(行政主体名称)于××××年××月××日对原告作出×号拒绝决定(或其他名称)；二、责令被告×××(行政主体名称)……(写明被告应当在一定期限内履行给付义务的具体内容、方式及期限；因特殊情况难于确定的，可判决被告在一定期限内针对原告的请求作出处理；原告申请依法履行返还财产、排除妨碍、停止侵害、恢复原状等给付义务且无需被告再行作出处理的，可直接写明上述内容)。”如原告未同时起诉拒绝决定或无拒绝决定，判决主文仅包含第二项。基于司法权与行政权之

---

[107] 参见上海市第一中级人民法院行政判决书，(2018)沪01行初25号。

[108] 参见辽宁省沈阳市中级人民法院行政判决书，(2017)辽01行终1068号。

[109] 参见河北省邢台市中级人民法院行政判决书，(2018)冀05行终235号。

分工、个案法律事实、裁判时机的成熟度等因素，实践中存在两种内容明确程度不同的判决形式。

（一）给付内容明确的判决

给付内容明确的判决是法院在认定事实和适用法律的基础上，在裁判时能够判断原告的给付请求权成立，被告负有给付义务且没有裁量余地时，在判决主文中明确规定了给付期限、方式和内容的判决。给付判决的内容必须具体明确，这是保障公民权利和实质性解决纠纷的必然要求。[110] 根据最高人民法院的观点，“人民法院审理金钱给付案件，仅仅审查被告行政机关是否负有给付义务，不去审查应当给付的具体项目、数额，简单判决限期履行给付义务，违背行政诉讼法第一条关于行政诉讼实质化解行政争议的立法目的，违反第七十三条‘判决被告履行给付义务’的法定要求”。[111] 最高人民法院在邓业召、王岸峰与海南省万宁市农业农村局渔业行政给付再审案中指出，“人民法院查明被告负有给付义务的，应依法作出具有具体给付金额的判决，不得以履行判决替代给付判决。否则，不仅违反了行政诉讼法实质化解行政争议的立法目的，而且属于适用法律错误，判决方式不当”。[112] 因此，为实质性解决行政争议、保障相对人的权利、防止循环诉讼，法院应在职权范围内积极促使裁判时机成熟，作出给付期限、方式和内容具体明确的判决。具体而言，在涉及支付金钱的案件中，判决主文中应写明具体的支付数额、支付方式和期限。给付期限是用于确定原告向法院申请强制执行的期间范围。根据实务观点，原则上，有法定标准的，应按照法定标准确定；没有明确法定标准的，可以参照类似行政行为的期限标准视实践中行政机关作出此种行政行为的一般情况确定。还要注意一点，在确定合理期限时既要考虑国家利益、社会公共利益和相对应要求的迫切性，同时也要考虑行政机关的履行能力和一般的效率水平，避免主观臆断。[113]

---

[110] 参见郭修江：《行政诉讼判决方式的类型化——行政诉讼判决方式内在关系及适用条件分析》，载《法律适用》2018 年第 11 期；周作彩：《房屋征收补偿案中判决类型的适用——郭传欣诉巨野县人民政府、菏泽市人民政府房屋征收行政补偿案评析》，载《交大法学》2018 年第 4 期。

[111] 最高人民法院行政裁定书，(2019)最高法行申 1509 号。

[112] 最高人民法院行政裁定书，(2019)最高法行申 1507 号。

[113] 参见蔡小雪：《行政审判中的合法性审查》，人民法院出版社 1999 年版，第 257 页。

此外,对于行政机关先前的拒绝给付决定,原告可以一并提起撤销诉讼。这类案件在实践中普遍存在,法院通常一并采用撤销判决和给付判决。例如,判决撤销"工亡待遇暂不予先行支付的答复"并判决履行给付义务,[114]撤销"一次性工亡、丧葬补助金核定表"并判决履行具体的给付义务,[115]撤销"伤残待遇核定表"并判决履行具体的给付义务,[116]撤销"不予核发工伤待遇决定书"并判决履行具体的给付义务,[117]撤销"停保通知书"并判决履行具体的给付义务[118]等。

(二)责令行政机关先行处理的判决

法院在裁判时认定原告的给付请求权成立,被告负有给付义务,但对于给付的金额需要行政机关事先核定时,可以概括性地判决被告在一定期限内对给付的金额进行核定并履行给付义务。这种判决形式在实践中亦普遍存在。最高人民法院在赵俊义与陕西省乾县人民政府、乾县教育局不履行法定职责再审案中指出,"当事人要求行政机关直接给付金钱的,请求给付的金额必须已经确定;如果须由行政机关事先核定给付金额,则应当由行政机关先行处理"。[119] 当事人对行政机关的先行处理决定不服的,可以再次主张救济。对此最高人民法院在肖化炼与湖南省隆回县人民政府行政给付纠纷再审案中作了进一步解释:"人民法院经审查查明行政机关依法负有给付义务的,就应判决其履行该给付义务。但是,对于当事人要求行政机关直接给付金钱的,请求给付的金额必须已经确定,如果须由行政机关事先核定给付金额的,则仍应由行政机关先行处理,当事人如对处理结果不服,可以再另行寻求救济。"[120]

对责令行政机关先行处理的判决形式,实践中普遍采用的表述形式是:"判令被告×于本判决生效之日起×日内核定并支付原告的工伤

---

[114] 参见河南省郑州市中原区人民法院行政判决书,(2019)豫0102行初464号;贵州省黔西县人民法院行政判决书,(2020)黔0522行初210号;河南省巩义市人民法院行政判决书,(2020)豫0181行初9号。

[115] 参见四川省乐山市市中区人民法院行政判决书,(2019)川1102行初287号。

[116] 参见四川省峨眉山市人民法院行政判决书,(2020)川1181行初4号。

[117] 参见广东省惠州市中级人民法院行政判决书,(2020)粤13行终280号。

[118] 参见广西壮族自治区北海市中级人民法院行政判决书,(2020)桂05行终54号。

[119] 最高人民法院行政裁定书,(2018)最高法行申5903号。

[120] 最高人民法院行政裁定书,(2019)最高法行申3965号。

待遇。”[121]此外，部分判决书中也使用“核付”、[122]“核发”、[123]“依法予以核定支付”[124]等表述。需要注意的是，概括性判决的主文中虽然没有载明具体的给付内容，但法院在判决理由中确认了原告的权利主张成立、被告负有给付义务，因此，被告必须依照判决理由中载明的法律意旨进行处理并履行给付义务。在这种判决形式中，法院的判决理由对被告产生拘束力。[125]

责令行政机关先行处理的给付判决与履行判决在有些情形中很难区分。实践中，有些判决书中甚至将《行政诉讼法》第72条和第73条同时列为判决依据。[126] 最高人民法院在杜三友等804人与山西省临汾市人民政府不履行给付待遇再审案中确立了一项具体的判断标准：“如尚需行政机关依职权自行调查并通过行政行为确定资格和权利时，应通过履行法定职责诉讼和《行政诉讼法》第72条履行判决寻求救济。”[127]因此，这两类判决形式的区分可以概括为：责令行政机关先行处理的给付判决中，被告行政机关仅有权针对金额核算等进行“先行处理”；尚需行政机关依职权自行调查并通过行政行为确定资格和权利时，适用履行判决。概括而言，前者行政机关有权“先行处理”，后者行政机关有权“自行处理”。在被告依法负有给付义务时，如果原告的请求权成立，法院不能以履行判决代替给付判决，否则属于适用法律错误，原告可以通过上诉寻求法律救济。

六、给付判决的执行力

给付判决除了具有羁束力和既判力外，还具有执行力。给付判决的执行力是指可以通过法院强制执行的方式实现判决确定内容的效力。给付判决的内容主要是金钱给付，行政机关履行判决的，可以准用《民事诉

---

[121] 相关案例，参见山东省威海市环翠区人民法院行政判决书，(2020)鲁1002行初47号；河北省玉田县人民法院行政判决书，(2020)冀0229行初16号；四川省宜宾市翠屏区人民法院行政判决书，(2021)川1502行初2号。

[122] 四川省古蔺县人民法院行政判决书，(2020)川0525行初46号。

[123] 广东省珠海市中级人民法院行政判决书，(2020)粤04行终69号；四川省西充县人民法院行政判决书，(2020)川1325行初17号。

[124] 河北省玉田县人民法院行政判决书，(2020)冀0229行初16号。

[125] 参见湖北省浠水县人民法院行政判决书，(2020)鄂1125行初81号。

[126] 如湖北省高级人民法院行政判决书，(2017)鄂行终735号；四川省绵阳市中级人民法院行政判决书，(2017)川07行终92号。

[127] 最高人民法院行政裁定书，(2017)最高法行申3461号。

讼法》第253条(2023年修正后第264条)规定,加倍支付迟延履行期间债务利息。[128] 实践中有些法院在判决主文中直接列明了该条文的内容。[129] 这种方式具有间接强制的性质,旨在督促被告主动履行判决确定的给付义务。

如行政机关不主动履行生效判决,原告可以依法申请法院强制执行。《行政诉讼法》第96条规定了行政机关拒绝履行判决、裁定、调解书时法院可以采取的具体措施。根据2018年《行诉法解释》第153条,申请执行的期限为两年,从法律文书规定的履行期间最后一日起计算。法律文书中没有规定履行期限的,从该法律文书送达当事人之日起计算。此外,给付判决还存在分期履行和针对将来的持续性给付内容,如在社会保险领域,判决被告按月支付原告供养亲属的抚恤金至一定的年限,[130]按月支付原告补充养老保险金[131]等。对于这类给付判决的执行,根据2018年《行诉法解释》第153条规定,法律文书规定分期履行的,从规定的每次履行期间的最后一日起计算。根据2018年《行诉法解释》第154条第1款规定,发生法律效力的行政判决书、行政裁定书、行政赔偿判决书和行政调解书,由第一审人民法院执行。

---

[128] 《民事诉讼法》(2023年修正)第264条规定:"被执行人未按判决、裁定和其他法律文书指定的期间履行给付金钱义务的,应当加倍支付迟延履行期间的债务利息。被执行人未按判决、裁定和其他法律文书指定的期间履行其他义务的,应当支付迟延履行金。"

[129] 参见湖南省高级人民法院行政判决书,(2019)湘行终1630号;山东省济宁市中级人民法院行政判决书,(2019)鲁08行赔初49号;辽宁省沈阳市中级人民法院行政判决书,(2020)辽01行初103号;辽宁省大连市中级人民法院行政判决书,(2019)辽02行初305号。

[130] 参见湖南省桂阳县人民法院行政判决书,(2020)湘1021行初222号;四川省西昌市人民法院行政判决书,(2020)川3401行初57号。

[131] 参见本溪市平山区人民法院行政判决书,(2020)辽0502行初108号。

●《行政诉讼法》第 74 条(确认违法判决)评注

成协中*

摘　要:确认违法判决是对行政行为合法性做出否定性评价,但不影响该行政行为所形成的法律关系的一种判决类型。作为一种违法性宣告判决,确认违法判决的适用具有辅助性、补充性等特点,只有无法作出撤销判决、履行判决时,才有发挥确认违法判决作用的空间。域外的确认之诉通常包括确认行政行为违法、无效和公法上法律关系成立与否三种类型。在我国行政诉讼法对行政行为概念采取广义理解的背景下,纳入确认法律关系诉讼意义有限。我国行政诉讼法上的确认违法判决,包括情况判决、程序轻微违法判决和不可撤销时的确认违法判决三类。

关键词:确认判决;情况判决;程序轻微违法;行为之诉;关系之诉

一、规范沿革与体系定位

(一)确认违法判决的规范沿革

确认行政行为违法是撤销判决、履行判决的一种替代方式。行政行为违法,但又不需要、不适宜判决撤销或者责令履行的,可以判决违法。确认违法判决,对行政行为的合法性作出否定评价,但不改变该行政行为所形成之法律关系。① 其与确认无效判决一起,共同构成了我国行政诉讼法的确认判决制度。确认违法判决的历史,最早可以追溯到 19 世纪中叶的确认之诉。② 在德国确认之诉的诸多亚类型中,存在要求确认已经不再

---

* 成协中,中国政法大学法学院教授。

① 参见何海波:《行政诉讼法》(第 3 版),法律出版社 2022 年版,第 485 页。

② 参见[日]高桥宏志:《民事诉讼法:制度与理论的深层分析》,林剑锋译,法律出版社 2003 年版,第 60 页。

产生法律效果的具体行政行为违法性的继续确认之诉。③ 在日本，行政行为违法确认诉讼、无效确认诉讼和法律关系确认诉讼，共同组成了确认诉讼制度。④ 不同于已建立诉讼类型化的国家一般使用确认违法诉讼术语，我国现行《行政诉讼法》没有明确确立诉讼类型制度，学术讨论中一般习惯使用确认违法判决而非确认违法诉讼。

1. 1989 年《行政诉讼法》未规定确认违法判决

虽然在行政诉讼法中确立确认违法诉讼，已经成为域外法治发达国家和地区的常见做法，但在我国，无论是民国时期的 1914 年《行政诉讼法》和 1932 年《行政诉讼法》，还是中华人民共和国成立后的 1989 年《行政诉讼法》，都没有规定确认违法判决。

早在 1989 年《行政诉讼法》制定之前，理论界和实务界就存在关于确认判决的讨论。例如，王名扬先生很早就对英美法系国家的确认判决进行了介绍，他认为英美法系国家行政法上的确认判决，最初是作为衡平法的一种救济手段发展而来的。⑤ 而在我国早期的行政法学教材中，学者提出应当参照民事的确认之诉，建立行政诉讼中的确认判决，即法院通过判决确认某种法律关系成立或不成立、某种法律事实存在或不存在。⑥ 薛刚凌也较早提出，确认诉讼应当划入个人救济诉讼中的纠正违法行为诉讼。⑦ 同样，实务界人士也对确认判决进行了界定，认为这是一种法院通过对被诉具体行政行为的审查，依法确认相应行为合法与否的判决形式。但是，1989 年《行政诉讼法》并没有将确认判决纳入自身的判决体系之中。之所以如此，可能还是因为当时的立法参与者，尚未对确认判决之必要性有足够深刻的认识。⑧

确认判决缺失的弊端在 1989 年《行政诉讼法》颁布施行后逐渐开始

③ 参见刘飞：《德国公法权利救济制度》，北京大学出版社 2009 年版，第 79 页。

④ 参见[日]盐野宏：《行政法》，杨建顺译，法律出版社 1999 年版，第 404 页。

⑤ 参见王名扬：《英国行政法》，中国政法大学出版社 1987 年版，第 192 页。

⑥ 参见罗豪才主编：《行政法论》，光明日报出版社 1988 年版，第 456 页。

⑦ 参见薛刚凌：《行政诉权研究》，华文出版社 1999 年版，第 175 页。

⑧ 据当时参与立法的学者回忆，“自己很早写文章时，就写了应该有确认判决，但说实在的，当时我对确认判决的必要性也没有太深刻的认识。我当时只是提出来，希望能够写进立法，最终没有被采纳，我也没有什么大的意见”。参见《且鼓且行，行政诉讼 30 年——姜明安教授访谈》，载何海波编：《行政法治奠基时：1989 年〈行政诉讼法〉史料荟萃》，法律出版社 2019 年版，第 428 页。

显现，法官们经常遇到“违法但不需要、不适宜判决撤销或者责令履行”的被诉具体行政行为，当时仅有的四种判决类型不足以为法官作出最佳判决提供指引。在此背景下，实务界呼吁通过司法解释或者修改立法的方式增加确认违法判决。在司法解释出台之前，“参照民事诉讼法的有关规定”，司法实践发展出了确认判决。⑨ 如王晓野不服上海市长宁区司法局行政处罚决定案⑩中，鉴于被告已在一审诉讼中自行撤销了长司（1999）第 7 号行政处罚决定，法院依照 1989 年《行政诉讼法》第 54 条第 2 项第 3 目之规定（违反法定程序）判决确认被诉行政处罚决定违法。

2. 2000 年《行诉法解释》增设了确认违法的判决形式

为了回应现实的审判需求，《最高人民法院关于执行〈中华人民共和国行政诉讼法〉若干问题的解释》（法释〔2000〕8 号，已失效，以下简称 2000 年《行诉法解释》）规定了确认判决的诸多表现形式。其中，2000 年《行诉法解释》第 50 条⑪第 3 款、第 4 款，第 57 条⑫第 2 款，以及包括规定情况判决的第 58 条⑬，共同构成了我国行政诉讼确认违法判决的雏形。

2000 年《行诉法解释》拒绝机械地将民事确认判决的概念移作行政确认判决的概念，⑭毕竟行政诉讼所要解决的问题是被诉具体行政行为的

---

⑨ 参见罗豪才主编：《中国司法审查制度》，北京大学出版社 1993 年版，第 561 ~ 562 页。

⑩ 参见上海市长宁区人民法院行政判决书，（1999）长行初字第 12 号。

⑪ 2000 年《行诉法解释》第 50 条规定：“被告在一审期间改变被诉具体行政行为的，应当书面告知人民法院。原告或者第三人对改变后的行为不服提起诉讼的，人民法院应当就改变后的具体行政行为进行审理。被告改变原具体行政行为，原告不撤诉，人民法院经审查认为原具体行政行为违法的，应当作出确认其违法的判决；认为原具体行政行为合法的，应当判决驳回原告的诉讼请求。原告起诉被告不作为，在诉讼中被告作出具体行政行为，原告不撤诉的，参照上述规定处理。”

⑫ 2000 年《行诉法解释》第 57 条规定：“人民法院认为被诉具体行政行为合法，但不适宜判决维持或者驳回诉讼请求的，可以作出确认其合法或者有效的判决。有下列情形之一的，人民法院应当作出确认被诉具体行政行为违法或者无效的判决：（一）被告不履行法定职责，但判决责令其履行法定职责已无实际意义的；（二）被诉具体行政行为违法，但不具有可撤销内容的；（三）被诉具体行政行为依法不成立或者无效的。”

⑬ 2000 年《行诉法解释》第 58 条规定：“被诉具体行政行为违法，但撤销该具体行政行为将会给国家利益或者公共利益造成重大损失的，人民法院应当作出确认被诉具体行政行为违法的判决，并责令被诉行政机关采取相应的补救措施；造成损害的，依法判决承担赔偿责任。”

⑭ 参见蔡小雪：《行政确认判决的适用》，载《人民司法》2001 年第 11 期。

合法性,而不是行政相对人与行政机关之间存在或者不存在某种行政法律关系。这些创新性规定较好地解决了1989年《行政诉讼法》判决类型不足的问题,获得了实务界的诸多赞许,也获得了理论界的高度认同。[15]当然,也有一些观点则更多地表达了自己的担忧。不具有法源性质的司法解释,何以能够直接扩张行政诉讼的判决种类?有学者就提出,2000年《行诉法解释》对于判决形式的规定,如确认判决等,实际上已经突破了1989年《行政诉讼法》的规定。[16]

3. 2014年《行政诉讼法》从法律层面规定了确认违法判决

因此,为了彻底解决2000年《行诉法解释》中诸多新增判决类型合法性不足的问题,2014年修改《行政诉讼法》时,将包括确认违法判决在内的诸多判决类型法律化,极大地完善了我国的行政诉讼判决制度,使判决种类更为周延与合理。当然,2014年确认判决的入法,并非对2000年《行诉法解释》的简单法律化。其在内容方面有一定的创新,具体包括如下几个方面:(1)删除了2000年《行诉法解释》中的确认合法和有效的判决。2000年《行诉法解释》第57条第1款规定:人民法院认为被诉具体行政行为合法,但不适宜判决维持或者驳回诉讼请求的,可以作出确认其合法或者有效的判决。2014年《行政诉讼法》删除了此种判决,仅仅保留了确认违法和确认无效的判决,主要是基于诉判一致的考虑,直接回应原告的诉讼请求。(2)对确认违法的具体情形进行了类型化。2000年《行诉法解释》关于确认违法的判决散见于第50、57、58条。2014年《行政诉讼法》将其归入一条,并将其适用情形分为两类:情况判决和客观上无需撤销的情形。

2014年《行政诉讼法》将确认违法判决法律化,主要有如下几个方面的理由:(1)确认违法判决符合审判需要,在司法审判实践中,已经根据司法解释在适用,应当在总结实践经验的基础上上升为法律;(2)确认违法判决分为两种类型,有的是保留行政行为效力的,有的则不是,因此有类

---

⑮ 参见马怀德、吴华:《对我国行政诉讼类型的反思与重构》,载《政法论坛》2001年第5期;李桂英:《重整我国的行政诉讼类型制度》,载《河北法学》2003年第6期;刘飞:《行政诉讼类型制度探析——德国法的视角》,载《法学》2004年第3期;章志远:《重构我国行政诉讼类型之设想》,载《河南省政法管理干部学院学报》2004年第6期。

⑯ 参见全国人大常委会法制工作委员会行政法室编:《行政诉讼法立法背景与观点全集》,法律出版社2015年版,第76页。

型化处理的必要;(3)应当明确确认违法判决的法律后果,以区别于撤销判决等。[17]

《最高人民法院关于适用〈中华人民共和国行政诉讼法〉的解释》(法释〔2018〕1号,以下简称2018年《行诉法解释》)未对确认违法判决作出大的改变,主要对程序轻微违法做出了解释。第96条规定:"有下列情形之一,且对原告依法享有的听证、陈述、申辩等重要程序性权利不产生实质损害的,属于行政诉讼法第七十四条第一款第二项规定的'程序轻微违法':(一)处理期限轻微违法;(二)通知、送达等程序轻微违法;(三)其他程序轻微违法的情形。"司法解释的这一规定,对于司法实践中把握程序轻微违法的具体类型,具有重要的指导意义。

(二)确认违法判决的体系定位

1. 确认违法判决的补充性

各种判决类型直接承载着权利救济和监督依法行政的使命,同时也在诉讼程序的末端影响着整个诉讼制度的运作。[18] 行政诉讼的根本目的是解决行政争议,并及时有效地保护相对人的合法权益。这就要求不能创设和变更权利义务法律关系的确认违法判决,必须与其他判决类型通力合作,方能有效实现行政诉讼的目的。

与旨在直接消除违法行政行为的后果的撤销判决和旨在实现原告公法上的给付请求权的给付判决不同,确认违法判决一般不能直接实现权利充分救济的目的,而仅仅是针对行政行为的违法性做出一个司法认定:"法院并不形成什么,也不宣布义务,它只是确立一种有约束力的法律状况。"[19]确认违法判决是在无法对行政行为本身进行救济的情况下作出的一个"违法性"追认,即只有在其他判决形式不能提供救济之时,确认判决才是必要和适当的。"在某种意义上,确认违法判决是对违法行政行为的'宽容'和妥协,需要严格适用,不能任意解释。适用确认违法判决需要坚持两个原则:一是确认违法判决是撤销判决、履行职责判决的补

---

[17] 参见江必新、邵长茂、方颉琳编著:《行政诉讼法修改资料汇纂》,中国法制出版社2015年版,第235页。

[18] 参见王贵松:《论我国行政诉讼确认判决的定位》,载《政治与法律》2018年第9期。

[19] [德]弗里德赫尔穆·胡芬:《行政诉讼法》,莫光华译,法律出版社2003年版,第465页。

充，不是主要的判决形式；二是确认违法判决必须符合法定条件，法定条件要严格把握。”[20]换言之，确认违法判决总体上是一个转换而来的判决形式，其并非一个独立的判决类型，而是根据不同诉讼请求引起的替代性、补充性、最后选择式的判决形式。[21] 因为确认判决本身没有形成力和执行力，不能直接消除行政行为的损害，所以它只是其他判决类型的最终替代手段。德国《行政诉讼法》第 43 条更是规定，“仅当原告不能，或者未能通过某个其他诉讼种类，在相同范围内并以相同效力实现其法律保护时，始得以提起确认诉讼”。[22]

当然，需要指出的是，强调确认违法判决的补充性是对于整体和其权利救济的非充分性而言的。确认违法判决的适用情形具有多样性，在不同的适用情形下，法院并非都能在撤销判决、履行判决与确认判决之间做出选择。如针对我国《行政诉讼法》第 74 条第 2 款规定的三种情形，法院做出确认判决实际上是一种无可奈何之举，具有相对的独立性。此外，虽然普遍认为确认违法判决是作为其他判决形式的替代与补充而存在，但这并不妨碍其具有自身的独立功能。例如，通过作出确认违法判决，可以使行政机关充分认识到自身行为的违法性，并及时作出自我纠正，为依法行政水平的提高打下了基础。[23] 同时，在行政系统内部，确认违法判决也可以作为考评依法行政状况的一个重要依据。[24]

2. 确认违法判决与其他判决类型的关系

在与撤销判决的关系上，确认违法判决和撤销判决都具有确认行政行为违法的功能，但撤销判决在确认违法功能之外，还具有直接撤销被诉行政行为的作用。也就是说，相较于确认违法判决而言，撤销判决的救济效果更加直接和充分，确认违法判决是作为撤销判决的补充性判决形式

---

[20] 参见全国人大常委会法制工作委员会行政法室编写：《〈中华人民共和国行政诉讼法〉解读与适用》，法律出版社 2015 年版，第 164 页。

[21] 参见梁凤云：《行政诉讼法司法解释讲义》，人民法院出版社 2018 年版，第 182 页；吴华：《行政诉讼类型研究》，中国人民公安大学出版社 2006 年版，第 298 页。

[22] ［德］弗里德赫尔穆・胡芬：《行政诉讼法》，莫光华译，法律出版社 2003 年版，第 311 页。

[23] 参见杨海坤、章志远主编：《行政诉讼法专题研究述评》，中国民主法制出版社 2006 年版，第 552 页。

[24] 参见何海波：《行政诉讼法》（第 2 版），法律出版社 2016 年版，第 453 页。

存在的,只有在不可作出撤销判决之时,才能作出确认违法判决。

在与履行判决的关系上,确认违法判决同样是作为补充性、替代性判决形式而存在的,即只有在“被告不履行或者拖延履行法定职责,判决履行没有意义的”情况下,才能作出确认违法判决。换言之,履行判决和确认违法判决都有确认不作为行为违法的功能,但在适用次序上存在不同的优先级。

在与重作判决的关系上,由于法院作出的确认违法判决具有实体上否定法律效力的效果,[25]所以法院作出确认违法判决也有可能会留下待行使的职权问题,进而确认违法判决与重作判决可能形成附随关系。此时,确认违法判决作为一种基础判决而存在,即重作判决中隐含着一个确认违法判决。[26] 当然,鉴于确认违法判决只是对被诉行政行为违法性的确认,其一般不直接导致被诉行政行为的效力灭失,因此,其一般不能作为重做判决的主判决形式。

在与补救判决(补救措施)、赔偿判决的关系上,确认违法判决可以为后续的赔偿和补救提供前提与基础,行政赔偿判决和补救判决是确认违法判决的进一步延伸。[27] 实际上,2014 年《行政诉讼法》专门增加了第 76 条,规定责令被告采取赔偿等补救措施。其主要考虑就是“确认判决针对的是被诉行政行为,这个判决对原告的实体意义,需要通过责令被告采取补救措施判决与赔偿判决予以体现”。[28] 补救判决的存在,能够较好地弥补确认违法判决解决纠纷不彻底的缺陷,从而实现行政争议的彻底性解决,实现相对人权利的有效救济。[29]

二、确认违法判决的类型与适用条件

根据《行政诉讼法》第 74 条之规定,我国确认违法判决的具体类型及其适用条件主要内容如下。

㉕ 参见陈计男:《行政诉讼法释论》,台北,三民书局 1997 年版,第 192 页。

㉖ 参见梁凤云:《行政诉讼法司法解释讲义》,人民法院出版社 2018 年版,第 180 页。

㉗ 参见张旭勇:《行政诉讼确认判决研究》,载章剑生主编:《行政诉讼判决研究》,浙江大学出版社 2010 年版,第 150 页。

㉘ 江必新、邵长茂、方颉琳编著:《行政诉讼法修改资料汇纂》,中国法制出版社 2015 年版,第 235 页。

㉙ 参见陈思融:《行政诉讼补救判决研究》,法律出版社 2019 年版,第 82 页。

(一)情况判决及其适用条件

根据《行政诉讼法》第 74 条第 1 款第 1 项规定,行政行为依法应当撤销,但撤销会给国家利益、社会公共利益造成重大损害的,人民法院判决确认违法,但不撤销行政行为。此种判决在学理上被概括为“情况判决”。此种判决形式源自日本法。日本《行政案件诉讼法》第 31 条第 1 款规定:“在撤销诉讼中,处分或裁决虽然违法,但将其撤销会给公共利益造成显著损害的,法院可以对原告蒙受损害的程度、赔偿或者防止该损害的程度与方法,以及其他一切情况进行考虑,认为撤销处分或者裁决不符合公共福祉的情况下,驳回请求。此时,法院必须在判决的主文中宣布处分或裁决违法。”情况判决是诉讼法层面上一种尊重既成事实的制度,它赋予法院以裁量权,在特定情况下使公共利益优先于私人利益的保护。㉚ 情况判决的适用条件如下:

1. 行政行为依法应当撤销

行政行为依法应当撤销,是指行政行为满足人民法院做出撤销判决的情形,原则上人民法院应当做出撤销判决。2014 年《行政诉讼法》第 70 条规定:“行政行为有下列情形之一的,人民法院判决撤销或者部分撤销,并可以判决被告重新作出行政行为:(一)主要证据不足的;(二)适用法律、法规错误的;(三)违反法定程序的;(四)超越职权的;(五)滥用职权的;(六)明显不当的。”这六种情形分别针对的是行政行为欠缺合法要件的不同情形。在满足前述情形之一时,人民法院原则上应当做出撤销判决。仅仅在存在其他正当事由,难以或不宜做出撤销判决时,人民法院才能例外地选择做出情况判决。“行政行为依法应当撤销”,也凸显了情况判决的补充性、辅助性、后备性地位。但做出情况判决和撤销判决在“行政行为欠缺合法要件”这一基本前提上,是完全一致的。关于欠缺合法要件的具体解析,在对撤销判决的评析部分会有细致分析,此处不赘。

2. 撤销会给国家利益、社会公共利益造成重大损害

(1)国家利益、社会公共利益的认定标准

尽管国家利益、公共利益作为不确定法律概念不易界定,但部分领域

㉚ 参见王天华:《行政诉讼的构造:日本行政诉讼法研究》,法律出版社 2010 年版,第 176 页。

的特别法对何种情形属于公共利益做出了明确规定。此时,国家利益、公共利益首先要从能否归入列明的公共利益类型予以判断。在作出此类判决占比较高的建设工程和行政征收领域,有对于公益事项的法定列举情形,比如国防外交、政府基础设施建设需要、公共事业需要、保障性安居工程建设需要等。在高冬艾诉海口市琼山区人民政府房屋征收决定案㉛中,法院首先判断被诉行为是否属于《国有土地上房屋征收与补偿条例》第8条规定的公益事项中的一类,这属于法律明确列举的公共利益类型。

当然以概括的方式界定公共利益是更为常见的情形,将公共利益认定为"现存法律关系和秩序"等,确认违法而不撤销的目的也是避免引发连锁纠纷,对公共利益造成更大的危害。比如在陈志育等诉福建省泉州市人民政府行政复议案㉜中,最高人民法院认为:"考虑到涉案地块在被收储后已经进行了公开拍卖、挂牌出让,福州××房地产开发有限公司通过竞买取得该地块的土地使用权,并于2012年9月28日与泉州市国土资源局签订了国有建设用地使用权出让合同,在该地块上进行开发建设。如判决撤销会从根本上改变一系列现存法律关系和秩序,引发连锁纠纷,给社会公共利益造成重大损害。故30号批复存在不宜撤销的上述情形。"

此外,对于公共利益也可以理解为不特定多数人的利益。如果项目已经实施,撤销将影响原有法律关系的稳定性,这也意味着对国家利益、公共利益的损害。如高平信诉西安市雁塔区人民政府房屋征收决定案中,最高人民法院认为"案涉被诉房屋征收决定涉及被征收户人数众多,且绝大部分已经签订补偿安置协议,若撤销被诉房屋征收决定将会给社会公共利益造成重大损害,故原审法院综合认定被诉房屋征收决定不宜被撤销,应判决确认违法,并责令雁塔区政府及时采取补救措施,并无不当"。㉝

当然,在更多的案件中,法院一般不对公共利益的具体内容做出阐释,只是概括性地认定被诉行为涉及的内容确属公共利益需要。如在山

㉛ 参见最高人民法院行政裁定书,(2018)最高法行申1651号。

㉜ 参见最高人民法院行政裁定书,(2018)最高法行申6552号。

㉝ 最高人民法院行政裁定书,(2020)最高法行申6751号。

西省安业集团有限公司诉山西省太原市人民政府收回国有土地使用权决定案中,法院判决指出:“考虑到相关道路建设改造工程确属公共利益需要,因此根据《行政诉讼法》第七十四条第一款第一项规定,对太原市政府以《通告》形式收回安业公司 749.5 平方米国有土地使用权的行政行为应确认违法。”㉞

其中有征收案件对于公共利益和商业利益的区分存在争议,在湖南省衡阳市珠晖区和平乡和平村苏洲村民小组、湖南省衡阳市珠晖区和平乡人民政府等订立土地征收补偿协议行为案中,当事人和平村苏洲村民小组主张“涉案征收土地系用于商业开发,与国家利益、公共利益没有关系”。法院认为:“征收涉案土地系经 1883 号审批单批准,苏洲湾片区土地综合整治项目亦经相关部门审核立项,土地综合整治项目符合公共利益需要已经相关部门的审查通过。”㉟由此可以看出,征收土地的目的影响行为性质的认定,土地综合整治等项目属于公共利益范畴。

(2)重大损害的认定

并非只要被诉行政行为涉及国家利益和社会公共利益,人民法院就不能撤销被诉行政行为。只有撤销被诉行政行为会给国家利益、社会公共利益造成重大损害时,人民法院才能基于保护更重大的法益需要而不撤销违法行政行为,仅做出确认违法的判决。为此,法院在对被诉行政行为的违法性做出判定之后,选择判决形式时,需要进一步考虑撤销被诉行政行为对公共利益的影响程度。

对国家利益和社会公共利益的损害程度的判断,一般可以从如下几个维度进行:一是项目本身的进展程度。在王贤武诉贵州省安顺市西秀区人民政府房屋征收决定案中,最高人民法院认为:“一般而言,在征收范围内的大多数当事人已经达成补偿协议,或者多数已实际履行的情况下,可以判决确认征收决定违法,但不撤销征收决定,这样既避免已稳定的征收法律关系出现新的矛盾,又有利于保护当事人合法权益,平衡二者之间的冲突,进而实现法律效果和社会效果的统一。相反,在征收决定尚未具

㉞ 山西省安业集团有限公司诉山西省太原市人民政府收回国有土地使用权决定案,载《最高人民法院公报》2017 年第 1 期。

㉟ 最高人民法院行政裁定书,(2019)最高法行申 3095 号。

体实施，或者虽已启动实施但因各种原因而停滞的情况下，则可以予以撤销。”[36]在赵黎玮诉海南省三亚市吉阳区人民政府房屋行政征收案中，最高人民法院也认定：“鉴于征收范围涉及建筑物危旧情况明显，项目已经进入推进实施阶段，撤销255号征收决定将会对国家利益、公共利益造成重大损害，故应对该征收决定确认违法，不撤销行政行为，保留效力。”

二是对后续项目的重大影响。司法实践中，也有案件将对已经实施的建设项目造成难以为继的影响认定为损害公共利益，因为其是一种对公共资源的浪费。在杜惠琴等与河南省郑州市人民政府土地行政登记案中，最高人民法院认为：“考虑到杜惠玲等10人的房屋已经被拆除，涉案土地已另行出让并办理了新的不动产权证书，且在案涉土地上已开始开工建设，如果撤销0716号土地使用权证或确认其无效，将使涉案土地上的建设项目难以继续进行，造成公共资源的巨大浪费，损害公共利益。”[37]相反，如果后续项目本身因其他原因未能正常推进，此时撤销被诉行政行为可能就会被认定为对国家利益和社会公共利益不会造成重大损害。如在王贤武诉贵州省安顺市西秀区人民政府房屋征收决定案中，最高人民法院指出，“经查，西秀区政府所称公共利益严重受损，主要体现在制约城市交通发展、前期项目建设投入的资金得不到有效收回、存在重大公共安全隐患等方面。本院认为，尽管当地客观存在改善城市交通、改善人居环境和新型城镇化建设发展的需要，但不足以证实其不经过法定的省级人民政府审批即进行集体土地征收的正当性和紧迫性，且案涉征收项目因资金缺口导致停滞后，西秀区政府至今未提供项目继续推进的有效方案和计划。所以应当撤销”。[38]

在益民公司诉河南省周口市政府等行政行为违法案[39]中，最高人民法院对撤销被诉行政行为会给公共利益造成的具体损害给予了详细说明。最高人民法院指出：虽然原周口市计委作出《招标方案》、发出《中标通知书》及市政府作出54号文的行为存在适用法律错误、违反法定程序之情形，且影响了益民公司的信赖利益，但是如果判决撤销上述行政行为，将

---

[36] 最高人民法院行政判决书，(2020)最高法行再276号。

[37] 最高人民法院行政裁定书，(2019)最高法行申13570号。

[38] 最高人民法院行政判决书，(2020)最高法行再276号。

[39] 参见《最高人民法院公报》2005年第8期。

使公共利益受到以下损害:一是招标活动须重新开始,如此则周口市"西气东输"利用工作的进程必然受到延误。二是由于具有经营能力的投标人可能不止亿星公司一家,因此重新招标的结果具有不确定性,如果亿星公司不能中标,则其基于对被诉行政行为的信赖而进行的合法投入将转化为损失,该损失虽然可由政府予以弥补,但最终亦必将转化为公共利益的损失。三是亿星公司如果不能中标,其与中石油公司签订的"照付不议"合同亦将随之作废,周口市利用天然气必须由新的中标人重新与中石油公司谈判,而谈判能否成功是不确定的,在此情况下,周口市市民及企业不仅无法及时使用天然气,甚至可能失去"西气东输"工程在周口接口的机会,从而对周口市的经济发展和社会生活造成不利影响。但略为不足的是,最高人民法院并未对撤销被诉行政行为涉及的这些公共利益是否重大到超越对益民公司的信赖利益保护的程度做出更为细致的说明。

在寿光中石油昆仑燃气有限公司诉寿光市人民政府、潍坊市人民政府解除政府特许经营协议案中,最高人民法院指出,"因本案涉及寿光市供气公共事业,上诉人长期不能完成燃气项目建设,无法实现经营区域内的供气目的,达到了解除特许经营协议的法定条件,且经营区域内燃气项目特许经营权已经实际授予他人,行政行为一旦撤销不仅会影响他人已获得的合法权益,而且会影响居民用气,损害区域内公共利益,故对上诉人提出撤销被诉行政行为的诉讼请求不予支持"。[40] 最高人民法院仅提及被诉行为会损害公共利益,未对给公共利益造成损害是否巨大,是否足以超越对个人利益的保护,做出细致分析。

3. 基于保护第三人利益能否做出确认判决?

2014年《行政诉讼法》第74条第1款中所列举的适用范围只限于国家利益和社会公共利益,对于能否直接用于保护第三人利益存在不同认识。从该款的文义来看,其仅适用于撤销被诉行为对国家利益、社会公共利益造成重大损失的情形。鉴于国家利益、社会公共利益主要涉及不特定多数人的利益保护,其和针对特定第三人的利益保护在性质和内容上存在显著区别,一般不宜将情况判决直接扩张适用于第三人利益的保护。

---

[40] 寿光中石油昆仑燃气有限公司诉寿光市人民政府、潍坊市人民政府解除政府特许经营协议案,载《最高人民法院公报》2018年第9期。

但有学者认为,情况判决也包括对第三人利益造成重大损失的情形。何海波认为:“被诉行政行为违法,但判决撤销会给公共利益或者第三人利益造成重大损失,法院衡量具体情况后,可以不撤销行政行为。”[41]尤其在行政许可、行政登记案件中,“第三人基于对被上诉人作出相关行政行为的信赖而产生的利益,应当给予保护……信赖利益保护同时也是对行政机关公信力保护,行政机关公信力亦属于社会公共利益范畴,撤销被诉行政行为会对原审第三人信赖利益造成重大减损,构成社会公共利益的重大损失”。[42]

实践中,涉及因保护第三人利益而对违法行政行为作出确认判决的,主要是房屋登记类案件。根据《最高人民法院关于审理房屋登记案件若干问题的规定》第11条[43]第3款的规定,被诉房屋登记行为违法,但房屋已为第三人善意取得的,判决确认被诉行为违法,不撤销登记行为。如在武汉市中山医药集团股份有限公司诉武汉市住房保障和房屋管理局房屋行政登记纠纷案中,法院认为“被告向第三人颁发的房屋权属证书本应撤销,但因涉案房屋大部分已作为安置用房过户到被拆迁户名下,撤销该房屋权属证书将会给众多被拆迁户的利益造成重大损害。而且原告与第三人张勇对涉案房屋的买卖并无实质争议,买方在诉讼之前已交付大部分房款,双方关于剩余房款的纠纷可通过民事诉讼解决,据此判决确认被诉办证行为违法”。[44] 在海南华琦实业开发公司等诉海口市人民政府颁发国有土地使用证纠纷案中,最高人民法院指出:不动产登记颁证行为违法,但该不动产已为第三人善意取得的,属于应适用情况判决确认违法的情形。[45]

此外,婚姻登记类案件是实践中较为常见的容易涉及第三人法益的

---

[41] 何海波:《行政诉讼法》(第3版),法律出版社2022年版,第485页。

[42] 马艳:《情况判决的适用标准》,载《行政法学研究》2020年第2期。

[43] 《最高人民法院关于审理房屋登记案件若干问题的规定》第11条规定:“被诉房屋登记行为涉及多个权利主体或者房屋可分,其中部分主体或者房屋的登记违法应予撤销的,可以判决部分撤销。被诉房屋登记行为违法,但该行为已被登记机构改变的,判决确认被诉行为违法。被诉房屋登记行为违法,但判决撤销将给公共利益造成重大损失或者房屋已为第三人善意取得的,判决确认被诉行为违法,不撤销登记行为。”

[44] 湖北省武汉市中级人民法院行政判决书,(2009)武行终字第175号。

[45] 参见最高人民法院行政裁定书,(2016)最高法行再2号。

案件类型。“法院在审理诉颁发结婚登记案件时,认定登记机关超越地域管辖权为原告与第三人颁发结婚证,且原告与第三人结婚符合结婚的实质要件。登记机关的登记是婚姻确认行为,其确认的婚姻登记是申请人的真实意思表示,符合结婚条件,故不宜撤销,判决确认违法为宜。”[46]此时,法院做出确认判决,既是为了保护第三人的合法权益,也是为了维护法律关系的稳定,兼具第三人利益维护与公共利益维护的双重功能。将此种情形纳入情况判决的适用范围也未尝不可。

(二)程序轻微违法判决

1. 行政程序违法的类型化

(1)行政程序违法的“二分法”

随着程序正义理念的普及,正当程序作为行政法的一项基本原则已经得到了普遍认可和接受。但对于程序违法应当采取何种司法审查立场,立法、司法实践和学理上的纷争从未间断。1989 年《行政诉讼法》将“违反法定程序”作为法院做出撤销判决的法定事由,极大推动了程序正义的理念普及和程序价值的认可。但围绕“法定程序”的范围,理念和实践一直意见纷呈。[47] 2014 年《行政诉讼法》修改过程中,围绕行政程序违法的判决形式,也经历了多次修改。第一次审议稿规定:具体行政行为“违反法定程序,且可能对原告权利产生实际影响的”,予以撤销;“具体行政行为程序违法,但未对原告权利产生实际影响的”,确认违法。第二次审议稿规定:行政行为“违反法定程序,不能补正的”,予以撤销;“行政行为程序轻微瑕疵,能够补正的”,确认违法。第三次审议稿改为:行政行为“违反法定程序的”,予以撤销;“行政行为程序轻微违法,但对原告权利不产生实际影响的”,确认违法。最后通过的立法条文延续了三审稿的表述,对程序违法采取了二分法,即以程序违法的严重程度和对私人权利的影响程度为标准:一般违反法定程序的,判决予以撤销;程序轻微违法,对原告权利不产生实际影响的,确认违法。

---

[46] 蔡小雪:《行政行为的合法性审查》,中国民主法制出版社 2020 年版,第 251 页。

[47] 关于违反法定程序的学术梳理和司法实践,可参见章剑生:《对违反法定程序的司法审查——以最高人民法院公布的典型案件(1985—2008)为例》,载《法学研究》2009 年第 2 期。

(2)“狭义程序瑕疵”类型的提出

有学者对这种二分法提出了疑问,指出“从行政程序瑕疵类型的二分法来看,新法的确在精细化的道路上有所迈进。但与司法实践相比,法规范层面的行政程序瑕疵类型依旧无法应对现实情景的多样化与复杂性”,主张在“违反法定程序”和“程序轻微违法”之外,引入由法院予以指正并判决驳回诉讼请求的“狭义程序瑕疵”。[48] 此种观点得到了实践中诸多判决的印证,也符合权利救济必要性和诉讼经济的法理。如在范某友诉重庆市人民政府行政告知案中,最高人民法院指出:“行政复议机关未以书面形式作出不予受理决定且不予受理结果合法的,人民法院可以在裁判理由中予以指正而不判决确认违法。”[49]对于这种可以指正而不确认违法的程序瑕疵,最高人民法院内部的立场不完全统一。有观点指出:“目前,行政诉讼法及本解释并未采用程序瑕疵的概念,未对程序瑕疵补正及程序瑕疵行政行为的判决方式做出规定……因此,目前在法律层面,尚无补正程序瑕疵的适用空间。”[50]这种立场主要基于对行政诉讼监督功能的重申和强调。“所以即使对于程序轻微违法,行政诉讼法选择了判决确认违法,而非判决行政机关补正,更非判决驳回诉讼请求。这有利于进一步强化行政机关严格依法行政特别是严格依程序行政的意识。”[51]

(3)严重违反法定程序类型

这里需要进一步思考的是,对于程序违法,这种三分法及其对应的判决类型是否已经周延和穷尽:违反法定程序,予以撤销;程序轻微违法,确认违法;狭义程序瑕疵,驳回诉讼请求。是否存在严重违反法定程序需要作出确认无效判决的情形?《行政诉讼法》第75条规定:行政行为有实施主体不具有行政主体资格或者没有依据等重大且明显违法情形,原告申请确认行政行为无效的,人民法院判决确认无效。该条规定的适用无效判决的法定情形中,并未列明程序违法的情形。但此处的“等”究竟是等

---

[48] 参见梁君瑜:《行政程序瑕疵的三分法与司法审查》,载《法学家》2017年第3期。

[49] 最高人民法院行政裁定书,(2016)最高法行申450号。

[50] 本书编委会编:《行政诉讼法及司法解释关联理解与适用》,中国法制出版社2018年版,第715页。

[51] 本书编委会编:《行政诉讼法及司法解释关联理解与适用》,中国法制出版社2018年版,第715页。

内等，还是等外等？无效判决的适用是否局限于该条所列明的不具有主体资格和没有依据两类重大且明显违法的情形？严重违反法定程序是否存在"重大且明显违法情形"从而被纳入适用无效确认判决的空间？2021年修改的《行政处罚法》明确了违反法定程序可能构成处罚无效的情形。该法第38条第2款规定："违反法定程序构成重大且明显违法的，行政处罚无效。""本条对违反法定程序的程度进行区分，一般情况下违反法定程序可导致行政处罚行为的撤销，只有在违反行政程序构成重大且明显违法的情况下，才会导致行政处罚的无效。"[52]对于违反哪些程序可以被认定为违反法定程序构成重大且明显违法？立法未予明确。但该法第62条规定："行政机关及其执法人员在作出行政处罚决定之前，未依照本法第四十四条、第四十五条的规定向当事人告知拟作出的行政处罚内容及事实、理由、依据，或者拒绝听取当事人的陈述、申辩，不得作出行政处罚决定；当事人明确放弃陈述或者申辩权利的除外。"此处的"不得作出行政处罚决定"尽管是从行为而非法律后果的角度作出规定，但行政机关在未履行相应告知义务和听取陈述申辩义务时法律后果如何，学者有不同认识。有学者认为，"不得作出行政处罚决定"既不属于行政处罚决定无效也不属于行政处罚决定不成立。该条款仅强调行政主体遵守法定程序的强制义务，而对不遵守法定程序后果避而不谈，使之直接与《行政诉讼法》第70条关于法院撤销或部分撤销行政行为的规定相衔接。[53]也有学者认为，"违反告知、陈述申辩程序规定属于违反法定程序，人民法院可以撤销行政处罚决定；但是否属于重大明显违法，违法情形已重大明显到任何有理智的人均能判断的程度，尚需结合实际进一步研究"。[54]我们认为，无效判决的适用情形不应局限于《行政诉讼法》第75条明确列举的两种实体违法情形，对于严重侵害私人程序权利的行为，如果其违法程度达到重大且明显违法，也应纳入确认无效判决的适用范围。

---

[52] 杨伟东主编：《中华人民共和国行政处罚法理解与适用》，中国法制出版社2021年版，第122页。

[53] 参见杨伟东主编：《中华人民共和国行政处罚法理解与适用》，中国法制出版社2021年版，第192页。

[54] 袁雪石：《中华人民共和国行政处罚法释义》，中国法制出版社2021年版，第337～338页。

如此,对于程序违法及其对应的判决方式,可以类型化为如下四种:①严重违反法定程序(违反法定程序且构成重大明显违法),作出确认无效判决;②一般违反法定程序,作出撤销判决;③程序轻微违法(对原告权利不产生实际影响),确认违法;④狭义程序瑕疵,法院指正并作出驳回诉讼请求判决。

2. 程序轻微违法的判定

行政程序环节众多,不同行政程序的价值不完全相同。部分行政程序的设置是为了保障私人的合法权益,如告知、听取陈述和申辩、回避等;部分行政程序的设置主要是为了提升行政管理效率和规范行政管理流程,如有关期限、步骤、送达方式等的程序规定。即便涉及私人合法权益,不同行政程序的价值和重要性也存在差异。部分构成当事人的重要程序性权利,如告知、听取陈述申辩、说明理由等;部分对当事人的合法权益影响甚微。

对于《行政诉讼法》第 74 条所规定的程序轻微违法如何判定,立法未做出明示。一般认为,"程序轻微违法主要是指形成程序可以补正的一些情形,不影响实体决定的正确性,如告知送达不规范、超过法定期限作出决定"。[55] 2018 年《行诉法解释》第 96 条规定:"有下列情形之一,且对原告依法享有的听证、陈述、申辩等重要程序性权利不产生实质损害的,属于行政诉讼法第七十四条第一款第二项规定的'程序轻微违法':(一)处理期限轻微违法;(二)通知、送达等程序轻微违法;(三)其他程序轻微违法的情形。"这三种情形都不难理解,也不复杂。有学者对此解释提出批评,认为:"其一,将'原告权利'解释为'重要程序性权利',限缩了确认违法判决的适用范围,切断了程序违法与实体权利受损害之间存在的关联性;其二,将'对原告权利不产生实际影响'这一确认违法判决要件转变为判定'程序轻微违法'的要件,限缩了'程序轻微违法'的适用范围。"[56]

对于 2018 年《行诉法解释》第 96 条的适用,需要注意如下几方面:

---

[55] 全国人大常委会法制工作委员会行政法室编写:《〈中华人民共和国行政诉讼法〉解读与适用》,法律出版社 2015 年版,第 164 页。

[56] 章剑生:《再论对违反法定程序的司法审查——基于最高人民法院公布的判例(2009 - 2018)》,载《中外法学》2019 年第 3 期。

(1)重要程序性权利的判断

一般来说,“程序轻微违法的标准是对原告依法享有的听证、陈述、申辩等重要程序性权利不产生实质性损害”。[57] 对于哪些内容属于重要的程序性权利,2018 年《行诉法解释》做了列举,即原告依法享有的听证、陈述、申辩等权利。但需要注意如下几点:首先,重要的程序性权利不局限于司法解释明文列举的三项权利。“这里的‘等’属于‘等外等’,除了听证、陈述、申辩之外,还包括回避等程序性权利”。[58] 其次,这里的“依法享有”不局限于实体法的明确规定。这些程序性权利对私人具有极为重要的意义,可以被纳入“正当程序”的范畴。“‘重要程序性权利产生实际损害的程序违法’是与‘程序轻微违法’相对应的模糊概念,应当指违反正当程序原则的程序违法情形,主要包括:(1)未依法举行听证;(2)未遵守回避原则;(3)做出不利行政行为时,未听取利害关系人的陈述、申辩等。”[59]“行政机关违反此类程序,一般会被认定为违反法定程序或者违反正当程序”。[60] 最后,2018 年《行诉法解释》第 96 条所列举的三种情形与“程序轻微违法”之间不是等同关系,这三种情形只是对构成程序轻微违法的一种例示性列举。在构成该条所列举的三种情形的情况下,法院依然要判断是否对原告的重要程序性权利产生实质损害。

(2)不产生实质损害的判断

一般来说,“实质损害是指对当事人权利的实质性剥夺或减损”,[61]“不产生实质损害是指程序违法不能影响当事人意见依法阐述和有效表达”。[62] 从现代程序正义理念来看,程序既具有服务于实体结果的工具性价值,也具有彰显私人人格尊严的独立实体价值。对于程序违法的法律后果,不能完全从程序违法对最终结果的实质性影响来判断。但考虑到程序违法本身的多样性,对行政程序违法一概作出撤销判决并不当然有

[57] 梁凤云:《行政诉讼法司法解释讲义》,人民法院出版社 2018 年版,第 263 页。

[58] 梁凤云:《行政诉讼法司法解释讲义》,人民法院出版社 2018 年版,第 263 页。

[59] 最高人民法院行政审判庭编著:《最高人民法院行政诉讼法司法解释理解与适用》,人民法院出版社 2018 年版,第 445 页。

[60] 梁凤云:《行政诉讼法司法解释讲义》,人民法院出版社 2018 年版,第 263 页。

[61] 本书编委会编:《行政诉讼法及司法解释关联理解与适用》,中国法制出版社 2018 年版,第 714 页。

[62] 梁凤云:《行政诉讼法司法解释讲义》,人民法院出版社 2018 年版,第 263 页。

利于私人合法权益的保障,也可能造成行政成本和社会资源的巨大浪费。为此,修改后的《行政诉讼法》和司法解释引入确认违法判决,旨在修复"违反法定程序"在判决方式上的严苛性。在判断行政程序违法是否应当予以撤销时,法院需要判断此种程序违法对最终的处理决定产生了何种程度的影响。"听证、陈述、申辩等虽然属于当事人的重要程序权利,但只要不属于实质影响该权利行使的程序违法问题,即如果只是涉及该项权利行使的非关键性或实质性程序环节违法,但在实质上已经保障了当事人的重要程序性权利,则不构成重大程序违法或一般程序违法"。[63] 如法律要求行政机关于5日内举行听证,行政机关在第7天举行听证,或者法律要求行政机关书面通知听证事项,行政机关却通过口头或电子方式通知。尽管这些事项涉及或影响当事人听证权的行使,但并不实质性影响当事人的意见表达机会,可以将相关程序违法归入对当事人的重要程序性权利"不产生实质损害"的情形。

(3)处理期限超期,通知、送达程序违法不当然构成"程序轻微违法"

2018年《行诉法解释》第96条所列举的三种情形是否构成程序轻微违法,还需要结合该条题干中列明的是否对原告的重要程序性权利产生实质损害。"程序轻微违法通常发生在期限、通知、送达等程序环节,但并非期限、通知、送达等程序环节的违法问题都属于程序轻微违法。"[64]如果期限、通知、送达等程序违法严重影响到了相对人和利害关系人参与行政程序、进行陈述和申辩等权利的行使,就不属于该条所规定的"程序轻微违法"的情形。

(4)其他程序轻微违法的情形

鉴于行政程序环节和种类的多样性,程序轻微违法的具体情形也难以穷尽列举。司法解释在明示实践中两种典型的程序轻微违法的情形后,通过一个兜底条款概括其他难以穷尽的程序轻微违法情形。实践中,可以构成程序轻微违法的情形,还包括如下种类:①对原告程序性权利不产生实际影响的程序颠倒;②违反行政内部程序;③行政行为形式错

---

[63] 本书编委会编:《行政诉讼法及司法解释关联理解与适用》,中国法制出版社2018年版,第714页。

[64] 本书编委会编:《行政诉讼法及司法解释关联理解与适用》,中国法制出版社2018年版,第714页。

误等。

3. 程序轻微违法与对原告权利不产生实际影响应当并用

在适用时“程序轻微违法”与“对原告权利不产生实际影响”是否应当同时满足，在不同案件中对二者关系的判断比较模糊。在冯洪升诉辽宁省沈阳市皇姑区人民政府房屋征收补偿决定案中，最高人民法院认定“皇姑区政府在作出涉案补偿决定过程中，在选定评估机构的送达程序上存在不当之处，但未影响冯洪升主张权利”。[65] 法院主要是根据送达程序的轻微瑕疵认定确认违法而非撤销。而在何宗玉诉乐东黎族自治县人民政府等土地行政登记案中，法院认为“何宗玉只缴纳了部分土地出让金、尚未取得196号土地证，故乐东县政府为何生强办理034号土地证项下土地使用权登记行为虽程序存在违法之处，但对当时何宗玉尚未取得的物权不产生实际影响”。[66] 尽管法院未对程序违法程度进行界定，但根据没有权利影响和损害作出判断，则说明在权利保护必要性不充分[67]的条件下不作出撤销判决。在戚爱君诉威海市人民政府海域使用权行政许可及山东省人民政府行政复议上诉案中，法院认为“威海市政府虽然存在超期作出行政许可决定的问题，但未对刘公岛水产公司的合法权益产生重大影响，故该行政许可行为应属于轻微程序违法”。[68]

（三）不可撤销行为的确认违法判决

2014年《行政诉讼法》第74条第1款规定的是不适宜撤销的情形，第2款规定的是不需要撤销或判决履行的情形。撤销判决的目的是消除行政行为的法效力，但如果行政行为不具有法效力或者法效力已经“消失”，则撤销判决就失去了适用对象，即没有可撤销的内容，所以法院会适用确认违法判决。[69] 有观点认为，不可撤销具体行政行为是指否定性效力评价不可能或无必要的具体行政行为，具体包括因执行力的实现而使行为确定力绝对化和不涉及效力评价的具体行政行为。[70]

---

[65] 最高人民法院行政裁定书，（2016）最高法行申3160号。

[66] 最高人民法院行政裁定书，（2016）最高法行申2579号。

[67] 参见王贵松：《论我国行政诉讼确认判决的定位》，载《政治与法律》2018年第9期。

[68] 山东省高级人民法院行政判决书，（2016）鲁行终56号。

[69] 参见章剑生：《现代行政法总论》（第2版），法律出版社2019年版，第504页。

[70] 参见叶平：《不可撤销具体行政行为研究——确认违法判决适用情形之局限及补正》，载《行政法学研究》2005年第3期。

1. 针对行政事实行为

行政事实行为，是指行政机关做出的不创设新的行政法律关系但实际上影响当事人利益的行为。例如执行行为，或者与执行职务有密切关联的殴打他人、损毁财物等行为。行政机关作出的事实行为，因缺乏法律效力而被认定为不具有可撤销的内容。“撤销判决针对的是行政处理，而行政事实行为原本就没有可以撤销的内容，对于这种行为也无法适用撤销判决。所以，这种针对事实行为的确认违法判决具有独立性，与撤销判决之间并不存在补充性的关系。”[71]

在徐昌敏诉云南省文山市人民政府、云南省文山市人民政府新平街道办事处行政强制案中，最高人民法院认为“违反法定程序是人民法院据以确认被诉行政行为违法的法定情形，并非确认被诉行政行为违法的结论本身。违法的行政行为依法本应撤销，但是，新平街道办的强制拆除行为属于事实行为，无法撤销，只能判决确认违法”。[72] 同样，在会同县韵渠旅游开发有限公司诉湖南省会同县人民政府清除水上餐饮船舶（平台）行政强制措施案中，最高人民法院认为：“行政强制措施行为程序违法，但如果该违法行政行为系事实行为、不具有可撤销内容的，人民法院应当依法判决确认违法。”[73]

2. 针对原行政行为已被改变、撤销或执行完毕的情形

在司法实践中，一些案件将建设项目已经建设完成，认定为不具有可撤销的内容，从而确认违法。在法律适用上与《行政诉讼法》第 74 条第 1 款适用的相关案件类型相同，判决结果相同，仅仅是适用的法律不同，即项目建设完成可以被解释为：(1)撤销将对国家利益、公共利益造成损害；(2)不具有可撤销的内容。如在于栖楚诉贵阳市住房和城乡建设局强制拆迁案中，最高人民法院认为：“因违法强制拆迁行为已经实施完毕且不具备可撤销内容，人民法院应当作出确认违法判决。”[74]在另一起案件中，最高人民法院指出，“县政府作出 112 号通知前，未听取当事人意见，违反

[71] 王贵松：《论我国行政诉讼确认判决的定位》，载《政治与法律》2018 年第 9 期。

[72] 最高人民法院行政裁定书，(2020)最高法行申 5187 号。

[73] 最高人民法院行政裁定书，(2019)最高法行申 10324 号。

[74] 于栖楚诉贵阳市住房和城乡建设局强制拆迁案，载《最高人民法院公报》2013 年第 10 期。

正当程序原则,本应依法撤销,但考虑到县政府办公楼已经建成并投入使用,撤销112号通知中有偿收回涉案土地使用权决定已无实际意义,且可能会损害公共利益。依据最高人民法院《关于执行〈中华人民共和国行政诉讼法〉若干问题的解释》第五十八条规定,应当依法判决确认该行政行为违法”。[75]

对于已经执行完毕的行政处罚或具有制裁性质的行政强制措施,如强制戒毒等,能否适用确认违法判决?虽然此种行政处罚或行政强制已经被执行完毕,对私人造成的损害已成既定事实,似乎已无可撤销内容,但由于行政处罚或行政强制潜在的声誉制裁难以因执行完毕而自动终结,在实践中经常发生要求撤销已经执行完毕的行政处罚或强制措施的实例。蔡小雪法官认为:“因判决确认违法,客观上是保留行政处罚、具有处罚性质的行政强制措施的法律效力,不能彻底还被处罚人的清白。已经执行的,也是可以撤销的,被撤销的行政行为自始无效,只有这样才可以使其名誉得到彻底恢复。已经执行的,可通过行政赔偿予以解决。”[76]

3. 针对不履行或拖延履行法定职责

《行政诉讼法》第74条第2款第3项规定针对的是被告不履行或拖延履行法定职责的情形。针对不履行或拖延履行法定职责,最为典型的判决形式是履行判决。《行政诉讼法》第72条规定:人民法院经过审理,查明被告不履行法定职责的,判决被告在一定期限内履行。此处的“不履行法定职责”,应当采广义理解,包括“逾期不予答复”“拒绝履行”“延期履行”等多种情形。2018年《行诉法解释》第91条规定:原告请求被告履行法定职责的理由成立,被告违法拒绝履行或者无正当理由逾期不予答复的,人民法院可以根据《行政诉讼法》第72条的规定,判决被告在一定期限内依法履行原告请求的法定职责;尚需被告调查或者裁量的,应当判决被告针对原告的请求重新作出处理。鉴于履行判决在本专题中另有专述,此处不赘。

---

[75] 定安城东建筑装修工程公司与海南省定安县人民政府、第三人中国农业银行定安支行收回国有土地使用权及撤销土地证案,载《最高人民法院公报》2015年第2期。

[76] 蔡小雪:《行政行为的合法性审查》,中国民主法制出版社2020年版,第252页。

针对不履行或拖延履行法定职责的确认违法判决的适用，需要注意如下要点：

（1）履行判决的优先适用

司法救济本身具有滞后性，“在一些案件中，由于原告请求的时效性很强，或者时过境迁，请求的事项对于现在的原告而言已然失去意义”，此时显然不宜再作出履行判决。如原告此时提起诉讼的目的在于惩处行政机关的失职行为，并赔偿其损失，人民法院应当判决被告不履行或拖延履行法定职责的行为违法，并可以同时判令被告采取补救措施，承担赔偿责任。[77]“履行判决本身就具有确认不作为违法的功能，而且确认不作为违法判决相对于履行判决而言是较为迂回的救济方式，故而，确认不作为违法判决只能是履行判决的补充，也可以说是课予义务诉讼的衍生品。”[78]因此，针对行政机关不履行或拖延履行法定职责的违法行为，人民法院应当优先适用履行判决。只有在不适合作出履行判决的时候，才可能作出确认不作为违法判决。在这一意义上，确认不作为违法判决是履行判决的补充。

（2）尊重当事人的诉权

对于被告不履行或拖延履行法定职责的案件，如果查明被告不履行法定职责成立，人民法院可以判决被告在一定期限内履行。但是，“如果原告诉讼请求是确认被告不履行法定职责行为违法，经法院释明后仍坚持确认被告行为违法的，应当尊重当事人的选择，做出确认违法判决”。[79]

（3）确认违法与履行判决的并用

在被告不履行法定职责案件中，如果当事人仅请求确认被告不履行法定职责违法，但此时被告履行法定职责仍具有实际意义，如何处理？在韩宝荣诉沈阳市于洪区人民政府不履行城乡建设行政复议职责纠纷案[80]中，法院认为被告行政复议超期且送达不符合法定形式，应当视为未完整

---

[77] 参见本书编委会编：《行政诉讼法及司法解释关联理解与适用》，中国法制出版社2018年版，第712页。

[78] 王贵松：《论我国行政诉讼确认判决的定位》，载《政治与法律》2018年第9期。

[79] 本书编委会编：《行政诉讼法及司法解释关联理解与适用》，中国法制出版社2018年版，第712页。

[80] （2006）沈行初字第49号。

地履行法定职责;法院在确认被诉行为违法的同时,责令被告重新履行法定职责:"原告请求确认被告逾期不作复议决定违法,但被告继续履行复议职责仍有实际意义,本案不能适用《最高人民法院关于执行〈中华人民共和国行政诉讼法〉若干问题的解释》第五十七条第二款(一)项的规定。因此,应该判令被告重新履行送达程序,完整地履行复议职责。"

三、确认违法判决适用的其他问题

(一)关于引入法律关系确认之诉的空间

根据诉讼标的(对象)的不同,可以将诉讼类型简单划分为行为之诉与法律关系之诉。所谓行为之诉,是指针对行政处分行为进行争议的诉讼,其诉讼请求是行为的确认违法、撤销或纠正,或者科予行政机关这些义务。法律关系之诉是指针对与行政相关的法律关系或者权利义务是否存在等进行争议的诉讼。"行为诉讼关注的是让权利义务发生变动的原因行为,而法律关系诉讼针对的是权利义务或法律地位的存在与否。"[81]

在学理上,围绕确认违法判决的适用对象,存在一定的分歧。域外行政诉讼法中的确认之诉,通常既包括对行政行为违法、无效的确认之诉,也包括对行政法律关系存在与否的确认之诉。我国行政诉讼法上的确认判决,尽管直接渊源于民事诉讼法中的确认之诉,但受制于行政行为合法性审查原则,在制度设计上仅明确了针对行政行为的确认判决,是否有必要引入针对法律关系的判决,存在一定的探讨空间。在理论上,有学者将行政确认诉讼界定为:公民、法人或其他组织请求法院就处于争议状态的行政行为是否无效、违法以及行政法律关系存在与否作出确认判决的诉讼种类。[82]

从域外行政诉讼的实践来看,之所以存在两类诉讼标的,根源在于"撤销诉讼中心主义",即在各种行政诉讼类型中,撤销诉讼处于中心地位。"撤销诉讼中心主义意味着行政诉讼原则上需要等到行政机关做出行政行为,然后以行政行为为对象提起。"[83]撤销诉讼中心主义既体现了

[81] 张旭勇:《行政诉讼确认判决研究》,载章剑生主编:《行政诉讼判决研究》,浙江大学出版社2010年版,第117页。

[82] 参见章志远:《行政诉讼类型构造论》,法律出版社2021年版,第184页。

[83] 王天华:《行政诉讼的构造——日本行政诉讼法研究》,法律出版社2010年版,第22页。

权利救济的直接性与充分性,也体现了司法监督的边界与谦抑。传统的撤销诉讼仅仅针对狭义的行政法律行为(行政处理),难以应用于行政处理之外的其他行政活动方式。而在撤销之诉外兴起的确认之诉,能够将行政处理之外的其他行政活动方式引发的纠纷纳入诉讼范围,实现权利救济的充分性。

将行政处理之外的其他行政活动方式引发的行政争议纳入行政诉讼的受案范围,在我国理论上和实践中都不存在明显的障碍。当然,受制于各种因素,我国当下的确认诉讼在具体适用情形上还较为有限,现行制度下预防性诉讼、规范审查诉讼等诉讼类型还有待发展,但打破了传统具体行政行为的窠臼的我国,在确认之诉的适用对象方面,具有了更强的灵活性和容纳空间。正如王贵松指出的,“在增加行为诉讼的判决种类(包括拓展确认违法判决的适用情形)之后,法律关系诉讼的确认判决的必要性也将大为下降”。[84]

(二)可以适用确认违法判决的其他情形

1. 行政协议类案件

尽管《行政诉讼法》第 78 条未明确规定行政协议类案件可以适用确认违法判决,但该条规定了采取补救措施或赔偿损失等责任。此种责任形式的承担,需要以被诉行为违法性得到确认为前提。特别是在被告违法行使行政优益权,且难以通过撤销判决得到救济的情况下,人民法院判决确认相关行政行为违法,同时责令行政机关采取相关补救措施或赔偿损失,就成为一种必然的选择。如在寿光中石油昆仑燃气有限公司诉寿光市人民政府、潍坊市人民政府解除政府特许经营协议案[85]中,因行政相对人迟延履行政府特许经营协议致使协议目的无法实现,行政机关单方解除政府特许经营协议。但被告在收回特许经营权过程中没有履行听证程序而被法院认定违法。一审法院最后认定:“从合理性角度考量,因上诉人燃气项目已经开工建设,如果寿光市政府收回上诉人燃气经营区域授权的行为给其造成一定程度的损失,在该行政行为被确认违法又不宜撤销的情况下,寿光市政府依法应当采取必要的补救措施。”当然,这一案

---

[84] 王贵松:《论我国行政诉讼确认判决的定位》,载《政治与法律》2018 年第 9 期。

[85] 参见《最高人民法院公报》2018 年第 9 期。

件是针对被告收回特许经营协议的行为,而并非针对行政协议本身。

2. 行政允诺类案件

我国《行政诉讼法》及司法解释都未将行政允诺作为一种法定的行政行为种类纳入行政诉讼受案范围。但实践中此类案件的受理并未遇到太大障碍。在因行政允诺引发的行政诉讼中,人民法院能否作出确认违法判决呢?在韩国会社诉辽宁省沈阳市大东区人民政府行政允诺案中,辽宁省沈阳市大东区人民政府与韩国会社签订意向书,就在大东区设立广告公司及运营业务达成意向,约定投资的前提是大东区政府负责为韩国会社办理合法运营及广告营业许可等手续。辽宁省沈阳市中级人民法院一审认为,根据《沈阳市户外广告设置管理办法》相关规定,大东区政府没有为广告公司设立在沈阳市利用广告车辆进行合法广告经营的经营许可及运营许可的法定职权,因此其就此对韩国会社作出允诺的行为违法。法院最终判决确认大东区政府作出允诺的行为违法。

3. 法律法规变化导致原来违法的行政行为变得合法

在行政许可、行政登记案件中,经常出现“被诉具体行政行为违反当时法律规范但符合新法律规范”的情况,其也可能被法院判决确认违法。依据最高人民法院的司法解释,被诉准予行政许可决定违反当时的法律规范但符合新的法律规范的,判决确认该决定违法。[86] 毕竟针对这种情况,如果判决撤销则没有必要,因为其现在是一个合法行为;如果判决驳回,则可能放弃追究违法行为过去曾对国家利益和公共利益造成的损害,也会导致受害人无法请求赔偿。[87]

(三)确认违法判决的效力

确认违法判决的效力根据适用情形不同而略有不同。针对《行政诉讼法》第74条所列第一类即情况判决,作出确认违法判决意味着被诉行政行为违法,但不予撤销,该行政行为依然存在,仍然有效。换言之,对其做出违法性评价,主要是为了解决原告的赔偿问题;同时,维护违法的行政行为的效力,主要是基于法安定性、维护国家利益和社会公共利益的考

---

[86] 参见《最高人民法院关于审理行政许可案件若干问题的规定》(法释〔2009〕20号)第10条。

[87] 参见林鸿潮:《行政法与行政诉讼法案例研习》,中国政法大学出版社2013年版,第257页。

虑。但需要指出的是,因程序轻微违法所做出的确认违法判决,难以产生国家赔偿责任。“鉴于确认行政行为违法的要件之一是‘对原告权利不产生实际影响’,这一类确认违法的判决不能作为当事人请求赔偿的根据。”[88]针对《行政诉讼法》第74条第二类违法行为作出的确认判决,意味着对被诉行政行为无论是在合法性还是效力上都做出了否定性评价,原告可以要求被告采取补救措施,并依法给予赔偿。

(四)确认违法判决之后责令采取补救措施

相比撤销判决和履行判决,确认违法判决对于当事人的权利救济具有不充分性,仅仅是基于保护公共利益的需要、行政效率的考虑或一些不可撤销之事,法院不得以采取的一种权宜之计。私人因法院未作出撤销判决或履行判决可能遭受的利益损失如何得到弥补呢?行政诉讼法有相应的制度安排。2014年《行政诉讼法》第76条规定:“人民法院判决确认违法或者无效的,可以同时判决责令被告采取补救措施;给原告造成损失的,依法判决被告承担赔偿责任。”也就是说,法院作出确认违法判决时还可以责令被告采取“补救措施”。关于责令被告采取补救措施的适用,需要注意如下要点:(1)责令被告采取补救措施并非确认判决的当然内容,是否责令被告采取补救措施,由法院视个案情况确定。(2)补救措施的目的是“实质性解决行政争议”。为此,补救措施的具体内容,需要根据被诉行政行为涉及的法益进行个案判定。(3)补救措施若能确定,法院可以在裁判中加以明确,若无法确定,也可以由行政机关裁量。[89]

[88] 何海波:《行政诉讼法》(第3版),法律出版社2022年版,第488页。

[89] 参见章剑生:《再论对违反法定程序的司法审查——基于最高人民法院公布的判例(2009-2018)》,载《中外法学》2019年第3期。

●行政诉讼确认无效判决的定型与构造

——《行政诉讼法》第75条评注

毕洪海[*]

摘　要:确认无效判决在行政诉讼法上的定型与行政行为效力理论的发达有关,行政行为无效最终的实质关照点在于救济程序的设计。尽管在功能上与撤销判决具有相似性,但确认无效判决仍是一种独立的判决类型,然而由于其所要提供的是一种极端例外情形下打破法的安定性追求实质正义的救济渠道,确认无效判决的适用应当遵循补充性的原则,避免将二者的权衡过度转移于司法机关。行政诉讼法明确了确认无效判决适用的实质标准即"重大且明显违法",除了具体列举的情形外,还保持了一定的开放性,而且对于具体语境下的判断保持一定的灵活性。在适用方式上,法院应充分考虑确认无效诉讼与撤销诉讼在结构上的共性与特殊性,从而在判决类型的转换中更好地保障诉讼请求的实现,关于诉讼时效的问题则需要增加考虑权利救济的必要性,从而更加充分地展现行政行为无效理论所具有的特殊救济的面向。与此同时,确认无效判决在行政协议和行政确认领域的适用也需要进一步厘清。

关键词:确认无效判决;行政行为效力;重大且明显违法;权利救济

行政诉讼确认无效判决为2014年《行政诉讼法》所规定的确认判决的一个子类型,是专门针对无效行政行为设计的一种救济类型和裁判方

---

* 毕洪海,北京航空航天大学法学院副教授。作者感谢本组各位同仁的批评与指正意见,当然文章的不足和错误之处概由作者负责。

式。确认无效诉讼判决的核心条款是《行政诉讼法》第 75 条的规定："行政行为有实施主体不具有行政主体资格或者没有依据等重大且明显违法情形，原告申请确认行政行为无效的，人民法院判决确认无效。"该规定包含两个层面：一是确认无效判决适用的方式，这个属于单纯的诉讼法问题；二是行政诉讼确认无效判决适用的实质条件，这个在本质上属于实体法问题。《最高人民法院关于适用〈中华人民共和国行政诉讼法〉的解释》（以下简称 2018 年《行诉法解释》）分别于第 94 条和第 99 条进一步补充和明确了这两个层面的内容，由此奠定了行政诉讼确认无效判决的基本规范体系。除此之外，该解释第 22 条第 2 款关于"复议机关确认原行政行为无效，属于改变原行政行为"的规定、第 95 条和第 136 条第 6 款关于"原行政行为被撤销、确认违法或者无效"给原告造成损失的赔偿规定、第 162 条关于对 2014 年《行政诉讼法》生效前的行政行为提起确认无效诉讼的规定，则进一步就诉讼法上的具体问题予以了明确。

目前关于确认无效判决的学说清晰地展现了前述两个层面，即确认无效判决是"法院根据原告提出的申请确认行政行为无效的诉讼请求或者在申请撤销之诉中依职权审查，认为行政行为存在实施主体不具有行政主体资格或没有依据等重大且明显违法情形，作出的否认行政行为效力的判决形式"。① 然而除了这里所列的基本规范外，确认无效诉讼的司法实践尚处于发展当中，诸多裁判规则有待进一步发展，而且对确认无效诉讼在行政协议、行政确认等领域运用的必要性、具体情形和范围等的认识都还有待进一步厘清。

一、规范变迁与体系定位

（一）规范变迁

1989 年《行政诉讼法》并未规定确认无效判决，这一空白后来部分通过司法解释的形式得到了填补。《最高人民法院关于执行〈中华人民共和国行政诉讼法〉若干问题的解释》（以下简称 2000 年《行诉法解释》）第 57 条第 2 款第 3 项规定"被诉具体行政行为依法不成立或者无效的"，法院应当作出确认被诉具体行政行为违法或者无效的判决。不过，由于在规

---

① 程琥主编：《行政审判实务问题解答》，中国法制出版社 2020 年版，第 267 页。

范和学理层面对该条款中“无效”与“不成立”关系的理解尚不一致，确认无效判决的诉讼要件与普通的撤销诉讼有何不同的认识和规定都还比较笼统，所以确认无效判决在实践中的应用非常有限。当然，确认无效判决适用的这种有限性也与该判决类型在整个体系中所处的“补充性”这一地位有关，体现的是司法谦抑的态度。

确认无效判决所要解决的是“无效行政行为”的认定和处理问题，然而行政行为的无效或无效行政行为的认定标准，在实体法和诉讼法层面的语义和意义脉络存在明显不一致的情形。这种不一致部分应归咎于行政行为无效理论的无效并未采取法理论上显白的意思，即并非基于有效/无效这种二元的认知框架，而是专指存在严重瑕疵的行政行为自始即无法律效力这种“流动的标准”。申言之，无效行政行为理论关心的不是效力的有无问题，而是导致效力丧失的原因，即瑕疵的程度差别——限于重大且明显的违法，以及效力丧失的结果，即救济上的差别——不受诉讼时效的限制。所以行政行为效力理论呈现出强烈的实践面向和政策考量。[②]因此可以理解的是，在法规范最终确立确认无效判决之前，早期行政法学理论对于这一问题的讨论是比较忽视的，[③]后来则主要是借鉴比较法上的经验，为在立法上确立行政行为无效制度提供支撑。[④]

2014 年《行政诉讼法》第 75 条的规定除了吸收学理上关于行政行为无效理论研究的成果外，与法院不予执行行政行为和不承认行政许可基础行为的情形形成了一定的对应。2000 年《行诉法解释》、《行政强制法》和 2018 年《行诉法解释》都规定了行政行为明显缺乏事实根据，明显缺乏法律、法规依据，[⑤]其他明显违法并损害被执行人合法权益的，法院不予执行。2018 年《行诉法解释》的变化则是在前述三项的基础上增加了实施

② 参见杨建顺：《关于行政行为理论与问题的研究》，载《行政法学研究》1995 年第 3 期。

③ 例如，关于 1990 年前新中国行政法学的研究综述并没有提到无效行政行为的情形，参见张尚鷟主编：《走出低谷的中国行政法学——中国行政法学综述与评价》，中国政法大学出版社 1991 年版。

④ 参见姜明安主编：《行政法与行政诉讼法》，北京大学出版社、高等教育出版社 1999 年版，第 159 ~ 161 页；最近比较完整且详细的讨论参见赵宏：《法治国下的目的性创设：德国行政行为理论与制度实践》，法律出版社 2012 年版，第 141 ~ 154 页。

⑤ 2000 年《行诉法解释》第 95 条只是规定了明显缺乏法律依据的情形，并无“法规”。

主体不具有行政主体资格的情形。2010 年施行的《最高人民法院关于审理行政许可案件若干问题的规定》不承认明显缺乏事实根据、明显缺乏法律依据、超越职权、其他重大明显违法的行政行为作为行政许可的基础行为。当然,具体的适用条件、政策目的和利益权衡或许会有细微差别——这些差别在具体的实践中并非无足轻重,但是无效行政行为的理论在整体上被认为可以作为司法机关否认申请执行的行政行为和行政许可基础行政行为效力的理由。相较于无效判决是积极且明确地否定行政行为的效力,在后两者的情形下,司法机关更多的是消极而默示地否定行政行为的效力。

与行政行为无效理论相结合,《行政诉讼法》第 75 条的确立澄清了两种认知偏差及其在规范上的映射。第一种是“倒果为因”的无效,即将所有不具有法律效力的行政行为都归结为无效行政行为。这里的典型即 1996 年《行政处罚法》和 2000 年《行诉法解释》所造成的行政行为“不能成立”和“无效”的混同。⑥ 虽然 1996 年《行政处罚法》和 2000 年《行诉法解释》的规定都已经进行了修改,但是这种等同造成的认知和实践方面的混乱还是存在的。当然,这里也不乏将不能成立的行政行为全部归于无效的主张,但是“不能成立”的行为不仅仅限于“无效”的行为,还包括“不成熟的行为”。⑦ 所以这样的主张无助于厘清二者的关系,仍然有在理论和实践层面加以界分的必要。

按照通说,行政行为的不能成立是指行政行为欠缺必备要件而未“存在”或“作成”,例如缺少权能要件、权能的实际运用,意思表示和法律效果等因素尚未完全齐备。⑧ 无效行政行为理论的前提则是行政行为已经“存在”或“作成”。这里尚且留下的问题是不能成立的行政行为如何救济,例如行政行为成立要件(形式要件)缺损、没有合法送达等。⑨ 有观点

⑥ 关于《行政处罚法》“不成立”和“无效”用语的批评,参见赵宏:《法治国下的目的性创设——德国行政行为理论与制度实践研究》,法律出版社 2012 年版,第 154 ~ 155 页。

⑦ 参见甘文:《行政诉讼法司法解释之评论——理由、观点与问题》,中国法制出版社 2000 年版,第 167 页。

⑧ 参见柳砚涛:《质疑“行政处罚决定不能成立”——以我国〈行政处罚法〉第 41 条为分析对象》,载《政治与法律》2017 年第 2 期。

⑨ 参见林鸿潮:《论行政行为不成立之诉〈行政诉讼法〉修订中的一个遗漏》,载《国家行政学院学报》2015 年第 1 期。

认为"欠缺某一要素的行政行为,视为不存在的行政行为,任何人在任何情况下都可主张无效"。[10] 当然,虽然不存在的行政行为也可以通过确认判决加以救济,但是就其实质性的原因要件而言,显然与无效行政行为的确认判决存在重要的差别。

当然,1996 年《行政处罚法》所说的"不能成立"还有另外一种解释即"不合法"或站不住脚,这种解释实际上更符合"不能成立"这一日常用语的含义以及当时《行政处罚法》的立法目的。1996 年《行政处罚法》第 41 条规定的拒绝听取当事人的陈述和申辩而做出的行政处罚虽然存在瑕疵,即违反法定程序,但显然符合行政行为的成立要件,所以无法按照前述成立与生效与否的方式加以理解。[11] 此外,1996 年《行政处罚法》第 3 条第 2 款规定的"无效"也并非在无效行政行为理论的意义上使用的,即不受行政诉讼起诉期限的限制,即便坚持这样的理解,也得不到行政诉讼实践的支持。所以这里的无效只是结果意义上的,而确认无效判决与撤销判决在行政行为丧失效力的理由方面是存在重要差别的,所以不能以结果的相同取代条件的差别。

由 1996 年《行政处罚法》关于"无效"的使用,我们也可以得出《行政诉讼法》第 75 条的确立澄清了前述第二种认知偏差,即"不分轻重"的结果无效。无效行政行为理论的实质即在法律安定性与个案正义之间做出了有利于后者的权衡,但相应地将其适用的条件严加限制,通常仅限于行政行为具有极其严重瑕疵的情形。考诸当前的实定法,大量关于"无效"的规定,显然并不具有这种"轻重"的差别,而只是单纯地强调相应的行政决定不合法,因而不具有法律效力,故这些行政决定通常只是撤销判决的适用对象。这从 2000 年《行诉法解释》出台前法律层面上关于无效用语的零星使用当中也可以看到。这些法律可以分为两种:一种与狭义上的行政行为(命令性的行为)有关,另一种则与法律关系和法律状态的确认

---

⑩ 杨海坤、顾运:《当前行政法学界关于行政行为效力的讨论》,载《江苏社会科学》1999 年第 6 期。

⑪ 有意思的是 2021 年《行政处罚法》第 62 条修改了这一规定,取消了引发严重误解的"不能成立",取而代之的是禁止性的"不得作出行政处罚决定"。这里同样不意味着不听取当事人的陈述和申辩作出的行政处罚就不成立。

(确认性的行为)有关。[12] 因为确认无效判决适用的重要程序要件是关于诉讼时效的规定,倘若将实定法上此类“无效”的规定笼统地归入《行政诉讼法》第75条的适用情形,不仅背离《行政诉讼法》以无效诉讼作为例外的特殊救济手段的这一立法目的,也可能有违各项特别法的主旨。例如,1986年《土地管理法》第48条规定,“无权批准征用、使用土地的单位或者个人非法批准占用土地的,超越批准权限非法批准占用土地的,批准文件无效……”该条规定主要针对的是无权限或超越权限的情形,这一规定经过1998年的修改,基本上保留了下来,但是增加了违反法定程序的情形。2019年修正的《土地管理法》也保留了类似的规定。[13] 除此之外,《税收征收管理法》[14]和《护照法》[15]也有关于“无效”的规定。这里并不适合就这些“无效”的情形做出详细的解释,有必要指出的是,在各项特别法的语义和意义脉络下理解相关的概念时,只有当其符合“重大且明显违法”的标准时才能满足《行政诉讼法》第75条确认无效判决的实质条件,而不能仅依据“无效”的用语就将其笼统地归结为适用无效判决的实质条件。

(二)体系定位

1. 独立性

2014年《行政诉讼法》确立无效判决的类型主要原因就是“无效行政行为在实践中客观存在,而其他判决种类难以处理这种情况。对于无效的行政行为,过去的审判实践中一般都适用撤销判决,于法理不通。因为严格地讲,撤销的前提是该行政行为在此之前是存在的,但无效行政行为在法律上就自始无效”。[16]

---

⑫ 参见何海波:《行政诉讼法》(第3版),法律出版社2022年版,第492页。

⑬ 2019年《土地管理法》第79条规定,无权批准征收、使用土地的单位或者个人非法批准占用土地的,超越批准权限非法批准占用土地的,不按照土地利用总体规划确定的用途批准用地的,或者违反法律规定的程序批准占用、征收土地的,其批准文件无效。

⑭ 《税收征收管理法》第33条第2款规定:“地方各级人民政府、各级人民政府主管部门、单位和个人违反法律、行政法规规定,擅自作出的减税、免税决定无效,税务机关不得执行,并向上级税务机关报告。”

⑮ 《护照法》第16条第2款规定:“伪造、变造、骗取或者被签发机关宣布作废的护照无效。”

⑯ 江必新主编:《中华人民共和国行政诉讼法理解适用与实务指南》,中国法制出版社2015年版,第342页。

确认无效判决的独立性首先体现在与确认违法判决的区别。2014 年《行政诉讼法》第 75 条将确认无效判决单独加以规定，第 75 条与第 74 条确认违法判决的适用条件存在明显的差别：无效行政行为虽然不具有公定力，但作为行为本身是存在的，且具有法律效力之表象；确认违法判决所适用的行政行为通常已经由于各种理由消灭，此时溯及既往地消除其效力已没有实际意义。当然，这里还需要明确的是，确认无效判决与《行政诉讼法》第 74 条第 2 款第 1 项规定的"行政行为违法，但不具有可撤销内容的"关系。第 74 条的这一规定主要适用于行政事实行为，因为实际影响当事人的利益却并不通过意思表示设定权利义务，所以不具有可撤销的内容。无效行政行为被认为自始无效，只是基于有限公定力的观念推定其不具有公定力，不能认为无效行政行为不具有可撤销的内容，也不能认为其在事实上不存在。行政行为无效的确认是对行政行为的不利负担的排除，而非对公定力的排除，此为"确认无效判决"存在的独立价值。⑰

就确认无效判决与撤销判决的关系，目前存在相当不同的认识。有观点认为撤销判决也可以实现无效判决所能达到的功能，因此二者具有一定的替代性，至少在起诉期间内提起确认无效诉讼的情形是如此。⑱ 在《行政诉讼法》修改的过程中，关于确认无效判决也不无审慎的态度，认为"确认无效判决用得很少，具体行政行为无效的标准也不明确，撤销判决多数情况下能够保护原告的合法权益，建议对确认无效判决做进一步研究"。⑲ 在撤销诉讼中心主义的理念下，有观点认为"无效确认诉讼是错过时机的撤销诉讼""无效确认诉讼可以说是'乘坐定期公共汽车而晚点了的撤销诉讼'"。⑳ 按照这种观点，确认无效判决可以仅适用于撤销诉讼"错过时机"的情形，由此形成的撤销判决和确认无效判决将是一种先

---

⑰ 参见梁君瑜：《行政行为无效确认之诉的理论内核与制度前景》，载《理论月刊》2016 年第 7 期。

⑱ 参见郭修江：《行政诉讼判决方式的类型化——行政诉讼判决方式内在关系及适用条件分析》，载《法律适用》2018 年第 11 期。

⑲ 全国人大常委会法制工作委员会行政法室编：《行政诉讼法立法背景与观点全集》，法律出版社 2015 年版，第 182 页。

⑳ 主张这种观点的多是基于日本法上的学理，参见［日］盐野宏：《行政救济法》，杨建顺译，北京大学出版社 2008 年版，第 149、153 页。

后关系，二者的差别只是在诉讼要件上而非实质要件上。这种观点尽管从救济效果的角度而言是成立的，却不能得到《行政诉讼法》实定法的支持，2014 年《行政诉讼法》第 70 条和第 75 条确立的两种判决是并行关系。还有观点则是肯定了确认无效判决相对于撤销判决的独立地位，救济机制的特别设计是基于无效行政行为实体法上的特殊性，即适用条件的独立。[21] 虽然有限公定力这一理论具有强烈的诉讼面向，但是否定无效行政行为效力并不限于通过诉讼程序进行，在理论上相对人也拥有针对无效行政行为的抵抗权。同时，“宣告”行政行为无效本身即具有以重大瑕疵而加以否定的效果，而非只是着眼于救济效果的考量。这种不惜通过破坏法的安定性以追求实质正义的“宣告”，本身即具有精神层面的意义。

2. 补充性

确认无效诉讼在诉讼程序上不受诉讼时效的限制，因此就确认无效诉讼的适用而言，立法通常持谨慎的态度。理论上，在奉行撤销诉讼中心主义思想的情境中，只要存在其他救济方法，原则上就不能提起无效等确认诉讼。这种考量背后不仅存在司法/行政关系层面的设计，在某种程度上也与“权利救济的必要性”联系在一起，即权利保护的必要性越大，司法介入的必要性也就越高。[22] 这也是为何《行政诉讼法》将确认无效判决适用的实质条件限于行政行为存在严重瑕疵的情形，这些情形在整个行政行为合法性审查的谱系中都属于最严重的行列。当然，这种严重瑕疵的情形如何安排，本身不完全是一个理论上的问题，而是要由立法机关裁量，也即法的安定性和实质正义界限的第一次裁决属于立法机关判断的事项。在常规的诉讼时效范围内，撤销诉讼能够实现确认无效诉讼所要追求的法律效果，但是在常规的诉讼时效范围以外，仍然允许确认无效诉讼的存在，这本身就意味着确认无效判决这种救济方式属于“剩余正义”的情形。

二、适用条件

《行政诉讼法》第 75 条以及相关司法解释所确定的确认无效判决适

㉑ 参见张浪：《行政诉讼中确认无效之诉的问题探讨》，载《法学论坛》2017 年第 2 期。

㉒ 参见薛刚凌等：《法治国家与行政诉讼——中国行政诉讼制度基本问题研究》，人民出版社 2015 年版，第 425 ~ 426 页（此部分为王天华教授撰写的“日本行政诉讼制度”）。

用的实质条件可以被概括为“重大且明显违法标准”。就技术层面而言，其采取的都是概括加列举的形式，首先是概括式的行政行为无效标准，即重大且明显违法，其次是具体列举式的“重大且明显违法”的情形，最后是开放列举式的“重大且明显违法”的情形。

（一）总体标准：“重大且明显违法标准”

根据《行政诉讼法》第75条的规定，确认无效判决适用于“实施主体不具有行政主体资格或者没有依据等重大且明显违法情形”，2018年《行诉法解释》第99条将“重大且明显违法”解释为：（1）行政行为实施主体不具有行政主体资格；（2）减损权利或者增加义务的行政行为没有法律规范依据；（3）行政行为的内容客观上不可能实施；（4）其他重大且明显违法的情形。2021年《行政处罚法》第38条也规定了两种“无效”的情形：第一，行政处罚没有依据或者实施主体不具有行政主体资格的，行政处罚无效。第二，违反法定程序构成重大且明显违法的，行政处罚无效。除此以外，前文所提到的现行有效的《土地管理法》《税收征收管理法》《护照法》等关于“无效”的规定，并不当然属于确认无效判决的实质理由。这里的实质要件可以分为两种情形：第一种情形是绝对无效的事由，第二种情形是需要斟酌个案确定的相对无效事由。

重大且明显违法标准意味着无效行政行为必须同时具备“重大违法和明显违法两个条件”。仅有重大违法但并不明显，或者仅有明显违法但并不重大，均不符合重大且明显违法标准。重大意味着既大又重要，因此所谓重大即违法程度是严重的；明显意味着显白性，易于让人看出或察觉。申言之，重大且明显违法标准本身内含了两个层面。第一个是内在实质属性——重大违法。这里的重大“意指行政行为违反重要法规、欠缺本质要件”，关键是欠缺重要的合法要件，不过就具体情形而言，除了实定法层面上绝对无效的事由外，需要在个案中根据行政行为的合法要件进行判断。[23] 第二个则是外在形式属性——明显违法。这里的明显与否并不采取主观说，不取决于法院或个案行政机关和行政相对人的主观判断，而是采取客观说，即无须经过调查，以一般正常人或平均理性人的判断为

㉓ 参见王贵松：《行政行为无效的认定》，载《法学研究》2018年第6期。

标准,行政行为的违法如写在额头般明显。[24]

鉴于“重大且明显违法”是一个具有流动性内涵的总体标准,因而有待在具体法律、司法解释以及个案当中进一步展开。结合实定法层面的规定,目前有四种情形被归入“重大且明显违法”之列。

(二)具体列举式的“重大且明显违法”情形

具体情形1:行政行为实施主体不具有行政主体资格。

不具有“行政主体”资格属于管辖权瑕疵的情形,就重大且明显违法的判断而言,这是相对容易判断的,因而无效行政行为理论上尤为重视管辖权瑕疵的情形。然而管辖权的瑕疵具有诸如事项管辖、级别管辖、地域管辖等多种情形,这里的不具有行政主体资格,指的是完全不具有行政主体资格的情形,区别于有行政主体资格但无相应职权的情形。就后者而言,应当认定为“超越职权”,应该适用撤销判决,而非确认无效判决。[25]

这里的行政主体概念是第一次在《行政诉讼法》上出现。至于何谓行政主体,通说认为行政主体是指具有行政管理职能,能够以自己名义做出行政行为并独立承担法律后果的行政机关以及法律、法规、规章授权的组织。这里常见的实施主体不具有主体资格的情形主要有两种:第一种是行为主体根本不是行政主体。[26] 例如,卫生监督所属于没有经过机构改革“三定方案”认可的机构编制,所以没有行政主体资格,因而其作出的行政处罚即属于“重大且明显违法”的情形。第二种是行政主体超越行政职权作出了行政处罚。例如,行政拘留的行政处罚只能由公安机关等特定的行政机关作出,假如市场监管局作出行政拘留处罚,当然属于严重超越职权的重大且明显违法的情形。但是市场监管局本身具有行政主体资格,那么前述行政拘留的处罚是否构成此处所说的“重大且明显违法”,是否需要通过确认无效的判决形式来解决,则是值得商榷的。

---

[24] 参见王贵松:《行政行为无效的认定》,载《法学研究》2018年第6期。

[25] 参见江必新主编:《中华人民共和国行政诉讼法理解适用与实务指南》,中国法制出版社2015年版,第343页;姜明安:《行政诉讼法》(第3版),北京大学出版社2016年版,第313页。

[26] 参见江必新、夏道虎主编:《中华人民共和国行政处罚法条文解读与法律适用》,中国法制出版社2021年版,第129~130页。

具体情形 2:负担性行政行为没有依据。

这里的负担性行政行为是对 2018 年《行诉法解释》中的"减损权利"或者"增加义务"的行政行为的概括,包括原本属于授益性质的行政行为被撤销的情形,体现出确认无效判决类型的权利救济属性。

"没有依据",不是行政行为依据错误而是完全没有依据。具体而言,"没有依据"不同于作为"撤销事由"的"法律、法规适用错误",如行政处罚本身具有法律依据,仅是漏写具体条文,不应认为行政处罚无效。实践中通常将此类行为认定为"适用法律错误"或"违反法定程序",属于违法可撤销的行政行为,例如,宣懿成等 18 人诉衢州市国土资源局收回土地使用权行政争议案[27]和兰州常德物资开发部不服兰州市人民政府收回土地使用权批复案[28]即代表性案例。

"没有依据"是指没有法律依据还是事实根据,对此理论上和实务上有不同的理解。一种观点认为或者是完全没有事实根据,或者是完全没有法律依据;同样地其还要区别于一般依据错误的行为。[29] 这一点似乎也可以得到《行政强制法》和《最高人民法院关于审理行政许可案件若干问题的规定》的支持。然而这二者都是从司法机关而非平均理性人的角度进行判断的,更何况后者还将超越职权的情形纳入了其中。再者没有事实根据相较于没有法律依据,虽然可能是重大违法,但是在违法的"显白性"方面并不如没有规范依据容易判断。所以,目前来说根据司法实务层面的判断,这里的"没有依据"是没有法律规范依据而非事实根据。而且,法律依据应该是广义的法律、法规、规章等规范性文件的依据。具体而言,行政行为没有依据或者是行政行为毫无依据,即行政行为全然没有法律依据,或者说在法律上找不到任何依据;或者是行政行为虽然有规范性文件的依据,但是该规范性文件与上位法直接、明显抵触,视为没有依据。[30] 这里的规范依据,还有可能已经被废止、修改、撤销,或者与行政违法行为无关,或者执法人员改变了法律规范中行政处罚的种类,或者作出具体行政行为时未引用具体法律条款,且在诉讼中不能证明该具体行政

---

[27] 参见《最高人民法院公报》2004 年第 4 期。

[28] 参见《最高人民法院公报》2000 年第 4 期。

[29] 参见姜明安:《行政诉讼法》(第 4 版),法律出版社 2021 年版,第 353 页。

[30] 参见梁凤云:《行政诉讼讲义》,人民法院出版社 2022 年版,第 997 页。

行为符合法律的具体规定等。[31] 关于“没有依据”本身是否也需要达到重大且明显标准,还是没有依据本身即构成重大且明显违法,前述观点显然是倾向于前者的,本身内含了根据个案进行权衡的方式。[32]

至于行政行为的性质,2014 年《行政诉讼法》第 75 条规定的是行政行为没有依据的情形,而 2018 年《行诉法解释》第 99 条规定的则是减损权利或者增加义务的行政行为没有法律规范依据。这一规定是否限缩了《行政诉讼法》第 75 条规定的“没有依据”可能带来不同的理解。一种理解是 2018 年《行诉法解释》只是对行政行为没有依据的情形的列举,而非对《行政诉讼法》第 75 条规定的解释。这种理解认为在负担性的行政行为外,还存在授益性的行政行为没有依据的情形,其中也隐含了有关司法解释的某种属性。另一种理解则是,立法机关通过规定无效行政行为意图纠正的是粗暴、低水平的违法,[33]司法解释试图在此区分不同性质行政行为,将没有依据而无效的情形限于负担性的行政行为。

本文认为,对于负担性行政行为的合法性要求更加严格是符合法理的:首先,如果对于负担性和授益性行政行为无效的理由不加区分,司法解释的这一“限定性的”列举将变得没有太多的意义;其次,负担性和授益性行政行为的没有依据对于相对人权利救济的意义不同。当然,考虑到确认无效判决是一项新的制度,还需要司法机关在实践中积累经验,司法机关通过将《行政诉讼法》第 75 条的规定限于负担性的行政行为,表现出在面对确认无效诉讼时的谦抑态度,避免扩大司法权对行政权干预的范围。退一步讲,即便将这里的“没有法律规范依据”仅限于负担性的行政行为,也不排除将授益性行政行为没有规范依据的情形纳入其他重大且明显违法的情形。当然这会带来相应条款适用方式上的差别。

具体情形 3:行政行为的内容客观上不可能实施

这里是指行政行为的内容对于任何人而言均属于不可能实现,即事实上的不可能实现,不包括法律上的不可能和主观上的不可能。例如,某

---

[31] 参见袁雪石:《中华人民共和国行政处罚法释义》,中国法制出版社 2021 年版,第 245 页。

[32] 参见梁凤云:《行政诉讼讲义》,人民法院出版社 2022 年版,第 997 页。

[33] 参见全国人大常委会法制工作委员会行政法室编著:《中华人民共和国行政诉讼法解读》,中国法制出版社 2014 年版,第 207 页。

市政府要求本市所有宾馆、旅馆和饭店在5日内修建好残疾人通道和设施，而实际的劳务工作量至少需要30日才能完成。[34] 根据实务部门专家的总结，客观上不可能实施包括客体不能、时限不能、成本不能、自身不能等诸多情形。客体不能，如行政机关命令拆除已经不复存在的违章建筑；时限不能，如行政机关要求长期居住的公民在两小时之内搬离违章建筑物；成本不能，如行政机关科以公民义务虽然在科学技术上属于可能，但导致公民巨额的金钱支付；自身不能，如特定个体由于身体状况、年龄等原因无法履行义务。[35] 这里所说的客观不能的理由在行政行为作成之时即存在，而非在行政行为作成之后发生。

（三）开放列举式的"重大且明显违法"情形

开放列举与具体列举在逻辑上是相呼应的，即表明具体的列举并未穷尽所有重大且明显违法的情形。2014年《行政诉讼法》第75条规定的"等"以及2018年《行诉法解释》规定的"其他"情形，即为通过司法实践以及单行法发展具体的情形留下了空间。

就比较法以及学理观点而言，除了前述具体列举的行政行为无效的事由外，还有诸如行政决定未署名、行政主体不明确，行政行为的履行将导致犯罪或严重违法，行政行为严重违反公序良俗，行政主体受胁迫作出行政行为，行政行为应以书面形式做出而未以书面形式做出，行政行为的实施将严重损害公共利益或他人合法权益等。[36] 但是基于与前述相同的审慎理由，无论立法还是司法解释都采取了相对保守的态度，司法解释只是进一步列举了"行政行为的内容客观上不可能实施"的情形，同时以"其他重大且明显违法的情形"，为日后通过司法实践在个案中发展确认无效判决的适用事由留下了空间。

当然，发展重大且明显违法的具体情形也可以通过单行法来进行，因此立法和司法解释的开放列举措辞为援用其他实体法的规定提供了规范上的途径。目前来说关于"重大且明显违法"最有代表性的是2021年《行政处罚法》所规定的无效情形。《行政处罚法》第38条第1款的规定与

---

[34] 参见姜明安：《行政法》，北京大学出版社2017年版，第254页。

[35] 参见梁凤云：《行政诉讼讲义》，人民法院出版社2022年版，第1000页。

[36] 参见姜明安：《行政诉讼法》（第4版），法律出版社2021年版，第352页；梁凤云：《行政诉讼讲义》，人民法院出版社2022年版，第999～1000页。

2014年《行政诉讼法》的规定相同，即“行政处罚没有依据或者实施主体不具有行政主体资格的”，行政处罚无效，这里不再赘述。《行政处罚法》第38条第2款的规定则比较特殊，即“违反法定程序构成重大且明显违法的”，行政处罚无效。

如果说前述具体列举的三种情形属于绝对无效还是相对无效的理由容有争议的空间，《行政处罚法》第38条第2款的规定则显然属于相对无效的理由，即除了符合违反法定程序的要件外，还需要达到重大且明显违法的程度，所以需要完成两个层次的实质判断。根据理论和司法实务方面的经验，《行政处罚法》该款针对的主要是处罚机关遗漏和拒绝行政处罚关键程序的行为。这是第一层次的判断。所谓程序重大违法，是指行政行为的实施将给公民、法人或者其他组织的合法权益带来重大影响；所谓程序明显违法，是指行政行为的违法性已经明显到任何有理智的人都能够判断的程度。这是第二层次的判断。当然，具体就哪些情形属于明显且重大的行政处罚程序违法，学理上和实务上提出了若干种可能，但是这些情形尚未成为稳定的司法实践和学理共识。例一，行政机关及其执法人员在做出行政处罚决定前，未依照法律规定向当事人告知给予行政处罚的事实、理由和依据，或者拒绝听取当事人的陈述、申辩，应当被确认为无效。例二，执法人员应当回避而未回避做出的行政处罚；[37]行政行为收集证据的手段或过程违法，如采用非法进入他人住宅的方式或“钓鱼执法取证”。例三，行政行为应当以书面形式作出，但是没有注明作出机关的处罚无效。因为公民不知道行政行为由谁作出，也不知道向哪个机关提出撤销请求，甚至该书面决定是否为行政机关的行为，是否存在行政行为均有疑问。[38] 例四，在没有法律规定的情形下一人实施行政处罚的情形。[39]

---

[37] 参见马怀德：《〈行政处罚法〉修改中的几个争议问题》，载《华东政法大学学报》2020年第4期。

[38] 参见本书编委会编：《行政诉讼法司法解释实务指南与疑难解答》，中国法制出版社2018年版，第353页；另参见殷玉凡：《行政程序违法的司法审查标准》，人民出版社2018年版，第161～163页。对于程序违法判决确认无效的标准有：(1)无法辨认做出行政处理决定的行政机关；(2)未依法做出法律规定必须通过颁发证书形式做出的行政行为；(3)因行政机关未为有效告知，当事人无法行使听证、陈述或申辩的权利的情形。

[39] 参见袁雪石：《中华人民共和国行政处罚法释义》，中国法制出版社2021年版，第246页。

这里除了例三的情形符合前述比较法和学理上的认识外,其他三种情形即便是构成了“重大且明显违法”,是否有必要归入无效行政行为的情形、是否必须通过确认无效诉讼这种补充性的方式加以救济仍然需要根据具体个案加以判断。[40] 总体而言,尽管《行政处罚法》表面上留下了比较宽泛的解释空间,实质上体现的是立法机关对于行政处罚程序价值的强调,但是在具体判断时还应充分考虑确认无效判决在整个体系中的定位,首先是基于法律规范明确的规定或通说所承认的构成无效的情形,在此基础上还要根据个案中的具体价值加以衡量。[41]

(四)从实体向诉讼维度的转变:具体价值衡量说

前述关于无效行政行为的判断标准,已经蕴含着绝对无效和相对无效两种不同的类型。绝对无效即只要可以归入所明确列举的情形就属于所谓“重大且明显违法”的情形(一阶判断),相对无效即明确列举的情形也需要达到“重大且明显违法”的程度(二阶判断),当然在具体的立法选择上往往是二者混合的模式,具体个案中两个阶层的判断也是往复关系而非简单的递进关系。关于无效行政行为的实体判断标准,具体价值衡量说认为,行政行为的瑕疵是重大还是明显,其实无法用统一的标准来衡量,而应根据各个具体情形考虑种种具体的利益而定。例如,当涉及第三人利益的时候,对于明显要件的要求就应该更强。[42] 这种观点本身内含了从抽象到具体标准的转变,也是从立法到司法视角的转变,在某种意义上也可以说是从实体法上的考量转变为诉讼法上的考量,其中内置了权利救济的必要性等诉讼上的利益衡量要件。本文认为,尽管存在前述视角的转变,但重大且明显违法标准作为实体要件本身就内含了根据个案进行具体衡量的余地。立法机关所确立的标准,无论如何模糊或者在适用方面存在有限性,司法机关的具体判断都应该围绕这个标准展开。当然,为维护法律安定性,国家行为存续本身所具有的公益性以及国家权威,“传统的行政法理论与实务均倾向于限缩无效行政处分的范围,……对无效事由的界定应当保持相对审慎的立场”。[43] 申言之,具体价值衡量说虽

---

[40] 参见何海波:《行政诉讼法》(第3版),法律出版社2022年版,第491页。

[41] 参见张青波:《拒绝权视角下的无效行政行为》,载《环球法律评论》2019年第3期。

[42] 参见王贵松:《行政行为无效的认定》,载《法学研究》2018年第6期。

[43] 翁岳生主编:《行政法》(上),台北,元照出版有限公司2020年版,第671页。

然将无效行政行为在个案中的判断交给了司法机关，但本质上是法的安定性和实质正义界限的第二次决定，应当结合诉讼的要件，在立法机关第一次裁决的范围内展开判断。

三、适用方式

《行政诉讼法》第 75 条在诉讼要件上有“原告申请确认行政行为无效”的规定，但是否以原告的请求作为确认无效诉讼的启动要件，法院是否完全以原告的诉讼请求作为审查对象，涉及不同诉讼类型之间的转换。2018 年《行诉法解释》在第 94 条中就此作了规定。同时，第 94 条第 2 款关于“起诉期限”的规定，也带来了行政行为无效诉讼的时效等诉讼法上的特有问题。

（一）诉讼请求与判决类型的转换

诉讼请求与判决类型的转换涉及诉判一致性的问题，就此理论界和实务界有不同的看法。根据 2014 年《行政诉讼法》的规定，各类判决的方式总的来说并不受原告诉讼请求的限制，法院对被诉行政行为合法性进行审查，不受原告诉讼请求和理由的限制。被诉行政行为确定后，选用何种方式作出判决，是法官依据行政诉讼法规定享有的作出判断的权力。[44]《行政诉讼法》第 49 条第 3 项规定提起行政诉讼应当要有“具体的诉讼请求和事实根据”，这里的“具体的诉讼请求和事实根据”是指原告起诉要有具体明确的被诉行政行为，并初步证明被诉行政行为存在的事实。至于原告是请求撤销被诉行政行为，还是确认被诉行政行为违法或无效，抑或请求变更被诉行政行为等，均不影响人民法院对行政案件的审理和判决。[45]

不过，如果严格按照《行政诉讼法》第 75 条的规定，人民法院判决确认无效的，应当以原告提出确认无效的申请为前提，而确认违法的判决则不受此限。[46] 但是根据 2018 年《行诉法解释》，确认无效诉讼和撤销诉讼

---

[44] 参见郭修江：《行政诉讼判决方式的类型化——行政诉讼判决方式内在关系及适用条件分析》，载《法律适用》2018 年第 11 期。

[45] 参见郭修江：《以行政行为为中心的行政诉讼制度——人民法院审理行政案件的基本思路》，载《法律适用》2020 年第 17 期。

[46] 参见江必新主编：《中华人民共和国行政诉讼法理解适用与实务指南》，中国法制出版社 2015 年版，第 344 页。

存在两种转换的情形:(1)从撤销诉讼转换为确认无效诉讼。2018年《行诉法解释》第94条第1款规定:"公民、法人或者其他组织起诉请求撤销行政行为,人民法院经审查认为行政行为无效的,应当作出确认无效的判决。"按照该解释,撤销诉讼转换为确认无效诉讼无须原告变更诉讼请求。(2)从确认无效诉讼转为撤销诉讼。2018年《行诉法解释》第94条第2款规定:"公民、法人或者其他组织起诉请求确认行政行为无效,人民法院审查认为行政行为不属于无效情形,经释明,原告请求撤销行政行为的,应当继续审理并依法作出相应判决;原告请求撤销行政行为但超过法定起诉期限的,裁定驳回起诉;原告拒绝变更诉讼请求的,判决驳回其诉讼请求。"按照该解释,从确认无效诉讼转为撤销诉讼,需要原告转变诉讼请求,因此相应地出现了三种情形:第一,原告同意变更且在起诉期限内的,法院继续审理并且作出相应的判决;第二,原告同意变更但起诉超过法定期限的,由法院裁定驳回起诉;第三,原告不同意变更,坚持请求确认行政行为无效的,由法院裁定驳回诉讼请求。[47]

关于撤销诉讼转换为确认无效诉讼无须原告同意,没有采用释明转换;而确认无效诉讼转换为撤销诉讼则需要原告同意,采用释明转换。对这种程序规则如何获得自洽的解释有两种看法。第一种看法是从满足原告诉讼请求的角度解释的。第一种转换足以通过确认无效判决满足原告基于撤销的诉讼请求;第二种转换则是从更加彻底地否定行政行为的确认无效诉讼转换为撤销诉讼,释明后原告改变诉讼请求,本身也是为了尊重原告的诉讼请求。[48] 第二种看法则是从法安定性维护的角度解释这种程序规则的理由:诉请撤销的被告违法程度比原告诉讼请求所指还要严重时,法安定性因严重违法而被例外打破;在被告违法程度较原告的诉讼请求所指更轻时,基于法安定性的维持,并无做出诉外裁判的余地。[49] 当然,两种诉讼之所以能够实现转换,是因为原告实体上的请求基础是相同的,判决所适用的实体要件的标准是流动的,而判决类型却是互斥的,因而以判决类型能否满足诉讼请求作为这种转换程序差别的解释理由更加合理。

---

[47] 参见梁君瑜:《实然与应然:确认无效诉讼的起诉期限辨析》,载《行政法学研究》2021年第1期。

[48] 参见王贵松:《行政行为无效的认定》,载《法学研究》2018年第6期。

[49] 参见梁君瑜:《论行政诉讼中的确认无效判决》,载《清华法学》2016年第4期。

（二）诉讼时效

2014年《行政诉讼法》并未规定确认无效诉讼的时效问题，根据2018年《行诉法解释》第94条第2款所提及的撤销诉讼的时效问题，可以推断确认无效诉讼在时效规则上有别于撤销诉讼。关于确认无效诉讼，2014年《行政诉讼法》实施后有两种情形：第一种是对于2015年5月1日起生效的《行政诉讼法》实施前的行政行为可否提起确认无效之诉。2018年《行诉法解释》就此持否定的态度。该解释第162条规定："公民、法人或者其他组织对2015年5月1日之前作出的行政行为提出诉讼，请求确认行政行为无效的，人民法院不予立案。"理由是行政行为无效属于实体法规则，按照实体从旧原则，该无效规定不具有溯及力，只有2014年修正后的《行政诉讼法》颁布施行后发生的行政行为，才适用无效的规定。[50] 第二种是对于2015年5月1日后作出的行政行为，提起确认无效诉讼的时效问题。就此部分实务部门出于对"滥诉"的担忧，认为"行政诉讼规定的起诉期限制度，是所有行政案件必须遵守的法定起诉条件，法律和司法解释均没有作出例外的规定。因此，请求确认行政行为无效，同样要受起诉期限的限制"。[51] 不过此种立场会导致现有的确认无效诉讼的制度功能基本丧失，同时也无法在理论上自洽，因为有期限的无效行政行为即意味着经过相应的期限，无效行政行为将获得确定力，这与无效行政行为的内在逻辑是不一致的。最高人民法院在给全国人大的答复中所给出的说明，可以说是目前实践层面关于诉讼时效问题的基本认识："……提起确认行政行为无效之诉不受起诉期限的限制，行政相对人可以在任何时候请求有权国家机关确认该行为无效。"[52]

即使在不受起诉期限限制的情况下，确认无效诉讼也并非公益诉讼，仍然要求原告具有诉的利益，并且法院在决定是否作出确认无效判决时需要考虑权利救济的必要性并进行具体价值的权衡。确认无效诉讼乃是立法机关在法律安定性和实质正义之间做出的有利于后者的决定，其适用的实质标准限于"重大且明显的违法"本身即意味着这种打破法律安定

[50] 参见《最高人民法院对十三届全国人大一次会议第2452号建议的答复》。

[51] 《最高人民法院第一巡回法庭关于行政审判法律适用若干问题的会议纪要》（2018年7月23日颁布施行）。

[52] 《最高人民法院对十三届全国人大一次会议第2452号建议的答复》。

性的情形属于特殊的例外决断，因此司法机关在适用时自应保持审慎。

（三）先行程序

确认无效之诉无须以行政机关的先行处理为必经程序。[53] 在一些国家和地区存在先行程序的要求：当事人在提起确认无效之诉时，必须已向作出行政行为的机关请求确认行政行为无效，而未被允许或未获答复。从立法论的角度来说，规定这样的先行程序，有利于穷尽更为便捷的行政救济手段，避免滥诉，给予行政机关自我纠错和反思的机会。当然这样的先行程序必须基于法律的明文规定，目前我国《行政诉讼法》以及其他法律、法规对此并未作出规定。在没有明确法律依据的情况下，要求当事人经过先行确认程序，客观上不仅会对当事人行使诉权增设门槛，延宕救济的时机乃至给当事人造成不当的压力，还会为行政机关附加法定之外的先行处理义务。[54] 当然，至于这样的先行程序是否可取，有观点认为，如果只是增加一个救济环节，可能并不会有助于阻止滥诉，反而有可能成为获取司法救济的程序障碍。[55] 再者，假如增设先行程序这样的环节，当事人还可以就行政机关不予确认无效的行为提起履行之诉，而非必定是确认无效之诉。

四、两种特殊的无效情形

（一）行政协议无效的规则适用

行政协议的无效与行政行为的无效不同，可以参照适用民事法律规范。“法院审理这类争议，在实体法方面，应当优先适用有关法律法规或者规章的特别规定，没有特别规定的，适用合同法。”[56]根据2020年施行的《最高人民法院关于审理行政协议案件若干问题的规定》第12条的规定，行政协议存在《行政诉讼法》第75条规定的重大且明显违法情形的，法院应当确认行政协议无效。此外，法院还可以适用民事法律规范确认行政

[53] 参见张旭勇：《提起确认无效诉讼无须经过先行确认程序》，载章剑生、黄锴主编：《行政法判例选析Ⅱ》，法律出版社2019年版，第275页。

[54] 参见最高人民法院行政裁定书，（2017）最高法行申1174号。

[55] 参见张旭勇：《提起确认无效诉讼无须经过先行确认程序》，载章剑生、黄锴主编：《行政法判例选析Ⅱ》，法律出版社2019年版，第275页。

[56] 全国人大常委会法制工作委员会行政法室编著：《中华人民共和国行政诉讼法解读》，中国法制出版社2014年版，第45页。

协议无效。与无效行政行为的瑕疵无法通过补正而获得消除不同,行政协议无效的原因在一审法庭辩论终结前消除的,法院可以确认行政协议有效。

原则上行政行为无效的规则和民事合同无效的规则都可以适用于行政协议无效的情形,然而关于行政协议无效具体的适用和裁判规则,理论上和实务层面尚未完全稳定下来。[57] 行政协议的无效并非只是简单地叠加行政行为的无效和民事合同的无效,而是有着自身特殊的标准,[58]这种特殊性在于两种无效标准并不一定能够落入彼此相对应的范畴当中,因而产生了交叉而非叠加的标准。例如,在逻辑上可以区分协议无效和签订协议的行政行为无效,这两种情形并不完全相同。[59] 简言之,签订协议的行政行为无效适用《行政诉讼法》第 75 条重大且明显违法的标准,会带来一般违法的情形下行政协议是否有效的问题。鉴于第 75 条的规定是为了维护法律的安定性,重大且明显违法标准的适用非常严格,进而会带来违法但有效的行政协议的问题。这样固然有利于保护行政协议相对人的利益,然而可能带来依法行政的巨大漏洞。关于《行政诉讼法》第 75 条对于行政协议的适用,理论界和实务界都倾向于更加宽松,如超越职权签订的行政协议无效,就比行政行为的实施主体不具有行政主体资格的范围要更加广泛。[60] 此外,如果按照民事法律规范的情形来看,适用《民法典》第 146、153、154 条所规定的无效情形时,对于这些条文的理解也可能会带来违法但有效的行政协议的问题,典型的就是关于效力性强制规定和管理性强制规定的区分,违反前者会造成行政协议的无效,而违反后者则否。[61]

职是之故,关于行政协议无效的认定,不应完全固守《行政诉讼法》第 75 条重大且明显违法的标准。除了签订行政协议的行为无效会导致行

---

[57] 参见王贵松:《行政协议无效的认定》,载《北京航空航天大学学报(社会科学版)》2018 年第 5 期;王敬波:《司法认定无效行政协议的标准》,载《中国法学》2019 年第 3 期。

[58] 参见王敬波:《司法认定无效行政协议的标准》,载《中国法学》2019 年第 3 期。

[59] 参见王贵松:《行政协议无效的认定》,载《北京航空航天大学学报(社会科学版)》2018 年第 5 期。

[60] 参见梁凤云:《行政诉讼讲义》,人民法院出版社 2022 年版,第 770 ~ 771 页;王敬波:《司法认定无效行政协议的标准》,载《中国法学》2019 年第 3 期。

[61] 参见梁凤云:《行政诉讼讲义》,人民法院出版社 2022 年版,第 774 页。

政协议的无效外,一般违法的行政行为或者违反法律、法规、规章的强制性规定的,原则上行政协议也是无效的,除非形式上的轻微瑕疵对相对人的权利不产生影响。同样地,关于行政协议无效的认定,也不应该完全套用民法上关于无效的理解,[62]例如,违反国家强行法的规定即可能落入行政行为违法而非无效的范畴,而不能将两种“无效”简单对应。

(二)行政确认无效的规则误用

行政确认属于和命令性、形成性行为相对的确认性行为,其效果为确认相对人法律上的权利义务关系或者是确认人、物的重要性质。与命令性和形成性行为根据行政机关的意思表示确定权利义务关系的内容不同,行政相对人法律上的权利义务在确认性行为下为自身意思表示的内容,行政机关的行为只是起到宣示性的效果,且这种效果随着权利义务关系或事实状态的延续而具有持续性。在以某种法律关系是否存在作为行政确认对象时,行政行为与法律关系的内容即应以这种二阶层的视角加以观察。换言之,当法律关系内容发生变化时,即便确认行为本身并无合法性的瑕疵,也需要随着法律关系内容的变化而变更或撤销。进而,法律关系内容的审查应该居于优先的顺位,只有当行政行为具有独立于这种基础关系的合法性问题时,才应该例外地以行政确认行为本身作为审查的对象,相应地,确认无效行政诉讼的规则在行政确认的领域也应当是补充性的,而且确认行为的合法性对于基础关系的效果仍然需要根据个案加以权衡。这种二阶层的观察视角目前在房屋登记和婚姻登记领域体现得极为明显。

关于行政确认行为无效的裁判规则,在理论上应该优先解决基础性法律关系,[63]就此而言,通过否定当事人的意思表示即可消除行政行为的效力,相反通过消除行政行为的效力否定本不属于其意思表示内容的权利义务关系,虽然可以起到救济的效果,但是在法理和逻辑上难以融贯。具体到婚姻登记,法院在个案中即应当区分婚姻关系的无效与婚姻登记行为的无效,并适用不同的判决形式。[64] 除了法定的无效婚姻和可撤销婚

---

[62] 参见张青波:《行政协议司法审查的思路》,载《行政法学研究》2019年第1期。

[63] 参见章剑生:《行政行为对法院的拘束效力——基于民事、行政诉讼的交叉视角》,载姜明安主编:《行政法论丛》第14卷,法律出版社2012年版。

[64] 参见黄锴:《确认无效判决的适用》,载章剑生、黄锴主编:《行政法判例选析II》,法律出版社2019年版,第271~272页。

姻的情形，在实践中就虚构身份、冒用身份以及材料弄虚作假的婚姻关系是否可以通过确认婚姻登记无效的判决形式加以改变存在不少的疑难问题。以具有典型意义的尚俊俊诉江苏省如东县民政局婚姻行政登记案为例，[65]首先，尚俊俊14年前被人冒用姓名和身份证号码登记结婚，如果按照常规的起诉期限理解，在她提起行政诉讼时早已过了最长期限。而且由于登记行为发生在2015年5月1日之前，按照2018年《行诉法解释》，也无法适用2014年《行政诉讼法》确认无效诉讼的诉讼时效。抛开个案的事实，还存在2015年5月1日之后对于诸如尚俊俊这样超过最长起诉期限的婚姻登记行为是否可以采用确认无效诉讼的形式的问题。其次，尚俊俊案的裁判理由适用的是《行政诉讼法》第75条和2018年《行诉法解释》第99条，即认定婚姻登记因内容客观上无法实现而无效，以此绕开了最长的起诉期限。但是，这一裁判理由对于2018年《行诉法解释》第99条规定的解释不无疑问，是否必须通过确认无效诉讼方才可以解决相关的争议也可商榷。其实，尚俊俊5次被冒名结婚的情形中，究其本质，其婚姻关系并未成立，而只有婚姻关系成立才会涉及婚姻关系的有效或无效，所以通过民事诉讼确认婚姻关系不存在（或不成立），进而撤销婚姻登记的表象，即足以加以救济。如此仍可以回归前述二阶层的观察思路，只要通过基础法律关系足以救济，即无需适用确认无效诉讼的判决类型，由此在无效诉讼的诉讼时效和实质条件方面也不会造成严重的困难。

这一路径部分能够得到实践的支持。2021年最高人民法院、最高人民检察院、公安部和民政部联合发布的通知中明确，[66]法院对当事人冒名顶替或者弄虚作假办理婚姻登记类行政案件，应结合具体案情依法认定起诉期限；对被冒名顶替者或者其他不属于当事人自身的原因耽误起诉期限的，被耽误的时间不计算在起诉期限内，但最长亦不得超过《行政诉讼法》第46条第2款规定的5年的起诉期限。法院在对相关事实进行调查认定后认为应当撤销婚姻登记的，应当及时向民政部门发送撤销婚姻

[65] 参见江苏省南通经济技术开发区人民法院行政判决书，（2020）苏0691行初325号。

[66] 参见《最高人民法院、最高人民检察院、公安部、民政部关于印发〈关于妥善处理以冒名顶替或者弄虚作假的方式办理婚姻登记问题的指导意见〉的通知》（2021年11月18日颁布施行）。

登记的司法建议书。[67] 就这一文件的基本精神而言，其虽然没有否定，但也并没有认可婚姻登记类案件适用《行政诉讼法》的确认无效诉讼，所以行政行为无效诉讼至多只能被视作特殊的例外救济措施。当然，该通知仍然留下了诸如尚俊俊案这样的起诉期限超过《行政诉讼法》第 46 条第 2 款所规定的 5 年的情形该如何处理的问题。就此而言，通过前述基础关系的审查和宣告即足以解决问题，当然倘若存在其他的方式，原则上不采用确认婚姻登记无效诉讼这种补充性的做法。这种基础关系优先的处理原则也可以在行政确认行为撤销的法律效果方面得以体现，即行政确认行为的撤销并非一定会造成恢复原状的效果，而是要根据个案当中当事人的意愿以及法律关系变动的情况而定。例如，在梁某某诉徐州市云龙区民政局离婚登记行政确认案中，[68]最高人民法院认定，离婚登记一经完成，即具有社会公信力，即便婚姻登记机关以管辖权为由确认离婚登记行为无效，也不能得到支持。

五、判决效力

确认无效判决不涉及权利变更，只是单纯的宣示性质，具有"认定"行政行为无效的效果，本质上也无须强制执行。无效的原因在于重大且明显违法，而且自行政行为作成之日起即无效，因而属于实体意义上的无效，但由于涉及行政相对人的抵抗权等方面的问题，所以确认无效判决属于判断权归诸有权机关的诉讼程序的问题。[69]

确认无效判决既判力的主观范围原则上仅发生于当事人之间，第三人除非在诉讼过程中得到了适当的表达意见的机会，否则并不受判决的拘束。同时确认无效判决对于其他程序亦具有相应的拘束力。

根据《行政诉讼法》第 76 条的规定：法院判决确认违法或者无效的，可以同时判决责令被告采取补救措施；给原告造成损失的，依法判决被告

---

[67] 参见《最高人民法院、最高人民检察院、公安部、民政部关于印发〈关于妥善处理以冒名顶替或者弄虚作假的方式办理婚姻登记问题的指导意见〉的通知》(2021 年 11 月 18 日颁布施行)。

[68] 参见《最高人民法院公报》2022 年第 1 期。

[69] 参见本书编委会编：《行政诉讼法及司法解释关联理解与适用》(下册)，中国法制出版社 2018 年版，第 719 页。

承担赔偿责任。就此而言,确认无效判决与责令补救和赔偿判决的诉讼标的并非同一,确认无效判决的法律效果是后者的先决问题,亦即原告后续诉讼的请求权基础,因此法院(在赔偿诉讼中)以及先行处理行政赔偿的行政机关,都应当受确认无效判决的拘束,不再就确认无效判决的内容进行辩论、证据调查以及再次作出内容相同的判决。[70]

判决既判力的客观范围限于经过法院裁判的诉讼标的,实务上较普遍的是以被诉的行政行为作为判断的标准。然而基于不同的事实和理由再次提起诉讼或是重开行政程序的,不受前述既判力的约束。

---

⑦⓪ 参见陈清秀:《行政诉讼法》,法律出版社 2016 年版,第 703 ~ 704 页。

●《行政诉讼法》第77条(变更判决)评注*

黄　锴**

摘　要:变更判决在行政诉讼法制定与修改过程中均引起了较大的争议,因其本质上是法院行使司法变更权。2014年《行政诉讼法》在保留变更判决的基础上,对其适用范围进行了有限扩张。在行政诉讼判决体系中,变更判决应被视为撤销判决的补充形式,这意味着变更判决的适用范围内含于撤销判决,同时,即便在变更判决的适用范围内,其也不具有适用的优先性。对变更判决的适用范围应当予以限缩解释。在"行政处罚明显不当"的情形中,明显不当的指向应被严格限定于对实体内容的效果裁量,对"明显"的把握主要借助平等原则、比例原则等理论工具。在"其他行政行为涉及对款额的确定、认定确有错误"的情形中,"确有错误"判定的关键在于将行政机关的处理结果与法院模拟的处理结果进行比对。在适用方式上,法院在是否适用的裁量中应当充分考虑诉判关系、机构能力和避免诉累,在变更内容的裁量中应当严守禁止不利变更的限制。变更判决在司法实践中被弃置有其深层次原因:一方面,变更判决在适用情形上秉持较低的司法审查强度,但在适用方式上则要求极高的司法审查强度,两者之间存在难以逾越的鸿沟;另一方面,变更判决在某种程度上限制甚至剥夺了相对人对变更后行政行为的诉权,不利于权益保护。

关键词:变更判决;司法变更权;行政处罚明显不当;裁量

---

* 本文系作者主持的教育部人文社会科学研究项目"行政诉权滥用规制的实证分析与路径完善研究"(18YJC820026)的阶段性研究成果。

** 黄锴,浙江工业大学法学院副教授。

一、规范沿革与规范意旨

2014 年《行政诉讼法》第 77 条规定:“行政处罚明显不当,或者其他行政行为涉及对款额的确定、认定确有错误的,人民法院可以判决变更。人民法院判决变更,不得加重原告的义务或者减损原告的权益。但利害关系人同为原告,且诉讼请求相反的除外。”该条在吸收 1989 年《行政诉讼法》第 54 条第 4 项和《最高人民法院关于执行〈中华人民共和国行政诉讼法〉若干问题的解释》(以下简称 2000 年《行诉法解释》)第 55 条规定的基础上作了一定程度的修改,构成了当下行政诉讼变更判决的规范基础。

(一)规范生成

不同于其他判决形式大多能在比较法上找到成例,1989 年《行政诉讼法》设立变更判决主要是源于对本土问题的回应。[①] 基于对当时司法权与行政权力量差距的认识,为了尽可能提高司法审查的实效性,实现“行政机关作出符合法院意图的裁决”的目标,各级法院普遍要求在行政诉讼法当中承认“司法变更权”。[②] 这一意见在《行政诉讼法》起草之初就被吸收,并写入条文之中,即“对行政机关明显失当或受到不相关因素干扰的处理决定,并使起诉人受到不利影响时,人民法院可以适当变更行政机关的处理决定”,[③]成为变更判决的雏形。然而,在征求意见过程中,该规定却受到了褒贬不一的评价。支持者多是法官,在他们看来,“变更权是审判权的组成部分,是制约和监督行政机关依法办事的有效方式”。[④] 反对者则多是学者,其反对在《行政诉讼法》中写入变更判决的原因大抵可以归纳为两个层面:其一,从权力分立的角度,认为司法权可以监督行

① 作为比较法上极为罕见的立法例,隶属于行政的法国行政法院、日本明治时期的行政法院也可作出变更判决。参见王贵松:《过程之中的行政裁量研究——对两篇评论的回应与思考》,载章剑生主编:《公法研究》第 17 卷,浙江大学出版社 2018 年版。

② 参见江必新:《论行政诉讼中的司法变更权》,载《法学研究》1988 年第 6 期。

③ 《行政诉讼法(试拟稿)》第 22 条第 2 款,1987 年 7 月 11 日第一稿。参见何海波编:《行政法治奠基时:1989 年〈行政诉讼法〉史料荟萃》,法律出版社 2019 年版,第 8 页。

④ 韦宗、阿江:《行政诉讼立法要论》,载《中国法学》1988 年第 6 期。

政权,但不能代替行政权。⑤ 其二,从专业分工的角度,认为司法权没有能力代替行政权作出变更。⑥

一边是司法实践的强烈需求,一边是学者的据理力争,陷入两难的立法者最后选择了折中的立法途径——有限地承认司法变更权。1989年《行政诉讼法》第4项最终规定:“行政处罚显失公正的,可以判决变更。”“有限地承认司法变更权”的立法原意对变更判决产生了以下两点规范意涵:其一,变更判决的本质是司法机关行使司法变更权,即司法机关可以代替行政机关直接改变行政行为的具体内容。立基于司法变更权的变更判决是以直接改变行政行为,形成新的行政法律关系为目标的,这与行政诉讼“不是直接去解决行政纠纷和调整行政关系,而是审查具体行政行为是否合法”的主流理解之间存在明显的张力。⑦ 其二,变更判决在行政诉讼判决体系中居于次要的位置,其适用范围极为有限。行政诉讼法对变更判决的适用范围作出两点限制,即在行为类型上有且仅有行政处罚一类,在具体情形上也仅限于“显失公正”。⑧ 为进一步压缩适用范围,立法说明对“显失公正”的程度进行明确:“至于行政机关在法

⑤ 如有学者提出:“正如行政机关应当尊重法院的独立,不能干涉法院的职权一样,法院也应当尊重行政机关职权的范围。法院监督行政机关行使职权,不是代替行政机关行使职权。”参见王名扬:《我国行政诉讼立法的几个问题》,载《法学杂志》1989年第1期。

⑥ 如有学者提出:“司法机关往往不具备行政决定的事务方面的专业知识或专业组织,因此,司法变更权的适用可能导致司法专断或司法滥用裁量权,不利于整个国家管理目的。”参见江嘉禧:《行政审判中的司法变更权研究》,载《中国法学》1988年第6期。

⑦ 参见肖峋:《试论人民法院审查具体行政行为合法性的原则》,载《中国法学》1989年第4期。事实上,就这一问题,在《行政诉讼法》最后的起草环节中仍旧存在摇摆,1989年3月28日的起草说明中谈到:“草案同时规定,人民法院判决被告改变原具体行政行为的,被告不得以同一的事实和理由作出与原具体行政行为基本相同的具体行政行为。”这意味着,变更判决并不直接作出行政行为,而是间接地责令行政机关改变行政行为。然而最终于1989年4月4日通过的《行政诉讼法》却将这一限制挪到了重作判决上,即该法的第55条规定:“人民法院判决被告重新作出具体行政行为的,被告不得以同一的事实和理由作出与原具体行政行为基本相同的具体行政行为。”这也从反面证实了,在立法者看来,变更判决不是间接地责令行政机关改变行政行为,而是直接代替行政机关作出行政行为。参见王汉斌:《关于〈中华人民共和国行政诉讼法(草案)〉的说明——1989年3月28日在第七届全国人民代表大会第二次会议上》,载《最高人民法院公报》1989年第2期。

⑧ 关于为何采用“显失公正”这一表述,可能受到当时学者观点的影响:“行政机关的处理决定是在幅度以内,但法院有确凿的证据证明行政机关所作的决定受到了不相关因素的影响,或明显失之公允,以至损害了相对人的权益时,法院可以变更。”参见应松年:《行政诉讼的基本原则》,载《政法论坛》1988年第5期。

律、法规规定范围内作出的行政处罚轻一些或者重一些的问题,人民法院不能判决改变。”⑨

1989年《行政诉讼法》实施以后,为了避免变更判决可能带来的“不敢告”现象,借鉴刑事诉讼法上“上诉不加刑”的规定,2000年《行诉法解释》第55条对变更内容的限制作出规定:“人民法院审理行政案件不得加重对原告的处罚,但利害关系人同为原告的除外。人民法院审理行政案件不得对行政机关未予处罚的人直接给予行政处罚。”至此,行政诉讼变更判决“一主一辅”的规范结构正式生成。

(二)规范变迁

变更判决虽被写入《行政诉讼法》当中,但由于“行政处罚显失公正”“可以判决变更”等概念的高度不确定性,在实务中极少得到适用。据全国法院司法统计公报的数据,全国三级法院审结的一审行政案件中,适用变更判决的比例逐年下降,至2010年以后,该项比例已经跌至0.1%以下,几乎可以忽略不计。⑩ 对此,有观点认为,应当扩大变更判决的适用范围,使得法官不再受到这些不确定法律概念的限制。⑪ 与之相反的观点则认为,变更判决的价值实际上只是解决立法初期存在的行政机关有意对抗司法权威的问题,目前这一问题已经得到了解决,变更判决便不再需要适用。⑫

这样的观点碰撞在2014年《行政诉讼法》修改过程中被进一步放大。支持者认为不仅应该保留变更判决,还应当扩大其适用范围,反对者认为应当删除变更判决的有关规定。究其根源,在于双方对于司法权现状的认知不一:支持者更多地看到司法权过度谦抑,一定程度上丧失了解决矛盾纠纷的能力;反对者则更多地看到司法权过度能动,具有侵蚀行政权的

⑨ 王汉斌:《关于〈中华人民共和国行政诉讼法(草案)〉的说明——1989年3月28日在第七届全国人民代表大会第二次会议上》,载《最高人民法院公报》1989年第2期。

⑩ 参见历年全国法院司法统计公报,载最高人民法院公报网,http://gongbao.court.gov.cn/ArticleList.html?serial_no=sftj。

⑪ 参见林莉红主编:《行政法治的理想与现实——〈行政诉讼法〉实施状况实证研究报告》,北京大学出版社2014年版,第319页;孔繁华:《行政变更判决研究——以比较法为视角》,载《当代法学》2006年第5期。

⑫ 参见余凌云:《行政诉讼上的显失公正与变更判决——对〈中华人民共和国行政诉讼法〉第54条第(4)项的批判性思考》,载《法商研究》2005年第5期。

危险。对此,立法者仍旧以折中的态度调和两者的矛盾:“在我国现有的行政体制和司法体制下,建立能动型司法既不现实,也不科学,而司法过于保守又使行政审判难以发挥实效,在这种情况下,对两者进行折中,既坚持司法中立、司法被动的原则,又强调司法对社会需求和实质正义的回应,实现司法审查有限与有为的兼得。”⑬基于这一认知,变更判决在修法中得以保留,并作了以下两点修改:

其一,变更判决适用范围的有限扩大。虽然立法说明中,用了“扩大变更判决范围”这样的表述,⑭但事实上,立法者并没有吸纳“所有自由裁量行为显失公正都可以直接变更”的观点,“考虑到变更判决涉及司法权与行政权的界限划分,原则上法院不能替代行政机关作出行政行为,也不能替代行政机关决定行政行为内容,这个原则应当坚持,总体上例外情形不宜过多”。⑮ 因此,2014 年《行政诉讼法》对变更判决适用范围的修改即便认为是扩大,也是极其有限的扩大。对于适用范围的修改主要包括两方面内容:(1)将“行政处罚显失公正”修改为“行政处罚明显不当”,原因主要在于保持与撤销判决适用情形的一致。⑯ (2)增加了“其他行政行为涉及对款额的确定、认定确有错误”的情形,这一修改被认为借鉴了德国立法例,原因是“一般来说,金钱数额计算无需依赖于复杂的、只能由行政机关确认的因素”。⑰

其二,吸收了 2000 年《行诉法解释》第 55 条第 1 款的内容。2014 年《行政诉讼法》将原先变更判决“一主一辅”的规范结构予以合并,形成了《行政诉讼法》第 77 条的规定。其中第 77 条第 2 款规定:“人民法院判决变更,不得加重原告的义务或者减损原告的权益。但利害关系人同为原

---

⑬ 全国人大常委会法制工作委员会行政法室编:《行政诉讼法立法背景与观点全集》,法律出版社 2015 年版,第 318 页。

⑭ 参见信春鹰:《关于〈中华人民共和国行政诉讼法修正案(草案)〉的说明——2013 年 12 月 23 日在第十二届全国人民代表大会常务委员会第六次会议上》,载《全国人民代表大会常务委员会公报》2014 年第 6 期。

⑮ 全国人大常委会法制工作委员会行政法室编著:《中华人民共和国行政诉讼法解读》,中国法制出版社 2014 年版,第 212 ~213 页。

⑯ 参见全国人大常委会法制工作委员会行政法室编著:《中华人民共和国行政诉讼法解读》,中国法制出版社 2014 年版,第 210 页。

⑰ [德]弗里德赫尔穆·胡芬:《行政诉讼法》,莫光华译,法律出版社 2003 年版,第 589 页。

告，且诉讼请求相反的除外。”其中变更内容限制中以“不得加重原告的义务或者减损原告的权益”代替了原先“不得加重对原告的处罚”的表述，将这一限制覆盖到新增的“其他行政行为涉及对款额的确定、认定确有错误”的情形；限制的例外中增加了“且诉讼请求相反”的要件，弥补了原先的法律漏洞。值得注意的是，2000年《行诉法解释》第55条第2款的内容在修法中被舍弃，究其原因应当是“人民法院审理行政案件不得对行政机关未予处罚的人直接给予行政处罚”，其本质并非变更某个行政行为，而是作出某个行政行为，与变更判决的内容无关。[18]

（三）体系定位

2014年《行政诉讼法》初步完成了“判决方式类型化”的目标，[19]作为判决类型的一种，变更判决与多种判决之间存在较为紧密的关系，厘清变更判决与其他判决之间的关联，明确其在判决体系中的定位，是对其适用的必要前提。

1. 作为撤销判决补充形式的变更判决

参照民事诉讼法上的分类规则，变更判决与撤销判决同属于形成判决，两者的关联最为紧密。[20] 关于两者的关系，学界主要有补充说、例外说两种学说：补充说认为，变更判决是撤销判决的补充，在撤销判决适用范围中存在部分情形可以选择适用变更判决；[21]例外说认为，变更判决是撤

---

[18] 修法以后，2000年《行诉法解释》第55条第2款的内容在最高人民法院法官的著述中仍被保留和重申，并指出“这一内容实际上与禁止不利变更原则同等重要，虽然本次修订没有收入，但是，在司法实践中应当继续执行司法解释的有关规定”。参见江必新、梁凤云：《行政诉讼法理论与实务》，法律出版社2016年版，第1626页；李广宇：《新行政诉讼法逐条注释》，法律出版社2015年版，第669页。

[19] 参见郭修江：《行政诉讼判决方式的类型化——行政诉讼判决方式内在关系及适用条件分析》，载《法律适用》2018年第11期。

[20] 参见张卫平：《民事诉讼法》（第4版），法律出版社2016年版，第414页。比较法上，行政诉讼的诉讼类型也是在参考民事诉讼制度基础上予以划分的，如德国的《联邦行政法院法》即将诉讼类型分为形成之诉、确认之诉、给付之诉三种类型：形成之诉指旨在通过法院的形成判决直接形成法律关系的诉；确认之诉指旨在要求法院作出确定某法律关系是否存在或具体行政行为是否自始无效的诉讼类型；给付之诉是指旨在通过法院实现原告的某权利要求，即要求被告实施某种“给付”的诉。参见刘飞：《德国公法权利救济制度》，北京大学出版社2009年版，第83～84页。

[21] 参见李广宇：《新行政诉讼法逐条注释》，法律出版社2015年版，第664页。

销判决的例外，在特定情形下无法适用撤销判决方可适用变更判决。[22] 权威观点采纳了补充说，认为“变更判决是撤销判决的补充形式，能作出变更判决的也能作出撤销判决”。[23]

将变更判决视为撤销判决的补充形式在规范上可以得出两点推论，直接影响变更判决的适用：其一，变更判决的适用范围应该内含于撤销判决的适用范围。具体而言，变更判决所针对的行为类型应该少于或等于撤销判决，如《行政诉讼法》第 74 条第 2 款规定的“不具有可撤销内容”的行政行为因为不适用撤销判决，因而也不能适用变更判决；变更判决所针对的具体情形应该少于或等于撤销判决，《行政诉讼法》第 70 条规定了撤销判决适用的六种情形，那么变更判决所适用的“行政处罚明显不当”和“其他行政行为涉及对款额的确定、认定确有错误”必然包含于其中。其二，即便在变更判决的适用范围内，法院亦可作出撤销判决。即使处在法律规定的适用范围内，变更判决也并非可以得到优先适用；相反，即便如此，法院作出撤销判决可能依旧是更优选择。

2. 区分于重作判决的变更判决

《行政诉讼法》第 70 条在规定撤销判决之外，还确立了作为撤销判决从判决的重作判决。同样作为撤销判决的补充形式，变更判决与重作判决的关系是值得分析的。重作判决是在撤销判决之后，判决被告重新作出行政行为。其与变更判决一样，是以一个新的行政行为代替一个旧的行政行为。特别是在典型案例尹荷玲诉台州市国土资源局椒江分局土地行政批准案确立了“在裁判时机成熟时”判令行政机关作出内容明确的行政行为的规则后，[24]重作判决与变更判决之间的界限看似更趋模糊。有学者据此指出：“撤销重作判决发挥着变更判决的作用，尤其是法院在判决中指示行政机关如何重作的情况下更是如此。”[25]

事实上，这样的认知是值得商榷的。即便重作判决可以判令行政机

---

[22] 参见黄永维、郭修江：《司法谦抑原则在行政诉讼中的适用》，载《法律适用》2021 年第 2 期。

[23] 全国人大常委会法制工作委员会行政法室编著：《中华人民共和国行政诉讼法解读》，中国法制出版社 2014 年版，第 211 页。

[24] 参见最高人民法院行政审判庭编：《中国行政审判案例》（第 4 卷），中国法制出版社 2012 年版，第 165 页以下。

[25] 孔繁华：《行政变更判决研究——以比较法为视角》，载《当代法学》2006 年第 5 期。

关作出内容明确的行政行为，这一行政行为最终依旧是行政机关自己作出的，与直接代替行政机关作出行政行为的变更判决存在天壤之别。换言之，重作判决不具有形成力，无法直接形成新的行政法律关系，而变更判决则具有形成力，可以通过判决直接形成新的行政法律关系。㉖ 就此而言，比之重作判决，变更判决的司法审查强度更强，也因此，其在实质性解决行政争议方面的功能更为凸显。㉗

3. 不适用于行政协议变更的变更判决

《行政诉讼法》第 78 条规定了行政协议判决，内含了继续履行、采取补救措施、赔偿三种形式的判决，但并不包含变更行政协议的判决。随着《最高人民法院关于审理行政协议案件若干问题的规定》（以下简称《行政协议审理规定》）第 9 条第 7 项将“其他有关行政协议的订立、履行、变更、终止等诉讼请求”纳入行政协议诉讼之中，司法实务中亟待变更行政协议的判决依据。对此，司法实务中认为“在行政协议案件中，亦可以适用变更判决”，㉘同时在最高人民法院发布的行政协议典型案例温红芝诉上海市虹口区住房保障和房屋管理局请求确认房屋征收补偿协议无效案中，法院根据《行政诉讼法》第 77 条对征收补偿协议的内容进行变更的做法也得到了认可。㉙

将变更判决适用于行政协议变更在司法实务中虽无障碍，但其从本质上偏离了变更判决的初衷。如上文所述，变更判决立基于司法变更权，其本质上处理的是行政权与司法权的关系，而行政协议兼具行政性与协议性，行政机关在订立行政协议过程中与行政相对人处于平等地位，很难称得上是行使行政权，因此，变更行政协议与其说是代替行政机关作出行政行为，毋宁是代替协议双方表达真实意思，显然，这不符合变更判决的基本定位。那么，法院应当如何回应变更行政协议的诉讼请求呢？更为妥当的做法是，根据《行政协议审理规定》第 27 条的规定，参照适用民事

㉖ 参见张静：《论行政诉讼变更判决》，载《行政法学研究》2015 年第 2 期。

㉗ 参见章剑生：《行政诉讼“解决行政争议”的限定及其规则——基于〈行政诉讼法〉第 1 条展开的分析》，载《华东政法大学学报》2020 年第 4 期。

㉘ 江必新主编：《新行政诉讼法专题讲座》，中国法制出版社 2015 年版，第 273 页。

㉙ 参见《最高人民法院发布行政协议典型案例》，载最高人民法院网 2021 年 5 月 11 日，https://www.court.gov.cn/zixun-xiangqing-301081.html。

法律规范中有关合同变更的规定作为判决变更行政协议的依据，正如一些观点指出的："行政协议变更判决的适用情形可以参照合同法第54条规定的立法精神。行政协议虽然是一种行政行为，但属于双方行政行为，与民事合同具有法理上的共通性。合同法上变更判决的适用情形对于行政协议的变更判决具有重要参考价值。"[30]

二、适用范围

关于变更判决的适用范围，《行政诉讼法》第77条明确规定了"行政处罚明显不当"和"其他行政行为涉及对款额的确定、认定确有错误"两种情形，在两种情形后并无"等"字。据此可以认为，变更判决的适用限于以上两种情形，两种情形文义之外的情形必定无法适用变更判决。同时，基于立法者对变更判决所持的"有限适用"态度，对"行政处罚明显不当"和"其他行政行为涉及对款额的确定、认定确有错误"应当坚持限缩解释。

（一）行政处罚明显不当

"行政处罚明显不当"的适用情形源于1989年《行政诉讼法》中的"行政处罚显失公正"。该适用情形可以分解为：(1)行政行为必须是行政处罚；(2)行政处罚必须是明显不当。其中第(2)点又可进一步分解为：行政处罚属于明显不当、不当达到明显的程度。

1.行政行为必须是行政处罚

1989年《行政诉讼法》把变更判决所适用的行为类型限定于"行政处罚"，当时提出的主要原因是"自由裁量权过大，应有所制约"。[31] 随着1996年《行政处罚法》的出台，行政处罚领域的法律规范不断完善，当年立法中面临的"滥罚"现象逐渐得到治理。对此，有学者质疑道："显失公正的问题不仅仅在行政处罚当中存在，在其他行政行为当中也同样存在。既然法院可以对显失公正的行政处罚进行干预，为什么就不能对显失公

---

[30] 危辉星、张波、吴宇龙：《行政判决可以直接变更行政协议——浙江杭州中院判决王忠明、陈向前诉余杭区良渚街道办事处征迁行政协议案》，载《人民法院报》2017年1月5日，第6版。

[31] 胡康生：《〈行政诉讼法〉立法过程中的若干问题》，载最高人民法院《行政诉讼法》培训班主编：《行政诉讼法专题讲座》，人民法院出版社1989年版。

正的其他行政行为进行干预呢?”[32]然而,2014 年《行政诉讼法》修改并未吸收这一观点,修改以后的法条依旧将“明显不当”的评判对象限定于“行政处罚”,权威的解释是:“之所以限定为行政处罚,是因为行政处罚与其他具体行政行为相比,对相对人权益影响最严重,需要通过司法变更权加强对行政处罚的监督力度。”[33]

“行政行为必须是行政处罚”这一要件可以进一步展开:其一,行政处罚必须是成立且生效的。上文提及,因为变更判决是撤销判决的补充形式,所以变更判决所针对的行为类型应当内含于撤销判决所针对的行为类型。通说认为,撤销判决所撤销的是行为的效力,[34]因此,不具有效力的行为无法撤销,也无法变更。在昆明威恒利商贸有限责任公司与昆明市规划局、第三人昆明市盘龙区人民政府东华街道办事处行政处罚纠纷案中,法院以“被诉行政处罚在诉讼过程中已由被告昆明市规划局自行撤销”为由认定原告请求判令变更行政处罚的主张不能成立。[35] 其二,对于行政处罚的判定应当与行政处罚法对行政处罚的界定保持一致。2021 年《行政处罚法》修订时对行政处罚的种类进行了较大的扩充,并新设了行政处罚的定义条款,对此司法实践中对变更判决的适用范围也应作出相应的调整,对于新纳入行政处罚中的行为可以适用变更判决,对于未纳入行政处罚中的行为绝不能适用变更判决。以今天的眼光来看,黑龙江汇丰实业发展有限公司诉哈尔滨市规划局行政处罚纠纷案中法院所变更的除了“罚款”之外,更重要的是“责令拆除违法建筑”的行为,而这一行为显然不属于行政处罚之列,对其适用变更判决已经明显超出了法定的适用范围。[36] 总之,对这里的行政处罚须持限缩解释的态度,唯有如此,才能

---

[32] 余凌云:《行政诉讼上的显失公正与变更判决——对〈中华人民共和国行政诉讼法〉第 54 条第(4)项的批判性思考》,载《法商研究》2005 年第 5 期。

[33] 全国人大常委会法制工作委员会行政法室编:《行政诉讼法立法背景与观点全集》,法律出版社 2015 年版,第 313 页。

[34] 参见姜明安主编:《行政法与行政诉讼法》(第 7 版),北京大学出版社、高等教育出版社 2019 年版,第 527 页。

[35] 参见《最高人民法院公报》2009 年第 10 期。

[36] 参见最高人民法院行政判决书,(1999)行终字第 20 号。对于“责令改正”行为的行为性质,《行政处罚法》第 28 条第 1 款规定:“行政机关实施行政处罚时,应当责令当事人改正或者限期改正违法行为。”从该款规定看,责令改正本身显然不属于行政处罚之列。

确保变更判决不被滥用。[37]

2. 行政处罚属于明显不当

行政处罚的违法情形可能包括主体、事实、依据、程序等各个方面，但《行政诉讼法》第 77 条将其限制在"明显不当"这种情形。根据权威观点，"明显不当"与 1989 年《行政诉讼法》中的"显失公正"并无实质区别。[38] 然而，关于何谓"显失公正"，一直以来众说纷纭，有观点认为显失公正主要指向裁量问题，也有观点认为显失公正可以指向程序问题，甚至有观点认为事实认定、法律适用也同样可能显失公正，[39]这一问题在司法实践中也未达成充分共识。[40] 相比而言，"明显不当"则可以通过体系解释释出相对明确的内涵。除了变更判决外，《行政诉讼法》第 70 条撤销判决也规定了"明显不当"的情形，同一部法律内的同一用词含义理应保持一致，[41]同时如上文所述，变更判决的适用范围应当内含于撤销判决，因此，《行政诉讼法》第 77 条中的明显不当应当与《行政诉讼法》第 70 条中的明显不当作同一解释。进一步地，"在多个司法审查根据并存的情况下，对任何一个审查根据的解释都需要照顾体系的和谐，确保不同审查根据既有区分又能衔接"，[42]为避免与其他司法审查根据发生重叠，明显不

---

[37] 有学者批评道，如果采形式主义的行政处罚观，则容易导致像"责令停止行为"和"责令停产停业"，"制裁目的的违法事实公布"和"信息公开目的的违法事实公布"这些本身极为接近的行为措施，一部分可以适用变更判决，一部分不可以适用变更判决，不仅其合理性值得怀疑，而且也会给实践中的法律适用带来困扰。参见王明喆：《行政处罚种类扩张论批判》，载《交大法学》2022 年第 1 期。事实上，从变更判决立法目的的角度来看，若不将行政处罚限定在明确的范围内，极易导致实践中变更判决滥用，从而打破司法权与行政权之间的平衡。

[38] 参见全国人大常委会法制工作委员会行政法室编著：《中华人民共和国行政诉讼法解读》，中国法制出版社 2014 年版，第 211 页。

[39] 参见朱新力：《行政处罚显失公正确认标准研究》，载《行政法学研究》1993 年第 1 期；林莉红：《行政处罚显失公正新论》，载《华中理工大学学报（社会科学版）》1999 年第 1 期；余凌云：《行政诉讼上的显失公正与变更判决——对〈中华人民共和国行政诉讼法〉第 54 条第（4）项的批判性思考》，载《法商研究》2005 年第 5 期；李哲范：《"显失公正"之定位》，载《当代法学》2010 年第 4 期。

[40] 有学者统计自 1985 年《最高人民法院公报》创刊以来，人民法院在行政处罚案件中真正运用"显失公正"标准审查行政裁量问题的只有 1 例。参见黄雪娇：《行政判决"明显不当"标准之探讨——以〈最高人民法院公报〉和最高人民法院指导性案例中的行政处罚案例为样本的分析》，载《河南财经政法大学学报》2017 年第 2 期。

[41] 参见章剑生：《现代行政法总论》（第 2 版），法律出版社 2019 年版，第 507 页。

[42] 何海波：《论行政行为"明显不当"》，载《法学研究》2016 年第 3 期。

当应当被严格限定于实体内容的效果裁量,具言之,这一判定又可分解为以下三个层次。

其一,明显不当指向行政裁量。“明显不当”中的“不当”即为“不合理”,不合理在行政法上特指行政裁量的不合理。[43] 明显不当指向裁量问题,意味着在事实认定上不能适用“明显不当”,因为事实认定上不存在裁量,在王宗利诉天津市和平区房地产管理局案中,法院以“和平区房管局也未提供王宗利所申请政府信息涉及商业秘密的任何证据”作为判断明显不当的理由。[44] 这一判断显然是错误的,证据不足的情况下法院应当以《行政诉讼法》第70条第1项规定的“主要证据不足”作为司法审查根据,而非明显不当。

其二,明显不当指向效果裁量。关于行政裁量的构造,学界主要有两种意见,一种意见认为裁量只限于法律效果的裁量,[45]另一种意见则认为裁量包括要件裁量和效果裁量。[46] 晚近,更多学者持后一种意见,认为法律要件的判断和法律效果的确定之间并没有本质的区别。[47] 即便承认要件裁量,也需排除明显不当适用于要件裁量的可能,原因在于:(1)从条文内部的体系解释来看,“要件裁量”问题一般能被“适用法律、法规错误”所吸收,无需通过明显不当予以解决。[48] (2)从条文外部的体系解释来

---

[43] 在2014年《行政诉讼法》修改时,征求意见稿中本无“明显不当”的表述,正是基于“有些地方、法院、专家学者和社会公众提出,现行行政诉讼法规定人民法院只能对具体行政行为是否合法进行审查,对于行政机关明显不合理的行政行为,没有规定人民法院可以判决撤销,不利于解决行政争议”的考量,才在法条中写入了“明显不当”的表述。这也可从侧面反映明显不当指向裁量。参见李适时:《全国人民代表大会法律委员会关于〈中华人民共和国行政诉讼法修正案(草案)〉修改情况的汇报——2014年8月25日在第十二届全国人民代表大会常务委员会第十次会议上》,载《全国人民代表大会常务委员会公报》2014年第6期。

[44] 参见《最高人民法院2014年9月12日发布政府信息公开十大案例》,载最高人民法院网2015年2月10日,http://www.court.gov.cn/zixun-xiangqing-13406.html。

[45] 参见姜明安:《论行政自由裁量权及其法律控制》,载《法学研究》1993年第1期。

[46] 参见杨建顺:《论行政裁量与司法审查——兼及行政自我拘束原则的理论根据》,载《法商研究》2003年第1期。

[47] 参见王贵松:《行政裁量的内在构造》,载《法学家》2009年第2期;郑春燕:《取决于行政任务的不确定法律概念定性——再问行政裁量概念的界定》,载《浙江大学学报(人文社会科学版)》2007年第3期。

[48] 司法实践中一般认为:“适用法律、法规错误,通常表现为行政机关对法律的原意、本质含义或者法律精神理解、解释的错误或者有意片面适用有关法律、法规规范等。”参见江必新、梁凤云:《行政诉讼法理论与实务》,法律出版社2016年版,第1604~1605页。

看,《行政诉讼法》第 60 条第 1 款规定:“人民法院审理行政案件,不适用调解。但是,行政赔偿、补偿以及行政机关行使法律、法规规定的自由裁量权的案件可以调解。”此处的“裁量”被解释为对法律效果的裁量。[49]

其三,明显不当指向对实体内容的效果裁量。效果裁量中分为对程序内容的效果裁量和对实体内容的效果裁量。法律对行政程序的规定往往也留有裁量空间,由行政机关根据实际情况自行裁量。此时能否用明显不当评价对程序内容的裁量?在张道文、陶仁等诉四川省简阳市人民政府侵犯客运人力三轮车经营权案中,法院认为:“简阳市政府 1996 年的经营权许可在程序上存在明显不当,直接导致与其存在前后承继关系的本案被诉行政行为的程序明显不当。”[50]事实上,这种做法是值得商榷的,行政机关在程序内容的裁量上存在不妥的,法院以“违反法定程序”予以审查更为稳妥。退一步讲,即便法院认定了程序明显不当,也无法适用变更判决,因为变更判决的本质是法院代替行政机关作出行政行为,而行政程序已经实施完毕,其已不再具备可变更性。[51]

需要强调的是,“行政处罚的违法情形属于明显不当”可进一步明确为“行政处罚的违法情形只有明显不当”,如果行政处罚同时构成了明显不当和其他司法审查根据中的一个或多个,便不再属于变更判决的适用范围。正如学者所说:“变更判决只有在极其例外的情况下使用,一般先通过其他审查标准检视之后,都没有发现问题,却仍然感到处罚畸轻畸重,这时才可以采用‘明显不当’,通过精细化论证,在效果裁量上作有限度的纠偏。”[52]

3. 不当达到明显的程度

1989 年《行政诉讼法》起草说明中提到:“行政处罚显失公正的,可以

---

[49] 参见全国人大常委会法制工作委员会行政法室编著:《中华人民共和国行政诉讼法解读》,中国法制出版社 2014 年版,第 169 页。

[50] 最高人民法院指导案例 88 号(2017 年)。

[51] 在卢红等 204 人诉杭州市萧山区环境保护局环保行政许可案中,法院指出“如果认为行政行为存在程序违法或明显不当”,法院有权确认违法或予以撤销,而并不包含变更。这也从侧面印证了本文观点。参见《人民法院环境保护行政案件十大案例》,载最高人民法院网 2015 年 2 月 6 日,https://www.court.gov.cn/zixun-xiangqing-13331.html。

[52] 余凌云:《论行政诉讼上的合理性审查》,载《比较法研究》2022 年第 1 期。另可参见程琥:《行政诉讼合法性审查原则新探》,载《法律适用》2019 年第 19 期。

判决变更。至于行政机关在法律、法规规定范围内作出的行政处罚轻一些或者重一些的问题,人民法院不能判决改变。”[53]由此可知,行政行为不合理只有达到一定的程度方能进入司法审查的范畴。就明显不当而言,关键在于对“明显”的把握,即在立法者看来,如果行政行为的不当达到了“明显”程度的话,那么,它就由合理性问题转化为了合法性问题,从而可以进入审查范围。这在司法审查中也被广泛认同:“行政机关裁量行为仅存在不当的瑕疵,则司法审查不应介入;如行政机关裁量行为超过必要的限度构成违法,则应当接受司法审查。”[54]

对于“明显”的把握实际上涉及司法审查强度的问题,将明显的标准提得越高代表着司法审查强度越低,如英国法上将温斯伯里原则作为判断“明显”的标准,其要求“严重违背常理或者公认的道德标准,任何一个通情达理的人在面对该问题时都不会作出那样的决定”;[55]相反地,将明显的标准放得越低代表着司法审查强度越高,如美国法上的重新审理标准要求法院无需考虑行政机关的意见,完全基于自己对该问题的判断作出裁决,而只要该裁决与行政机关的决定不一致,行政机关的决定就属“明显”不当。[56] 我国司法实践中采取的司法审查强度总体较低,往往是以一个“理性人”所能感受到的“明显”为准,[57]在审查中通常采用“是否考虑应当考虑的因素”、平等原则、比例原则等标准:其一,“是否考虑应当考虑的因素”。通过判断行政机关在作出行政行为时的主观考虑因素,确定不当的明显程度。如在陈山河与洛阳市人民政府、洛阳中房地产有限责任公司行政赔偿案中,法院认为被告未考虑“房屋价格明显上涨且被拆迁人未及时获得合理补偿安置”的因素,按照多年前制定的补偿标准对原告进行补偿的行为明显不当。[58] 其二,平等原则。一般对平等原则的理解是,相同情况相同对待、不同情况不同对待。如在翁秀芬诉江苏省东台市

---

[53] 王汉斌:《关于〈中华人民共和国行政诉讼法(草案)〉的说明——1989年3月28日在第七届全国人民代表大会第二次会议上》,载《最高人民法院公报》1989年第2期。

[54] 彭淑华诉浙江省宁波市北仑区人民政府工伤行政复议案,载最高人民法院行政审判庭编:《中国行政审判指导案例》(第1卷),中国法制出版社2010年版,第103~104页。

[55] 余凌云:《英国行政法上的合理性原则》,载《比较法研究》2011年第6期。

[56] 参见王名扬:《美国行政法》,北京大学出版社2016年版,第516页。

[57] 参见梁君瑜:《行政诉讼变更判决的适用范围及限度》,载《法学家》2021年第4期。

[58] 参见《最高人民法院公报》2015年第4期。

市场监督管理局商标行政处罚案中，法院认为，被告在同一处罚程序中针对同类违法行为作出的两次处罚决定虽然都在法定范围内，但后一次处罚存在明显的加重，属于“明显不当”。[59] 其三，比例原则。自公报案例陈宁诉庄河市公安局行政赔偿纠纷案后，比较法上的比例原则得到继受，成为我国司法实践中判断“明显”与否最为主要的标准。[60] 如在陈超诉济南市城市公共客运管理服务中心客运管理行政处罚案中，法院指出“在上述事实尚不明确以及该行为社会危害性较小的情况下，将该行为的后果全部归于被上诉人，并对其个人作出较重处罚，有违比例原则，构成明显不当”。[61]

值得注意的是，无论采取上述何种标准进行审查，都只能判定行政机关所作的行政行为是否存在“明显”不当，至于究竟怎么样才是“当”这些标准都给不了答案。这也使得后续法院直接变更行政行为缺乏必要的支撑，成为“惊险的一跃”。

（二）其他行政行为涉及对款额的确定、认定确有错误

“其他行政行为涉及对款额的确定、认定确有错误”的适用情形系2014年《行政诉讼法》修改所新增，其借鉴了德国《联邦行政法院法》第113条的规定。[62] 可将此种情形分解为：（1）其他行政行为；（2）款额；（3）确定与认定；（4）确有错误。以下逐一分析。

1. 其他行政行为

基于上述变更判决与撤销判决关系的认识，可以推知，此处的其他行政行为应当是已经成立且生效的行政行为。更具有讨论价值的是，这里的“其他”为何意？根据条文内部的体系解释，可知这里的“其他”是指除了第一种情形中的“行政处罚”之外的其他行政行为。那么这是否意味着“行政处罚涉及对款额的确定、认定确有错误”不能适用变更判决呢？司法实践中的观点认为，对此法院也可以作出变更判决。[63] 其理由为“从条

---

[59] 参见最高人民法院行政裁定书，（2019）最高法行申9339号。

[60] 参见蒋红珍：《比例原则位阶秩序的司法适用》，载《法学研究》2020年第4期。

[61] 《最高人民法院公报》2018年第2期。

[62] 德国《联邦行政法院法》第113条规定：“如果原告要求改变具体行政行为所确定的金额或一个与此相关的确认，法院可以将其确定为另一数额或以另一个确认取代原有确认。”

[63] 参见梁凤云：《新行政诉讼法讲义》，人民法院出版社2015年版，第438页。

文的逻辑关系来看,‘明显不当’意味着人民法院对于行政机关裁量空间较小的‘明显不当’进行监督,而‘款额确定认定’意味着人民法院对行政机关裁量空间几乎为零的事项进行监督,前者对行政处罚的监督力度更大”。[64]

事实上,这种观点是值得商榷的,“行政处罚涉及对款额的确定、认定确有错误”的情形能否适用变更判决的关键在于,其能否被“行政处罚明显不当”所吸收。其中“行政处罚涉及对款额确定确有错误”实际上仍是针对处理结果的,只要该处理结果是裁量原因导致了“明显不当”,就可以通过“行政处罚明显不当”予以覆盖。问题的关键在于“行政处罚涉及对款额认定确有错误”,这种情况下实际上已经不属于效果裁量的范畴,而属于事实认定的范畴,明显不当已经无法实现覆盖,因此,从逻辑上来讲,“行政处罚涉及对款额认定确有错误”并不能适用变更判决。但从立法目的来看,其他行政行为涉及对款额认定确有错误的可以变更,但行政处罚涉及对款额认定确有错误的不能变更,实难找到可靠理由,应将其视为法律漏洞。

2. 款额

“款额”一词的文义为“经费或款项的数额”。[65]《行政诉讼法》除了第77条外,还出现了两处“款额”,其中第82条第1款第2项有“案件涉及款额二千元以下”的表述,第96条第1项有“对应当归还的罚款或者应当给付的款额,通知银行从该行政机关的账户内划拨”的表述,可见《行政诉讼法》当中的款额与一般文义并无差别。之所以将款额作为该种情形的构成要件,主要原因在于“款额的确定、认定错误产生的原因有时是计算方法,有时是笔误,具有客观性,且行政机关对款额的确定、认定通常没有裁量空间,若法院认为被诉行政行为中款额的确定、认定错误不能直接变更,那只能作撤销加重作判决,这种做法徒增诉累,浪费程序资源,不足以及时性地保护原告合法权益”。[66]

在司法实践中,有将“款额”作过度扩张的倾向。在广西壮族自治区

---

[64] 江必新、梁凤云:《行政诉讼法理论与实务》,法律出版社2016年版,第1622页。

[65] 中国社会科学院语言研究所词典编辑室编:《现代汉语词典》,商务印书馆2016年版,第759页。

[66] 章剑生:《现代行政法总论》(第2版),法律出版社2019年版,第507页。

隆林各族自治县新州镇民强村民委员会江管农业经济合作社诉隆林各族自治县人民政府、百色市人民政府等山林确权行政裁决及行政复议案中，法院认为被告所作的土地权属纠纷处理决定所确定的土地面积有误，并径行变更了土地面积。[67] 在案例评析中，法官进一步阐释，“土地、山林、草原确权行政裁决案件中，涉及争议地中各方权利归属具体面积数额的确定确有错误属于与款额相关联的权利归属的认定出现错误”。[68] 这一观点是值得商榷的，须知该规定虽然参考了德国《联邦行政法院法》第113条的规定，但我国只规定了款额可以变更，而未吸收“一个与此相关的确认”可以变更的规定。

3. 确定与认定

“款额的确定”与“款额的认定”的含义是不同的。根据权威解释，确定是行政机关根据案件事实作出的数额判断，如支付抚恤金、最低生活保障待遇、社会保险待遇案件中，对抚恤金、最低生活保障费、社会保险金的确定；认定主要是对客观存在事实的肯定，如拖欠税金的案件中，税务机关对企业营业税的认定。[69]

由此可知，款额的确定针对的是金钱给付决定的内容，款额的认定针对的则是作出行政行为的事实根据。因而，针对款额确定确有错误的变更更接近于针对行政处罚明显不当的变更，其所变更的是处理结果，针对款额认定确有错误的变更则与之不同，其所变更的是行政行为所认定的事实。

4. 确有错误

对“确有错误”的理解可以比照《行政诉讼法》第90条中的相同表述，[70]与“明显不当”不同，确有错误并非只指向行政裁量，只要是最终的确定或认定结果确有错误，无论是何种原因导致的，均可纳入“确有错误”

---

[67] 参见最高人民法院行政判决书，(2019)最高法行再134号。

[68] 郭修江、张巧云：《审理山林确权类行政裁决案件可适用变更判决》，载《人民司法·案例》2020年第11期。

[69] 参见全国人大常委会法制工作委员会行政法室编著：《中华人民共和国行政诉讼法解读》，中国法制出版社2014年版，第212页。

[70] 《行政诉讼法》第90条规定：“当事人对已经发生法律效力的判决、裁定，认为确有错误的，可以向上一级人民法院申请再审，但判决、裁定不停止执行。”

之中。[71]

更为重要的是,“确有错误”所强调的虽也是程度问题,但其与“明显不当”的程度判定存在不同。明显不当更为强调的是“明显”,即在“任何人”或者“理性人”看来是不当的;而确有错误则更为强调“确有”,即法院有足够的证据证明行政机关的认定或确定是错误的。因此在确有错误的判定中,比起使用各种原则,法院更倾向于用事实说话,即通过审查和计算对款额的确定和认定形成明确的结果,而这一结果与行政机关所得出的结果不同,即可证明行政行为是确有错误的。如在洪铁祥等诉上海市静安区人民政府征收补偿决定案中,法院通过计算认为行政机关所作出的补偿决定“遗漏了已经计算好的独用天井补偿费”,因而认为这样的错误是极其明显的。[72] 在梁秀珍诉蚌埠市禹会区人民政府房屋征收补偿决定案中,法院以与原告位于同一栋楼、同一楼层的房屋情况“相差无几”的案外人的补偿金额推知出原告应得的补偿金额,继而认定“确有错误”。[73]

确有错误的判定标准要求法院站在行政机关的角度上重新模拟行政行为,因此其所要求的司法审查强度比明显不当要强,也正因为在款额的确定和认定上,往往有着极其清晰的计算公式或换算标准,行政机关没有裁量空间或者裁量空间极小,方有贯彻这种高强度司法审查模式的可能。更进一步而言,这样的司法审查强度也为后续直接变更行政行为奠定了坚实的基础。

三、适用方式

对于适用范围内的情形,《行政诉讼法》第 77 条给出的适用方式是:“可以判决变更”。这里实际上包含了行政诉讼法授予法院的双重裁量:(1)“可以”意味着法院具有是否变更的裁量权限;(2)未明确对变更内容作出规定意味着法院具有变更内容的裁量权限。其中对于变更内容的裁量,《行政诉讼法》第 77 条第 2 款作出了“禁止不利变更”的限定。

---

[71] 司法实践也采这种观点。参见梁君瑜:《行政诉讼变更判决的适用范围及限度》,载《法学家》2021 年第 4 期。

[72] 参见最高人民法院行政裁定书,(2016)最高法行申 2023 号。

[73] 参见最高人民法院行政裁定书,(2019)最高法行申 1450 号。

（一）是否变更的裁量

变更意味着法院代替行政机关作出行政行为，其隐含的是极高的司法审查强度。[74] 立法者预见到，即便处于变更判决的适用范围，法院也并不一定有能力去完成这样的高强度审查，因此，通过“可以”的规定授予其是否适用变更判决的裁量权限。就此推知，“可以”所处理的并非变更判决与驳回诉讼请求判决之间的关系，而是变更判决与撤销判决的关系。对于“可以”的解读，学界主要有两种观点：一种为选择适用说，该说认为，“变更判决只是法院可以选择的方式，也就是说如果法院认为案件事实清楚，可以判决变更，如果案件情况比较复杂，法官并不比行政官员在此案的判断上更具有优势，可以选择不适用变更判决”；[75]另一种则为优先适用说，该说认为，“被诉行政行为违法，但是属于‘行政处罚明显不当，或者其他行政行为涉及对款额的确定、认定确有错误的’，要优先适用变更判决，不得适用第70条作出撤销加重作判决”。[76] 基于前述对变更判决与撤销判决关系的认识，选择适用说是更符合立法原意和体系解释的。

那么，法院应当如何进行选择，是否具有可资参考的标准呢？遗憾的是，这样的标准在司法实践中是匮乏的，无论《行政诉讼法》及其司法解释还是最高人民法院的典型案例均未给出标准。有学者认为，法院选择适用变更判决应当主要考虑行政裁量是否收缩至零，只有当行政裁量收缩至零时法院方可以适用变更判决。[77] 行政裁量收缩至零的概念源自比较法，其是指在特定情况下，法律赋予行政机关的裁量权限缩到只有一种选择。[78] 重大的被害法益是将行政裁量向零压缩的规范上的压力，而存在迫

---

[74] 参见王贵松：《行政裁量的构造与审查》，中国人民大学出版社2016年版，第167页。

[75] 孔繁华：《行政变更判决研究——以比较法为视角》，载《当代法学》2006年第5期。

[76] 黄永维、郭修江：《司法谦抑原则在行政诉讼中的适用》，载《法律适用》2021年第2期。优先适用说往往是基于对选择适用说的批判，如有观点指出：“这种选择适用在司法环境有待改善的今天，可能会弱化本条的规制意义，人民法院经过审查以后，发现行政处罚明显不当，法院可能会基于种种考虑，不直接判决变更，而是判决撤销，从而使本条的规定虚置。”参见梁凤云：《新行政诉讼法讲义》，人民法院出版社2015年版，第438页。

[77] 参见王锴：《行政诉讼中变更判决的适用条件——基于理论和案例的考察》，载《政治与法律》2018年第9期；梁君瑜：《行政诉讼变更判决的适用范围及限度》，载《法学家》2021年第4期。

[78] 参见翁岳生主编：《行政法》，台北，元照出版有限公司2000年版，第279页。

切的具体的危险是将裁量权向零压缩的现实基础。[79] 将裁量收缩至零理论导入变更判决能够有效弥补变更判决的"先天不足",避免变更判决违反司法谦抑等原则,[80]但就规范结构而言,这种观点本质上是以"裁量收缩至零——应当变更"代替了"明显不当——可以变更",过度限缩了变更判决的适用范围,违背了变更判决的立法初衷。

在司法实践中,法官在作出是否适用变更判决时的考虑因素可能主要有以下三点:其一,诉判关系。基于变更判决作为撤销判决补充形式的定位,并非只有针对变更行政行为的诉讼请求法院才可作出变更判决,在株洲市超宇实业有限责任公司诉湖南省株洲市人民政府、湖南省人民政府房屋征收补偿决定及行政复议案中,原告株洲市超宇实业有限公司的诉讼请求为"撤销1号征补决定,撤销42号复议决定,判决株洲市政府重新作出补偿决定",实质上为撤销加重作的诉讼请求,而法院则根据评估结论和征收补偿方案径行变更了补偿决定。[81] 但在针对其他诉讼请求作出变更判决前,法院应当释明原告转换诉讼请求,若原告拒绝,则法院不得作出变更判决。其二,机构能力。机构能力是指某一机构作出相关决定的能力。[82] 在变更判决这一问题上,主要是指法院是否具有代替行政机关作出行政行为的能力。大多数情况下,在形成个别的行政法律关系方面,法院的机构能力是远弱于行政机关的,[83]但在某些特定领域和特定事项上,无论法院还是行政机关都有能力作出判断,此时,变更判决方有适用可能,较为典型的即"款额的确定、认定"方面。当然,即便在这些特定领域和特定事项上,也需具体情况具体分析,而非"一刀切"地适用变更判决。德国《联邦行政法院法》在承认法院可以变更"具体行政行

---

[79] 参见王贵松:《行政裁量的构造与审查》,中国人民大学出版社2016年版,第170页。

[80] "对于一些应当撤销,但具有羁束性,行政主体只能作出特定的行政行为时,人民法院可以依法直接代替行政主体作出,这实际上并不违反司法谦抑原则,而是从避免诉累的考虑出发,所以,在这种情况下,由法院直接变更的做法是适宜的。"参见马怀德主编:《新编中华人民共和国行政诉讼法释义》,中国法制出版社2014年版,第349页。

[81] 参见最高人民法院行政判决书,(2019)最高法行再4号。

[82] 参见杨伟东:《权力结构中的行政诉讼》,北京大学出版社2008年版,第178页。

[83] 立法者显然也意识到了这一问题,因此《行政复议法实施条例》第47条有关行政复议变更决定的适用范围要远大于变更判决的适用范围。参见王万华:《行政复议法的修改与完善——以"实质性解决行政争议"为视角》,载《法学研究》2019年第5期。

为所确定的金额或一个与此相关的确认"后,也明确了若数额计算依赖于复杂的、只能由行政机关确认的因素,法院不应变更。[84] 最高人民法院在黄绍花诉辉县市人民政府提高抚恤金标准案中也遵循了类似的原则。[85] 其三,避免诉累。1989 年《行政诉讼法》设立变更判决的初衷即在于避免循环诉讼、减轻诉累,因此,对于存在明显恶意的被告,采用撤销判决或撤销加重作判决无法有效保障相对人权益的,法院更应倾向于适用变更判决。"如果行政机关在应诉中出现不出庭、不答辩、出庭怠慢等不太配合诉讼的情形,特别是已经法院判决撤销,行政机关重新做出行政行为后又进入诉讼的案件,法院在审查后如确认条件成熟则应作出变更判决。"[86]

"可以判决变更"中的"可以"二字看似简单,实则要求法院从低强度的司法审查(明显不当)跃向高强度的司法审查(作出内容明确的行政行为),而完成这"惊险的一跃"对法官而言是艰难的,这也是司法实践中变更判决处于"备而不用"状态的主要原因。

(二)变更内容的裁量

在决定适用变更判决后,则需进一步对变更内容进行裁量。在"其他行政行为涉及对款额的认定确有错误"的情形下,由于变更的是事实认定,因此只需通过职权调查明确相关事实即可,不存在裁量空间。在"其他行政行为涉及对款额的确定确有错误"的情形下,由于相关的计算公式或换算标准通常是清晰明确的,因此变更内容也无太多裁量空间,如在孟凡荣与新疆维吾尔自治区奎屯市人民政府房屋征收补偿决定案中,最高人民法院根据被告制定的补偿标准,即"按房屋面积市场价的 1∶1.2 进行补偿",对补偿决定予以变更。[87]

最为困难的是"行政处罚明显不当"的情形,在该种情形下,法院通过"明显不当"标准否定了行政机关所作的行政处罚,继而需要根据自己的

---

[84] 参见[德]弗里德赫尔穆·胡芬:《行政诉讼法》,莫光华译,法律出版社 2003 年版,第 589 页。

[85] 在黄绍花诉辉县市人民政府提高抚恤金标准案中,最高人民法院认为,涉案水利伤残抚恤金的标准由辉县市人民政府根据当地的经济发展状况和居民收入水平等因素综合确定,没有可直接适用或参照的法定标准,因此人民法院不能代替行政机关直接行使行政裁量权。参见最高人民法院行政裁定书,(2017)最高法行申 7073 号。

[86] 张静:《论行政诉讼变更判决》,载《行政法学研究》2015 年第 2 期。

[87] 参见最高人民法院行政判决书,(2018)最高法行再 75 号。

判断作出行政处罚,实质上是“以司法裁量代替行政裁量”。在此裁量过程中,可以形成的两点基本共识是:其一,变更内容应当是与原行政处罚具有“明显”区别的。变更判决的适用前提是“明显不当”,这就必然要求最后做出的变更内容与原行为的内容之间存在“明显”区别。有一些案例中,法院认定原行为“明显不当”,但最终变更的结果却是“稍作”变更,这是不妥当的。[88] 其二,变更内容应当在法定范围内。如上文所述,明显不当所指向的是实体内容的效果裁量,行政机关在作出行政裁量时须受到法律给定的裁量空间的限制,这同样适用于法院作出的司法裁量。在方林富炒货店诉西湖区市监局等工商行政处罚及行政复议案中,法院认定被告所作的罚款 20 万元的行政处罚明显不当,继而突破《广告法》第 57 条设定的裁量下限将行政处罚变更为罚款 10 万元。[89] 该案中变更判决的适用显然是错误的,法院代替行政机关作出的行政行为因超越权限而违法。[90]

在以上两点当然的限制之外,《行政诉讼法》第 77 条第 2 款还对变更内容作出了一点限制:“人民法院判决变更,不得加重原告的义务或者减损原告的权益。但利害关系人同为原告,且诉讼请求相反的除外。”该款规定不仅适用于“行政处罚明显不当”的情形,也适用于“其他行政行为涉及对款额的确定、认定确有错误”的情形。对此款规定可以作以下两个层面的解读:其一,禁止不利变更。从监督行政机关依法行使职权的立法目的而言,行政诉讼应当对违法行政行为“有错必纠”,但考虑到保护公民、法人和其他组织合法权益的立法目的,行政诉讼法对变更内容作出了“不得加重原告的义务或者减损原告的权益”的限制,“因为如果可以加重,确实可能达到违法必究的效果,但相对人的诉权就没保障了”。[91] 其中不得加重原告的义务主要针对的是侵益性的行政行为,减损原告的权益主要针对的是授益性的行政行为。实践中较为疑难的问题是,如何判

---

[88] 参见周浩仁:《“行政处罚明显不当”的行政诉讼研究——基于 134 份行政诉讼裁判文书的分析》,载《西部法学评论》2019 年第 4 期。

[89] 参见浙江省高级人民法院行政裁定书,(2019)浙行申 64 号。

[90] 有学者对该案的评价是:“突破行政处罚之法定幅度的变更判决未必不可,但前提是满足法定的减轻处罚条件。”参见梁君瑜:《行政诉讼变更判决的适用范围及限度》,载《法学家》2021 年第 4 期。该观点是值得商榷的,因为若应适用减轻处罚而未予适用,本质上是“适用法律、法规错误”,不属于变更判决的适用范围。

[91] 胡建淼主编:《论公法原则》,浙江大学出版社 2005 年版,第 500 页。

定法院对处罚种类的变更是否构成“加重原告的义务”，如有的违法行为既可以处以5日的行政拘留，也可以处以2000元的罚款，此时法院将2000元的罚款变更为5日的行政拘留是否构成“加重原告的义务”。对此比较好的做法是，“在作出变更判决时，可以根据案件具体情况，在征求当事人意见的基础上，作出相应的判断”。[92] 其二，禁止不利变更的例外。该款规定第2句“但利害关系人同为原告，且诉讼请求相反的除外”明确了禁止不利变更的例外。在行政处罚案件中，利害关系人同为原告的情形主要有被处罚人和受害人同为原告、数个被处罚人同为原告、数个受害人同为原告三种，[93]如果各原告之间的诉讼请求相反，法院在作出变更时不受禁止不利变更的限制。

此外，变更内容除了在实体上须受到限制外，在程序上也须受到限制。与行政机关作出行政行为一样，法院代替行政机关作出行政行为也须进行充分的说理，唯有如此才能确保二审法院或再审法院对变更判决的合理性具有审查之可能。“法官必须对其裁量决定说明理由，这不但是推动依法行政的需要，也是维护司法审查自身合法性的需要。要想法院切实担负起监督行政活动、推动依法行政的角色，法官必须告诉行政机关应当遵守的规则是什么。”[94]

四、判决效力

作为形成判决的一种，变更判决与撤销判决一样具有形成力。不同的是，撤销判决的形成力表现为消灭某种行政法律关系，而变更判决的形成力则为通过变更行政行为变更某种行政法律关系。

更重要的问题是，变更判决是否具有执行力。一般认为，判决的执行力只存在于给付判决之中，当义务人不依照判决确定的内容履行应当履行的义务时，权利人可以申请法院强制执行。[95] 但由于变更判决是由法院

---

[92] 梁凤云：《新行政诉讼法讲义》，人民法院出版社2015年版，第441页。

[93] 参见江必新、梁凤云：《行政诉讼法理论与实务》，法律出版社2016年版，第1626页。

[94] 何海波：《论行政行为“明显不当”》，载《法学研究》2016年第3期。

[95] 参见江必新、梁凤云：《行政诉讼法理论与实务》，法律出版社2016年版，第1598页。学理上也称为“实现力”。参见姜明安主编：《行政法与行政诉讼法》（第7版），北京大学出版社、高等教育出版社2019年版，第524页。

代替行政机关作出内容明确的行政行为，该判决的内容也具有执行之可能。唯这种执行力究竟是变更判决所具，还是变更判决所含的行政行为所具是值得玩味的。换言之，当原告不履行变更判决时，行政机关应当根据《行政诉讼法》第95条的规定申请诉讼执行，还是根据行政强制法的规定实施强制执行或者申请法院非诉执行？从司法实务的观点看，法院更倾向于认为此时是行政行为执行力与行政诉讼判决执行力之间的竞合："变更判决确定之后，一方当事人不履行义务时，他方以判决为依据，可以申请人民法院强制执行，或者由行政机关依法强制执行，以国家强制力保证判决的内容实现。"[96]而这样的认识将会导致对于变更判决确定的行政行为，行政相对人无法提起诉讼，其诉权受到限制甚至剥夺，这也是变更判决的适用应当审慎而为的原因之一。

[96] 江必新、邵长茂：《新行政诉讼法修改条文理解与适用》，中国法制出版社2015年版，第285页。

信息法学

●论数据安全标准及其规制

李　昕　曹旭辉*

摘　要:数据安全标准是具有高度技术性的规则体系,作为以科学技术和实践经验为基础所形成的规则,数据安全标准不仅是法律实施的技术支撑,而且是政府规制的基本依据。标准的规范属性与法律效力蕴含着源于权力化的隐忧,因此,基于数据安全标准的规范性、技术性,以及所承载的利益博弈,建构以事前规范为核心的相关制度,优化标准制定中利益相关方参与决策机制,实现标准的规范化,是建构数据安全良性治理机制的关键。

关键词:数据安全;数据安全标准;风险规制;技术民主化

一、问题的提出

对多种数据源进行汇聚存储,并采用分布式处理技术及各种机器学习技术对数据进行分析、处理,以便从海量数据中挖掘应用价值,进而驱动业务发展,是大数据运用的目的。随着大数据、人工智能等信息技术的快速发展,数据已成为国家基础性战略资源。与此同时,伴随着一系列的挖掘、开采和提炼,以及无边界、跨组织的数据共享与交换,大数据管理呈现出多源分布、无中心、多组织的特点,这些特点给数据安全防控带来新的挑战。

2021 年 6 月出台的《数据安全法》将数据安全上升至国家安全高度,

---

* 李昕,首都师范大学法律系教授,首都师范大学科技法研究中心主任,主要研究方向为行政法与行政诉讼法学;曹旭辉,首都师范大学科技法研究中心研究助理。

并提出要建立、健全数据安全治理体系，明确了数据安全治理的法律依据与工作导向。如何建构一套技术与规则相互作用的数据安全保障体系，提升数据安全治理能力成为数字时代的紧迫议题。由于大数据在数量规模、处理方式、应用理念等方面所呈现的新特征，传统"以网络为中心"的监管模式，面临向"以数据为中心"的监管模式的转变。在这一转型时期，高速变化的数据技术生态与技术认知层面上的局限性之间必然存在一定张力，这种张力置于数据安全治理领域，主要体现为数据安全规制的技术性对法律制度提出的诸多挑战。

数据安全的保障依赖于技术与规则的双重作用。面对大数据聚合性风险的不确定性以及识别的技术性，传统的法律规范无论是在风险预防上，还是技术判断方面都越来越显得捉襟见肘。如何建构一套有效回应数据安全技术属性的监管制度与规制策略，通过规则回应大数据时代技术应用的风险，成为当下亟须解决的现实问题。为此，国务院印发的《促进大数据发展行动纲要》(国发〔2015〕50 号)中明确要健全大数据安全保障体系，强化安全支撑；完善法规制度和标准体系，科学规范利用大数据，切实保障数据安全。在这一背景下，具有规范性和技术性双重属性的数据安全标准成为数据安全治理规范体系的重要组成部分。作为数据安全治理规范体系的一部分，数据安全标准不仅是开展数据安全监管、规范行业数据安全的依据，而且是网络运营者提升数据安全能力的行为指南，承担着促进数据应用规范化、提升数据活动安全性的重要功能。

如果说技术已然构成基于信息不对称所形成的壁垒，那么，作为兼具规范与技术双重属性的标准，在一定程度上承担着沟通法律与技术的介质的作用。无论是基于现实的需要，还是制定法的赋权，在技术发展的推动下，标准都充当着行政许可、检查和惩戒的基准或依据。这意味着标准已不仅仅是技术裁量的参照，而且成为一项重要的治理工具。

具体到数据安全标准领域，立法与标准相辅相成是国家数据安全战略的重要内容，这意味着数据安全标准在参与社会治理、市场规制过程中发挥着举足轻重的作用。随着适用领域的扩大、作用的强化，标准呈现出逐渐权力化的趋势，这种权力化同时带来了诸多合法性拷问与正当性隐忧。无论是数据安全标准的现实作用还是合法正当性的隐忧，都意味着标准不再仅仅是数据安全的治理工具，而且应当成为法治框架内的被规制对象。如何有效防止标准在数据安全治理中的权力泛化或负面效应,法律是否可以穿透技术壁垒将权利、自由、安全、公平、正义等价值植入标准,如何针对数据安全标准的基本特征,确定其功能定位,进而回应将其嵌入治理体系所带来的现实挑战,实现法律与标准的良性互动,成为完善数据安全标准制度的当务之急。

二、数据安全标准的特质

标准是特定领域制度安排的产物。要建构一套基于国家数据主权的数据安全标准体系,是应当以网络管理为中心,还是以数据管理为中心?是以零信任架构为基础,还是以等级保护为核心?这些既是技术问题也是法律问题。为维护数据安全,《网络安全法》《数据安全法》《个人信息保护法》《关键信息基础设施安全保护条例》等法律法规陆续出台,《网络数据安全管理条例(征求意见稿)》等配套法规也正在制定中。在上述立法的基础上,通过颁布国家标准,落实分类分级、规范建设、严格测评、监督检查、感知预警等要求,构建全程管控、技管并重的数据安全监管制度,是当前我国数据安全保障的现实策略。与法律不同,标准兼具技术性、规范性双重属性,其中,数据安全标准的技术性是从经验的角度对数据安全管理的科学内核的呈现,而规范性则来自国家制度安排所赋予的实质效力。

(一)数据安全标准的技术性特征

数据安全标准的技术性特征是其专业属性的内在表现。数据安全标准是科学经验的载体,因此,必然受制于现实的技术水平。科学认知的规律、特点决定了标准的现实性与开放性,也造就了标准不同于法律规则的存在空间。

科学认知的阶段性决定了技术标准必须是现实的。数据安全标准的现实性在于数据安全防控必须立足于现有技术,是现有技术手段的具体运用,因此,一国数据安全标准的制定,必须根植于本国现阶段大数据治理技术水平和数据产业发展的现状。这意味着信息安全、网络安全以及隐私保护等方面的现有技术,决定了数据安全标准的实质内容与可行性。目前,我国可信计算已形成完整的产业体系,技术发展使得通过将可信免疫系统植入中央处理器(CPU)或者增加免疫系统模块,以及嵌入式可信芯片及可信根来构建免疫系统,具有了现实可能性。正是基于对可信性的技术认知,现有系列标准建立了以可信性为基础的安全体系,并根据计算环境、区域边界、网络传输、行业现状的不同特点,确立从采集、传输、保障到清洗、提炼的安全防护措施。2021 年发布的强制性国家标准《网络关键设备安全通用要求》(GB 40050—2021)通过融入可信计算技术,为核心业务系统建立可信赖的安全运行环境,正是对上述计算科学经验的认定。

数据安全标准又必须是开放的,这种开放性源于技术进步与产业发展。受信息技术所限,早期数据平台安全主要以网络安全为中心,通过物理或逻辑隔离来保证,并借助第三方数据加固安全组件等数据中台(中间件)的安全能力来实现用户数据安全,相关技术标准侧重于强化内生安全功能。与传统互联网技术不同,大数据处理系统依托于云计算的分布式处理、云存储、虚拟化技术,分布式处理技术、云计算的运用,以及多租户架构是大数据平台的特点,因此,将云计算、移动互联网、物联网和工控等纳入可信计算范畴,是大数据时代数据安全保障的核心要求。目前,如《信息安全技术　网络安全等级保护定级指南》(GB/T 22240—2020)、《信息安全技术　网络安全等级保护基本要求》(GB/T 22239—2019)、《信息安全技术　网络安全等级保护安全设计技术要求》(GB/T 25070—2019)、《信息安全技术　网络安全等级保护测评要求》(GB/T 28448—2019)、《信息安全技术　网络安全等级保护测评过程指南》(GB/T 28449—2018)等现行有效的国家标准,正是基于云计算、物联网、大数据、移动互联网技术等新技术、新业务形态的变化相继出台的。

同时,由于各种数据分散在云端、移动设备、关系型数据库、大数据库平台、PC 端、采集器端等多个位置,数据管理呈现出分布式、无中心的状态,这使得前述以网络安全为防控重点的安全标准无法适应新技术、新产业发展的需要。鉴于此,国家标准化管理委员会于 2018 年发布了《数据管理能力成熟度评估模型》(GB/T 36073—2018,DCMM)。这是我国在数据管理领域首个正式发布的国家标准,旨在为市场提供一个有关数据管理能力的评估指标体系。结合数据生命周期各个阶段的管理特征,DCMM 按照组织、制度、流程、技术对数据管理能力进行了分析、总结,提炼出数据管理的八大过程域,①并对每项能力域进行了二级过程项(28 个过程项)和发展等级的划分(5 个等级),拟定了相关评定指标(441 项指标)。相较于既往标准,DCMM 的颁布意味着我国对于大数据安全治理从“网络中心”向“数据中心”的延展。《信息安全技术　数据安全能力成熟度模型》(GB/T 37988—2019,DSMM)是继 DCMM 之后,专门颁布的有关数据安全的国家标准,与侧重于物理安全、网络安全、安全建设管理等的网络安全等级保护标准不同,DSMM 强调以数据为中心,关注数据全生命周期的安全控制,特别是对数据采集、溯源、分析环节的安全防控作出了专门规定,填补了我国数据安全标准的空白。②

总之,数据产业与安全防控技术水平现状决定着数据安全标准的实质内核,从现阶段的技术水平出发,建构计算环境、区域边界、网络传输三重数据安全防护,是国家数据安全战略的基本定位,反映到数据安全标准层面,意味着必须从数据语义、生命周期和信息技术(IT)三个维度建立健全“以数据为中心”的标准体系。

(二)数据安全标准的规范性特征

数据安全标准的规范性依托于它在数据安全治理中的功能定位,具体表现为标准的法律效力。从功能角度而言,数据安全标准是数据领域的治理工具。尼尔·波斯曼曾言:“每一种工具里都嵌入了意识形态偏向,也就是它用一种方式而不是用另一种方式构建世界的倾向,或者说它给一种事物赋予更高价值的倾向。”③

数据安全标准同样秉承着其自有的价值观。作为一种治理的工具,数据安全标准的制定需要平衡多重主体的利益,考量三个核心要点:其一,设立数据安全标准的目的在于限制数据采集,还是促进相关主体的安全治理能力的提升,鼓励能者多得;其二,应当建立数据安全防控的统一规范,还是实行分类分级的安全治理模式;其三,是采取单一化的政府规

---

① DCMM 提炼出的组织数据管理的八大过程域包括数据战略、数据治理、数据架构、数据应用、数据安全、数据质量、数据标准、数据生存周期。

② DSMM 将数据按照其生命周期分阶段采用不同的能力评估等级,分为数据采集安全、数据传输安全、数据存储安全、数据处理安全、数据交换安全、数据销毁安全六个阶段。

③ [美]尼尔·波斯曼:《技术垄断:文化向技术投降》,何道宽译,北京大学出版社 2007 年版,第 6 页。

制，还是建立政府、市场、社会合作治理的数据安全防控机制。这三个要点决定着数据安全标准制定的目的与具体内容，并最终需要通过数据安全标准中的禁止、赋权条款得以体现。从这个意义上讲，数据安全标准是制度安排的产物，它的规范性正是制度安排的结果。

基于数据产业发展的战略定位，平衡利用与安全的关系，建立合作治理体系，提升安全治理成效，是当前完善数据安全标准体系的目的。数据安全标准有强制性与推荐性之分，不同属性标准的效力不同，强制性标准发挥着底线监管的作用。被纳入强制性标准范畴的数据安全标准，具有强制性规范效力，其实效性往往通过设定量化的数值、指标、技术规范，并经由行政机关对其反复适用以及后续采取的一系列监管手段而产生间接的拘束力。④ 例如，《计算机信息系统安全保护条例》第 9 条规定："计算机信息系统实行安全等级保护。安全等级的划分标准和安全等级保护的具体办法，由公安部会同有关部门制定。"据此发布的《计算机信息系统安全保护等级划分准则》（GB 17859—1999）将计算机信息安全划分为 5 个等级，并细化了计算机系统中信息数据的采集、加工、存储、传输、检索规则，其中，第 4. 2. 2 条"身份鉴别"明确"计算机信息系统可信计算基初始执行时，首先要求用户标识自己的身份，并使用保护机制（如口令）来鉴别用户的身份；阻止非授权用户访问用户身份鉴别数据"，第 4. 2. 5 条"数据完整性"明确"计算机信息系统可信计算基通过自主完整性策略，阻止非授权用户修改或破坏敏感信息"。上述对计算机信息数据安全保护的强制性标准，不仅仅是一种技术路线与指标，同时也是监管依据与裁量准则。⑤

除强制性标准之外，推荐性标准在数据安全现行标准体系中也占有很高的比例，这些推荐性标准发挥着类似于软法的治理功能，在文本表述上亦呈现出"软拘束力"。⑥ 例如，在《信息安全技术　健康医疗数据安全

---

④　参见宋华琳：《论技术标准的法律性质——从行政法规范体系角度的定位》，载《行政法学研究》2008 年第 3 期。

⑤　日本学者盐野宏亦指出，行政机关可通过对违反标准的事实予以公布等确保标准实效性的方式，迫使相对人履行标准，实现与拒绝许可、给予处罚等形式同样的机能。参见［日］盐野宏：《行政法》，杨建顺译，法律出版社 1999 年版，第 173 页。

⑥　"软法"概念由罗豪才、宋功德首次提出，参见罗豪才、宋功德：《认真对待软法——公域软法的一般理论及其中国实践》，载《中国法学》2006 年第 2 期。

指南》(GB/T 39725—2020)国家标准中,笔者检索到诸多"应"(239 次)、"不应"(4 次)的命令式的规范表述,具体表述如"不应将被传输的健康医疗数据用于其他目的""不应将健康医疗数据在境外的服务器中存储,不托管、租赁在境外的服务器""审计记录不应被修改或删除"等。在《信息安全技术　移动智能终端个人信息保护技术要求》(GB/T 34978—2017)中,检索到"应"(203 次)、"需要"(12 次),具体表述如"数据分级要确保分级结果能够为数据保护提供有效信息,应提出分级安全要求""数据分类和分级方案在总体上应具有概括性和包容性""直到数据被彻底删除之前,存储的数据均应由组织提供恰当的安全保护""数据分级需要组织的主管领导、业务专家、安全专家等共同确定""为了从数据中挖掘有价值的信息,需要将不同的数据源进行汇聚和关联分析"等。此类推荐性标准并未被赋予强制性、命令性,因而属于指导性、倡议性的规则,即属于软法范畴,[⑦]目的在于通过柔性规则的协商性、沟通性、说服性来引领数据安全的治理。

虽然强制性标准与推荐性标准的属性不同,但从功能的角度而言,数据安全标准不仅是一种中立性的技术路线与参照指标,而且承载着指引、预测、评价相关主体行为的作用,并通过上述作用实现对适用对象的行为调控。从这个意义上讲,数据安全标准在实质上呈现出法规范的效力,是技术与规范的统一。

三、数据安全标准的特殊功能

云计算、大数据、移动互联网、物联网和人工智能等技术推动了整个社会的数字化,促使数据成为继土地、人力、资本、管理、技术之后的新型生产要素。与其他生产要素不同,数据的价值需要在流动、分享、加工和处理过程中得以创造,这一特点使得数据安全不再是一个孤立的、静态

---

⑦ 关于标准文本中此类条款的规范效力存在不同解读。有学者认为此类条款中没有相应的法律责任条款,即便有规范性语词,也并未被赋予强制性、命令性的意义和性能,从而实际是指导性、倡议性的规则,即属于软法范畴,参见沈岿:《软硬法混合治理的规范化进路》,载《法学》2021 年第 3 期;亦有学者认为,由于有些推荐性标准中存在大量类似法律规则中行为模式的用语,标准呈现出内容上的规范性,参见崔俊杰:《个人信息安全标准化进路的反思》,载《法学》2020 年第 7 期。

的、点面式的问题，而成为一个系统化、体系化的工程。数据的流动性、业务的强关联性以及利益的复杂化，使得法律的原则性规定必须通过具体的技术标准得以落实，因而，标准以其兼具技术性与规范性的优势，在预防数据安全风险方面发挥着沟通技术与法律、整合多元主体的数据利益的特殊功能。

（一）数据安全标准是沟通技术与法律的介质

大数据时代的数据安全已经不再局限于数据库管理系统层面，更多指向的是体系化安全。⑧ 与之相对应，作为治理工具的数据安全标准的功能在于立足大数据时代数据利用的特点，实现数据全生命周期的整体性安全。

数据安全治理是一项系统工程，从数据安全治理的政策规划、治理平台的搭建、治理组织的合作、治理流程的厘清，到元数据的管理、主数据的整合，再到数据收集、存储、共享和使用，涉及不同行业、不同类型、不同环节的数据安全。治理对象与场景的复杂性决定了数据安全治理规范体系构成的多样性、立体化。兼具技术性与规范性的数据安全标准，也因此成为法律、法规、规章之外的非正式渊源，承担着沟通技术与法律的介质功能。

安全性是数据运用价值的基础。在大数据时代，只有扫清数据在算法端、数据端和设备端的交互障碍，促进不同结构的数据集直接合并互通，才能实现数据交互。在这一过程中，数据安全标准的功能在于将技术经验转换为技术与管理规范，进而将这种技术和管理规范确立为特定行业的行为准则，因而，对于数据交互而言，数据安全标准的确立同样发挥着打通大数据治理系统技术壁垒的作用。技术是中立的，但规范必然包含着价值定位，作为一种技术规范，数据安全标准是权益保护、法律原则、政策理念在数据安全治理中的贯彻与落实。例如，《个人信息保护法》确立了个人信息受法律保护的边界，但保护的实现需要依托于数据主体的

⑧ 数据库安全建设已经从安全数据库管理系统、安全的数据库服务向海量信息处理安全过渡和发展。在保障数据库安全上，应体现出以预防与控制为主，结合数据库技术发展的方向和趋势，以技术为根本手段、以组织为保证、以管理为灵魂，在数据库的建、管、用全生命周期中加强数据库的安全保障手段，形成完善的数据库安全保障体系。参见冯勤群：《大数据背景下数据库安全保障体系研究》，载《软件导刊》2013 年第 1 期。

权限管理。从技术角度而言，这种权限管理体现为数据发现与访问跟踪的技术能力，需要借助线上数据库抽样扫描、大数据仓库的元数据分析、数字光处理（digital light processing）的本地扫描等技术，运用上下文分析、语义理解、血缘关系追踪、元数据等手段，通过在数据节点上分发、搜索，或者利用敏感数据热力图进行预采样来全量感知受法律特别保护的敏感数据的位置。高度的技术依赖使得立法对数据领域的权益保障必须通过客观化的制度规范来实施，因此，建构"以数据为中心"的可信性、分级化安全保障体系，平衡利用与安全之间的冲突，并根据计算环境、区域边界、网络传输、行业特点，确立贯穿数据全生命周期的安全保障技术指标，也成为完善数据安全标准的当务之急。

与标准相比较，面对技术领域，立法的不足之处体现在两个方面：其一，立法无法深入触及技术治理的末梢；其二，立法无法及时、有效地回应新兴技术领域的前沿问题。上述不足正是标准发挥作用的空间。具体到数据安全治理，解决当前数据安全规则不准确、非结构化等问题，需要开发技术手段，同时需要形成凝聚行业共识的技术规范即标准。例如，前述DSMM便是基于阿里巴巴集团的多年数据安全实践。其先是沉淀形成行业共识，后在充分参考国际上相关标准和经验的基础上，被进一步提炼总结为国家标准。其要义是以数据为中心，在数据分类分级的基础上，从组织建设、制度流程、技术工具和人员能力四个方面，对特定组织的数据安全能力成熟度进行测评并划分等级，进而根据数据处理者的数据安全能力成熟度等级，决定其是否具有处理特定类型、特定等级数据的资质。[⑨]这意味着一个具有更高数据安全能力成熟度等级的组织能获得处理更多数据资源的机会。[⑩] 该技术标准的出台突破了传统立法中"合规条件+法律责任"治理范式的局限，通过标准的实施使得数据处理者的数据安全水平成为发展的竞争力，从而激发数据处理者提升数据安全能力的内在动力，在数据安全和数据处理者间建立起正向驱动的关系。当前，根据数

---

⑨ 参见孙晓云：《数据安全能力成熟度模型成国标"阿里实践"助全行业水平提升》，载新华网2019年9月6日，https://baijiahao.baidu.com/s?id=1643914930113134277&wfr=spider&for=pc。

⑩ 参见唐会芳、翟婷婷：《〈数据安全法〉指导下的数据安全发展之路》，载《中国信息安全》2021年第7期。

据的敏感性进行分类分级管理成为数据安全治理的行业共识。2019 年 5 月正式发布的《信息安全技术　网络安全等级保护基本要求》(GB/T 22239—2019)中提出网络运营单位"应对信息分类与标识方法作出规定，并对信息的使用、传输和存储等进行规范化管理"，对重要数据资产应进行分类分级管理。《数据安全法》进一步明确分类分级保护是处理数据安全和利用之间冲突的平衡点，提出"国家建立数据分类分级保护制度"，并在此基础上专门规定了对重要数据的保护。在法律明确了分类分级保护的基本制度后，确立不同地区、不同部门、不同行业的"重要数据目录"，制订数据安全分类分级标准，是实施《数据安全法》的首要工作。因此，工业和信息化部办公厅发布了《工业数据分类分级指南(试行)》，提出对工业数据的分类和分级标准；金融行业发布了行业标准《金融数据安全　数据安全分级指南》(JR/T 0197—2020)和《证券期货业数据分类分级指引》(JR/T 0158—2018)。上述行业领域的数据安全分类分级标准的功能在于将法律规范具化为实践指引。

(二)数据安全标准是整合多元数据利益的载体

从功能的角度而言，通过技术指标的形式发挥规范作用是数据安全标准的基本特征。数据是重要的新兴生产要素，因此，在数据主权层面，关系数据资源配置的数据安全标准，是大国竞相抢占的制高点，同时，也是国内数据市场众多利益相关方合作与博弈的载体。

标准是众多利益相关方协商一致的产物。国际标准化组织将利益相关方界定为"与组织的决策或活动存在利益关系的个体或团体"。[11] 数据安全标准直接关系到数据产业政策的落实，因此，制定与实施标准的过程不仅是一个技术手段落实的过程，更是利益相关方共同建立与实现治理秩序的体现。当前，参与自发标准化组织和标准化过程已成为高技术产业市场战略的重要内容。在复杂多元的数据安全治理系统中，标准的制定与实施既是各方进行数据资源争夺与话语权博弈的过程，又是各方谋求与建构统一市场秩序的合作过程。

各利益相关方乃至各国之间对数据资源的争夺集中反映为对各类数据安全标准制定权的竞争。对于开发、控制和使用不同个体标准产品的

⑪　于连超:《标准化法原论》，中国标准出版社 2021 年版，第 22 页。

经济体，包括地区联盟、国家、企业联盟、企业营利组织而言，所谓标准竞争是指两种或两种以上个体标准争夺本位的过程，竞争的目的在于力图使各自的技术标准上升为行业标准、地区标准、国家标准甚至国际标准。这意味着围绕数据安全标准的利益博弈，早已超越了技术层面上升到了产业乃至国家利益的层面。以智能网联汽车行业数据为例，初期的智能汽车数据安全主要依靠企业自律。随着智能网联汽车开放的端口增多，数据安全问题日益凸显，如特斯拉公司公布车主行程数据事件曾受到舆论的广泛关注，进而引发了公众对外国新能源车企涉嫌"数据霸权"的质疑。为此，国家互联网信息办公室等发布了《汽车数据安全管理若干规定（试行）》，对智能网联汽车产生的数据进行了界定，明确了责任主体、数据范围、收集方式、隐私保护、数据出境等内容。2021 年 10 月 11 日，国家市场监督管理总局、国家标准化管理委员会发布由全国汽标委智能网联汽车分标委组织制定的《汽车信息安全通用技术要求》等 4 项标准，上述标准的出台正是智能网联汽车产业领域数据利益博弈的结果。

如果说竞争是大数据产业市场化本性的体现，那么合作则是大数据安全防控的必然选择。分布式、去中心、多组织的基本特点，使得数据安全治理必须借助于多元利益主体之间的合作。保障数据的保密性、完整性、可用性是数据安全防控的核心目的，⑫不同于传统信息安全防控，大数据生态系统中的保密性包含主体的个人隐私和客体的数据安全两个维度；完整性则体现为传输、分布式存储和处理中数据的一致性、数据分析算法的科学性，以及数据的可信性；可用性则需要考量大数据生态系统运行的安全目标，以确保数据生命周期内的数据活动始终满足数据的保密性、真实性要求。上述目标的达成必须依赖于相关数据主体的合作治理，只有合作才能打通数据全生命周期中不同节点的安全防控，而合作的前提是共识，相关数据安全标准的制定过程，恰恰是利益相关方协商一致、凝聚共识的过程。在这一意义上，数据安全标准不仅是数据利益相关方竞争的工具，也是其合作的桥梁和纽带。从市场经济学的角度来看，与通

---

⑫ 参见吕波：《以零信任技术为指导的数据安全体系研究》，载《现代信息科技》2020 年第 12 期。

过价值规律的作用对稀缺性资源进行直接配置的对抗性竞争相比,合作竞争则是在互补性的基础上,通过契约或合同对资源进行配置的过程。合作的推动力是彼此的互补性,实现方式则是合意与共识,标准的形成正是合意与共识的体现。数据价值的实现依赖于统一、有序的数据市场秩序,而数据安全风险的聚合性意味着合作、共识是数据市场秩序的基础,这种共识基础将参与标准形成的各数据要素利益相关方编制为一张广泛的、复杂的合作网络。在合作网络中,联结强度高意味着利益相关方的信任程度高,信任度越高越有利于合作网络中的资源交换与信息流动。⑬ 这种网络及其机制,在实现数据安全防控治理效能的同时,亦发挥了引导、维系和促进相关数据处理企业与产业组织集聚的效果,⑭进而有利于促进统一、安全、可信的数据市场秩序的建构。

四、对数据安全标准的规制路径

技术优势并不能证成技术权力存在的正当性,数据正义的实现依然有赖于一套公平的社会制度。作为重要的数据安全治理工具,数据安全标准的规范性体现在管理规范与技术规范两个层面。在数字时代,数据不仅是一种财富,更是一种权力,这种权力是与技术优势相生相伴的,而在技术标准的形成过程中,拥有技术优势同时意味着占据标准形成的主导权。上述技术权力与标准的规范效力相结合将会使社会面临被“技术利维坦”支配的风险。

基于数据安全标准的基本特征,要充分释放标准治理的效能,必须将其嵌入我国大数据安全治理的制度体系,回应对数据安全标准的合法性、正当性质疑。具言之,需要明确的核心问题在于以下三点:其一,如何厘定标准在数据安全治理规范体系中的角色定位,发挥标准在数据安全治理中的最大效能;其二,如何将数据安全标准所承载的多元利益博弈纳入标准形成过程中,体现标准的科学、有效与公平;其三,如何针对数据安全标准的规范属性,选择恰当、有效的规制方式,将标准治理

---

⑬ 关于标准合作形成的网络结构的阐释,参见方世世等:《国家标准合作网络结构特征及驱动模式——以数字经济领域为例》,载《中国科技论坛》2020年第5期。

⑭ 参见孙耀吾、曾德明:《技术标准合作:高技术企业集群创新研究的新视角》,载《财经理论与实践》2005年第6期。

纳入法治轨道。

(一)厘定标准在数据安全治理规范体系中的角色定位

数据安全是一个不确定的法律概念,具有阶段性、变动性,左右数据安全不确定性的主要因素在于一国的技术能力与产业政策。与此同时,由于数据安全关系到个人信息保护、产业发展与国家安全,多主体利益、多重目的的博弈也始终贯穿于数据安全标准的制订、实施之中。面对数据安全治理需要平衡的多元利益冲突,要将标准纳入数据安全治理规范体系,实现数据安全标准的合法、有效,必须厘定数据安全标准在多样化治理工具中的定位。其中,如何处理数据安全标准与产业政策的关系,以及数据安全标准与法律的关系,成为不可回避的问题。

数字时代的数据安全观与数据生产观必须是相统一的,因而,数据安全标准与产业政策的价值定位应当保持一致。2020年,国家正式将数据确立为新型生产要素,这标志着数据与其他要素一起融入我国经济价值创造体系,成为数字经济时代的基础性资源。在数字经济时代,数据的价值是无限的,如何在确保安全的前提下认识、控制并利用数据创造价值,是企业、产业乃至全社会必须面对的挑战。要充分释放数据资源中蕴含的要素价值,则必须将产业政策融入数据安全标准之中,实现两者的相互契合,进而促成产业链、供应链各个环节的结构性协调,实现全局优化。将一国产业政策融入数据安全标准之中,也是将宏观治理导向凝聚为微观治理共识的过程。从全球大数据治理现状来看,各国、各地区数据安全维护的制度逻辑不尽相同,治理实践往往显现出鲜明的国情特色。例如,鉴于技术与产业优势,美国对数据持积极利用的态度,构建了相对宽松自由的数据治理环境,秉持以市场为主导、以行业自律为主要手段,鼓励多元主体共建共享数据服务,与之相应,数据安全标准的制定侧重于行业自发与市场自治;欧盟虽然将数字产业发展列为实现未来竞争力的战略方向,但囿于其本土数据产业规模的有限,其数据安全治理更多从“理念”与“规则”塑造层面入手,提出将价值观、个人权利和市场价值相结合的欧洲“数据理念”;俄罗斯从维护国家安全的角度出发高度重视数据安全,对于数据流通有较严格限制,从而将特定数据安全标准的制定权纳入政府强监管的治理框架,总体呈现出相对封闭的

"孤岛"态势。[15] 基于总体国家安全观,我国的数据安全治理本着务实、平衡的原则,充分运用法律规范、产业政策以及标准指南等治理手段,一方面,通过立法及国家标准筑牢数据产业发展的安全底线;另一方面,鼓励多方主体积极开展数据安全技术标准的研究、开发,营造良好的制度环境,推动数字经济和实体经济的深度融合。

填补法律在数据安全治理中的不足是数据安全标准的重要功能。数据安全治理是一种风险治理,与传统治理不同,风险治理的主要任务在于防控。具体到数据安全领域,建立标准的目的之一在于加强风险源的调查研判,提高动态监测、实时预警能力,因此,数据安全标准是一种以提升安全能力为目标的治理工具,[16]这种治理工具与法律相比,呈现出更强的预防性特征,在一定程度上弥补了立法的天然滞后性。同时,制定与实施标准的过程不仅是一个技术手段落实的过程,更是利益相关方谋求建构统一市场秩序的合作过程,相较于完全依靠国家强制力实施法律的机制,这种带有合作治理属性的工具具有更高的有效性。

落实法律确立的原则与权利、义务是标准的核心目的,明确法律与标准的关系是对日益权力化的技术标准进行规制的基础。在大数据时代,技术的革新使得数据安全标准不仅体现着技术的优势,更具有了权力化的实质效力。虽然数据是无限的,但权力必须是有限的,如何规制数据安全标准,避免数据权力通过技术标准侵犯个人权益、排斥竞争、阻隔数据流动,是规制数据安全标准的重要目的。在法律、标准共同构成的数据安全治理体系中,应当遵循法律所确立的基本原则,明确标准是法律实施的一种技术手段;数据安全标准必须遵循法律所确立的顶层设计与制度逻辑,不得创设权利、义务。与此同时,为了保持标准与法律之间的良性互动关系,还需要建立相应的配套机制。例如,建立标准的更新维护机制,对现行及在研数据安全标准进行定期审查,对其有效性及实施效果进行跟踪和评估,并及时修订或废止,以保持标准的合法性、先进性。

---

[15] 参见李艳、章时雨等:《全球数据安全:认知、政策与实践》,载《信息安全与通信保密》2021 年第 7 期。

[16] 包括提升数据安全管理能力、数据安全运营能力、数据安全技术能力和数据安全合规能力等。

（二）优化标准制定中利益相关方参与机制

标准的制定与实施是一个技术民主化的过程。技术民主是制定现代科技公共政策遵循的核心原则，技术民主化的目的是在技术领域推行基于话语权的民主理论，使科技专家与政治家之间建立起民主对话机制，[17]从而实现有关技术的社会选择。[18] 对于具有专业壁垒的数据安全领域而言，完善利益相关方参与机制，正是将社会选择注入技术领域，实现技术民主化的基本路径。只有通过利益相关方的广泛参与，才能将更多的经验、知识和事实因素纳入数据安全标准制定的考量范围，也才能让伦理、价值、利益等社会因素得以充分表达，从而保障数据安全标准的正当性。

在标准日益权力化的实然状态下，保障利益相关方的参与权，是为数据安全标准注入民主要素、保障技术标准的正当性的重要机制。如前所述，数据安全标准的制定涉及多元利益相关方，利益相关方参与标准化活动需要通过特定的制度安排来实现，标准化技术委员会便是基于制度安排而设立的以利益相关方参与为基础的特定组织。各国标准化政策和标准化立法均强调标准化技术委员会须由利益相关方构成，[19]我国《全国专业标准化技术委员会管理规定》中亦明确："技术委员会由委员组成，设主任委员和副主任委员。技术委员会的委员应当具有广泛的代表性，可以来自企业、科研机构、检测机构、高等院校、政府部门、行业协会、消费者等。"但从信标委官网现已发布的数据安全国家标准的公示信息来看，数据安全标准相关起草人员及承担单位，仍以数据通信行业的专业技术人员和组织为主，数据安全标准制定过程中的共识性、协同性和代表性仍有待加强。

数据安全风险具有系统性，因而，利益相关方范围的确定必须充分考虑到数据安全所涉行业、领域、主体的广泛性和代表性，以及相关公共职能部门的协调性。随着经济社会信息化、网络化、智能化的快速发展，各领域正经历着不同维度、不同颗粒度、不同进度的数字化。数据的生成、使用已成为各项经济社会活动的伴生现象，尤其是随着大数据与实体经

---

⑰ 参见孙浔：《技术民主的两条道路——哈贝马斯和芬伯格技术政治学比较研究》，载《兰州学刊》2008 年第 9 期。

⑱ 参见徐凌、蔡仲：《"技术民主"发微》，载《理论月刊》2014 年第 8 期。

⑲ 参见于连超：《标准化法原论》，中国标准出版社 2021 年版，第 23 页。

济、社会治理以及民生服务的深度融合，不同领域、环节的海量数据得以在更大范围汇聚复用、交织融合，这些广泛存在的、海量的、交互联系的数据，在带来全新的产业革命的同时，也伴随着系统性的安全风险，这使得数据安全风险成为各个领域、行业、主体、环节共同面对的挑战。从数据的产业链条而言，完善安全技术标准的制定程序，应充分保障数据产业链全流程的利益相关方的决策参与权、意见表达权，即尽量将数据产业链的上、中、下游的利益相关方纳入数据安全标准决策中，尤其要充分保障中小数据企业在标准制定过程中的参与度。

与此同时，随着数据活动不断扩展、深化和迭代，数据安全风险也呈现出复杂性、多变性。数据安全的系统性、复杂性、多变性是对职能范围相对确定、有限的传统公共部门治理能力的挑战，有些数据安全风险发生于公共部门职能外延的边缘地带，有些数据安全风险发生在公共部门职能联系的交叉地带，有些数据安全风险则发生在公共部门职能之外的新兴地带，要有效应对上述安全风险，建构以数据全生命周期为核心的安全防控体系，避免因职能边界不明导致风险防控系统无法闭合，必须在技术标准的形成过程中融入协调机制。

（三）完善数据安全标准的事前审核制度

作为一种治理工具，数据安全标准的合法性、合目的性与协调性直接关系到治理结果的正当性和有效性。不同于传统领域，数据安全防控属于风险规制，对于风险规制而言，制度建构的侧重点在于事前的预防，而非事后的纠纷与争端解决，这也构成了数据安全治理的特点。正是基于这一特点，在数据安全治理中，客观法律规则体系的建构相较于主观权利救济更具有现实意义。

制定发布主体分散、种类繁杂、内容多样、专业性强、法律效力不统一是标准的共性特点。当前，标准领域的乱象主要体现为制定范围不明、主体宽泛、程序与内容缺乏规范、统一协调性不足、监督审核机制不健全等，而要将数据安全标准纳入客观法律规则体系，解决标准与上位法、标准与标准之间的冲突，保障数据安全标准的合法性、合目的性与协调性，首要任务是完善标准发布之前的事前审核制度。对于具有规范效力的标准而言，事前审核有助于解决技术权力外溢导致的负外部性，补强数据安全标准作为治理工具的形式合法性和技术民主性，避免标准的权力泛化。具体而言,事前审核的侧重点包括特定数据安全标准的合法性、合目的性以及协调性。

一是合法性审核。合法性审核的目的在于解决标准与上位法之间的冲突。标准是法律实施的技术手段,数据安全标准必须遵循法律所确立的基本原则与规范内容,且不得僭越立法的保留范围,随意变通上位法规范。由于数据安全涉及多个行业、多个领域,相关规范性文件复杂多样,因此,标准的合法性审核必然涉及规范性文件的冲突选择适用问题。此外,标准制定和发布的主体、程序等合法性要件亦应属于合法性审核的范畴。

二是合目的性审核。安全与利用的平衡是数据安全治理的核心,形成数据安全标准的目的在于达成行业共识,将解决特定技术问题的最佳技术和管理方案确立为技术与管理规则。鉴于数据安全标准已成为多元利益相关方博弈的载体,要实现数据安全标准中的利益平衡,必须妥善处理好标准提供者、中间使用者和终端使用者三者之间的利益互动关系。尤其在行业标准产出的实践中,掌握了标准制定权意味着拥有特定产业的垄断地位,因此,围绕数据安全标准的制定,始终充斥着产业利益的紧张冲突与激烈较量。在促进数据要素市场繁荣,增强产业发展竞争力的同时,不可避免会产生各类利益冲突,平衡利益冲突是合目的性审核的核心。对于具有规范效力的强制性标准而言,合目的性审核包括判断该标准中具体规范的设定是否符合国家相关产业政策,是否符合现实技术水平,是否有利于建立良好的市场秩序,是否有利于保护数据权利人的合法及正当权益。

三是协调性审核。带有风控属性的数据安全标准是一个大类的属概念,按照不同的分类标准,可以具体细化为不同行业、不同适用对象、不同效力的种概念,由于数据安全治理具有高度的专业性和复杂性,且数据生命周期中所有安全域涉及的对象不尽相同,因此,不同行业、不同领域、不同层级对同一数据安全事项可能存在规定的差异甚至冲突,客观上会造成实施上的不一致性。协调性审核的目的在于避免具有规范效力的标准之间的内部冲突。当前,随着各行业大数据治理体系建设加速,各类数据安全标准的研制也提上日程,但距离形成一套有机自洽的标准体系还相差甚远,标准化的整体性效能尚未充分发挥。随着更多数据安全标准的陆续出台,通过完善审核制度实现标准的统一与协调是保障标准有效实施的前提。

总之,标准已渗透到现代生活的方方面面,成为人类技术立场的共同语言和经济活动重要的"基础设施",[20]其旨在为社会确立一个可供广泛使用、规范衡量和互联互通的技术规范,因而具有公共属性。[21] 对于数据要素市场而言,安全标准竞争的本质就是技术竞争,通过竞争促进技术发展的同时,避免技术权力侵蚀公共利益以及其他合法权益,促进数据产业的良性发展,是实现数据安全标准规范化、制度化的内在动因与外在使命。

⑳ See International Telecommunication Union (ITU), *Understanding patents, competition & standardization in an interconnected world* (2014), https://www.itu.int/en/ITU-T/Documents/Manual_Patents_Final_E.pdf.

㉑ 参见贾明顺:《专利标准化过程的利益冲突与平衡》,载《科技与法律(中英文)》2021年第1期。

●“电信还是网络?”:电信法调整范围的厘定*

周瑞珏　赵精武**

摘　要:网络信息服务的业务形态模糊了传统电信业务的基本范畴,基础电信业务与增值电信业务的类型化方式难以揭示电信经营者与网络平台经营者之间的概念差异,因而在我国电信立法过程中有必要从基础概念和体系定位两个层面重新厘清电信法的调整范围。在基础概念层面,电信经营者的认定应当以“信息传递功能”和“利用分层化的电信网络”为核心要素,如欧盟法院在判断从事 OTT 服务①的 Skype 和 Gmail 两家公司是否属于电信经营者时,主要考察其业务活动是否涉及电信网络中的信号传递;在体系定位层面,电信法的立法价值包括电信安全与电信秩序,在电信基础网、支撑网和业务网表现为不同的电信法益集合,借用马斯洛需求层次理论,可以将电信法益作为确定电信法调整范围的价值标准。

关键词:调整范围;电信法律关系;体系定位;电信法益

一、问题的提出:电信法调整范围的边界何在?

我国电信行业正处于全面推广和应用第五代移动通信技术的关键时期,以“云雾协同平台”等技术方案为底层架构的 5G 技术极大改变了现

---

* 本文系国家社科基金重大项目“信息法基础”(16ZDA075)阶段性成果。

** 周瑞珏,北京航空航天大学工业和信息化法治研究院助理研究员,北京航空航天大学计算机学院博士后。赵精武,北京航空航天大学法学院副教授,工业和信息化法治研究院研究员。

① OTT(Over The Top)服务是指互联网公司越过电信运营商通过互联网传输流媒体的服务,例如常见的微博、微信均属于 OTT 通信服务。

有的电信业务格局以及电信经营者与用户之间的权利义务关系，这些改变具体表现为传统电信业务与网络服务业务之间的融合、语音业务成本下降，流量服务成为核心等方面，世界各国（地区）也纷纷开始推进电信管理规范化工作。② 然而，我国现行的《电信条例》无论是在效力层级还是在内容体系上均难以实现与现代通信技术的同步发展。细言之，一是《电信条例》的效力层级明显与涉及国家安全和国民经济命脉的电信行业重要性不相匹配；二是《电信条例》在很大程度上仍局限于对传统电信业务的规范，而即将推广的5G技术以及电信业务与互联网业务之间的融合趋势未在其内。③ 所以，十三届全国人大常委会将电信法再次列入立法规划中，历时39年的电信法立法工作迎来转折点。④

除了将电信资费、互联互通、电信资源分配等议题作为规范重点之外，此次电信立法不同于2004年立法计划的是，个人数据保护、网络安全等新议题将成为电信立法工作的重点之一，其中最为突出的问题是电信领域的融合性业务如何进行规制。⑤ 这些业务既涉及管理网络信息内容，又涉及提供网络信息服务，电信主管部门与其他监管机构的监管范围在很大程度上存在重合。针对传统电信业务，监管机构多通过电信资费监管、用户权益保护、电信行业准入限制等方式进行规范，但面对依托于互联网的新型电信业务，传统的监管方式显然有些捉襟见肘，更不能沿用网络内容服务和网络信息服务的二分法作为电信监管的基本路径，而是需要借助电信网络、电信业务等基本概念来确定具体的监管范围，电信法理

---

② 在2019年，世界各国（地区）纷纷开始推进有关5G的战略制定和规范制定工作，如欧盟发布了《欧盟5G网络安全协调风险评估报告》（EU Coordinated Risk Assessment of the Cybersecurity of 5G Networks）。

③ 有学者将IT产业和CT产业的融合总结为更多的IT合作方（如云管理服务平台、硬件设备提供商、虚拟平台提供商等）进入传统的CT行业。参见李正茂、中国移动通信研究院：《通信4.0：重新发明通信网》，中信出版集团股份有限公司2016年版，第31页。

④ 从1980年电信法起草工作开始至今，电信法数次被列入立法规划，但因时机不成熟等原因均未能对外公布征求意见稿：（1）1993年列入八届全国人大常委会立法规划；（2）1998年列入九届全国人大常委会立法规划；（3）2013年列入十二届全国人大常委会第一类立法规划项目；（4）2016年4月列入国务院立法工作计划；（5）2016年的《国家信息化发展战略纲要》提出要加快制定电信法等法律；（6）2018年9月列入十三届全国人大常委会第二类立法规划项目。

⑤ 早在2007年的电信立法工作中，“三网融合”就已经成为立法工作的重点与难点问题。参见《2007，期盼电信立法融合年》，载《人民邮电报》2007年2月2日，第5版。

应对此有所回应。若未能对电信业务与互联网业务作出相对清晰的区分,直接后果则是电信法将会与其他法律法规在规范内容上存在大量重叠,既未能反映制定电信法单独进行规制的必要性,也未能从本质上重新确立电信法在我国法律体系中的定位,徒然浪费立法资源。这些问题归根结底是现代通信业务异化所引发的法律概念更新迭代,“电信”“通信”“电信安全”“电信经营者”等基础概念在法律文本中的解读直接决定了电信法所调整法律关系的相应边界,同时也在一定程度上影响着电信法在法律体系中的定位。

电信法调整范围的设定不仅是立法技术层面的条款表述设计,同时也是现阶段学理层面饱受争议的理论难题。早期电信立法所面临的主要问题是立法活动无法及时跟进高速发展的电信产业,尤其是增值电信业务类型的扩张更是降低了电信立法草案的可适用性。而在《网络安全法》《数据安全法》等法律出台之后,电信立法面临的现实问题则转变为立法体系层面的统筹协调,如《网络安全法》第24条规定了网络运营者的入网服务义务和实名制义务,而电信立法面临两难境地:如果继续对接入网络服务作相关规定,则存在条款内容重复、“电信运营者”与“网络运营者”概念关系混乱的问题;如果不对相关内容进行规定,又存在电信法内部结构不完整、涵盖电信业务不充分的问题。因此,学界也对此提出诸多不同的解决方案:一是主张电信立法应当主要涵盖“电信资源市场化”和“电信业务行政监管体系”两大内容,⑥如集中规范接入网络定价⑦、改变电信产业自然垄断属性⑧等;二是基于“三网融合”的政策背景,主张现阶段电信法的立法目的在于实现所有通信网络之间的互联互通,立法内容也应当以通信网络连通和主导运营商概念界定为重心;⑨三是主张围绕“政府与业者”和“原垄断者与新进业者”两类法律关系对电信法中的市场准入

⑥ 参见石涛:《国外电信业规制新动向及其对我国电信业改革的启示》,载《生产力研究》2010年第6期。

⑦ 参见王磊:《电信网络接入定价理论与政策研究》,载《价格理论与实践》2018年第2期。

⑧ 参见刘轩:《电信规制改革的国际比较》,载《经济社会体制比较》2010年第2期。

⑨ 参见曹璋:《三网融合中互联互通问题及法律对策》,载《政法论坛》2017年第1期。

制度、电信业务分类制度、资费管制等制度进行重新调整。[10]

总结而言,这些差异化的电信立法理论主张在一定程度上都是以相应的"电信"概念解释为基础,根据电信业务或电信网络特征建构具体制度内容。在现阶段,学者们所依托的"电信"概念大致可分为广义与狭义两类。广义上的"电信"是指以电子方式传递或接收信号的通信方式,包括广播、电话、电视、互联网等各种使用电磁方式的通信手段,如我国《电信条例》第2条所界定之"电信";[11]狭义上的"电信"则是指由发信者选择收信人和信息内容的电磁传输,如电话、电子邮件,而广播、电视、互联网网页浏览并不在此列。面对现代通信技术和新型电信业务的发展,现有的"电信"界定方式显然难以圆满地回答各类问题。若继续沿用广义的"电信"概念,凡涉及互联网业务之事项似乎都将纳入电信法的调整范围之内,电信法的独特法律地位难以彰显;倘若以狭义的"电信"概念为标准,则难以应对5G技术应用场景产生的新问题。[12] 此两难之境地还需以电信法基础概念之界分为起点。除此之外,电信安全与网络安全、数据安全之关系亦是厘清电信立法调整范围的难题之一,电信法所追求的电信安全究竟是网络安全的一部分,还是与网络安全、数据安全存在交叉重叠,直接牵涉电信监管职权划分以及电信法的体系定位。

二、电信法调整范围的基础概念界定

电信业务与互联网信息服务融合的趋势下,"电信"与"网络"、"互联网"之间的边界开始模糊化,传统通信业务中,"电信"多以电话、广播、电视信号为外延,而在现代通信业务活动中,"电信"与"网络"的外延开始发生重叠,如何重新规范涉及互联网技术的电信业务不可避免地成为电信法立法工作亟待解决的问题之一。

---

[10] 参见何源:《垄断与自由间的公用事业法制革新——以电信业为例》,载《中外法学》2016年第4期。

[11] 《电信条例》第2条第2款规定,"本条例所称电信,是指利用有线、无线的电磁系统或者光电系统,传送、发射或者接收语音、文字、数据、图像以及其他任何形式信息的活动"。

[12] 现阶段5G技术应用产生的法律问题主要集中于信息通信技术(ICT)与行业应用融合过程中如何实现法律法规融合监管。参见中华人民共和国工业和信息化部办公厅编:《中国信息通信业发展指导(2018)》,人民邮电出版社2018年版,第27页。

(一)基础概念的法律界定:"电信"、"通信"和"网络"

"电信"概念的法律界定看似仅是纯粹技术层面的问题,但实则关系到整部电信法的立法宗旨、调整范围以及体系定位。换言之,若采用狭义的"电信"概念,电子商务平台的信息服务是否属于电信法的调整范围?若采用广义的"电信"概念,电信法的调整范围如何与《网络安全法》《电子商务法》等法律相区分?在电信立法过程中,除了明确调整的权利义务关系之特性外,还需要重新解读电信技术的法律特征,回应传统电信业务与现代电信业务之间的区别。事实上,早有学者意识到数字信息技术的发展打破了电信业务与网络信息服务之间的界分,"电信""电信业务""电信经营者"等概念的传统界定方式无法与现代电信行业相匹配。⑬

在电信立法中,首先需要区分的两个概念是"通信"和"电信",前者更强调信息源和信息接收者之间的联系,后者则突出信息传递的电磁化方式。根据国际电信联盟组织(ITU)的定义,其认为"电信"是指利用有线、无线、光或其他电磁系统,传输、发送或接收表示符号、文字、图像、声音或其他任何形式情报的信号,"通信"是指按照事前协议传递信息。⑭在法律文本中,"电信"可以理解为"电子化通信",一方面,强调信息传递、数据传输的电子化,明确设计电信法律框架的制度起点;另一方面,不同信息主体之间稳定、统一且安全的联系亦是电信立法调整电信经营者之间以及电信经营者与用户之间电信法律关系的现实基础。区分"电信"和"通信"的意义在于明确电信法的立法重心在于对信息传输过程的规制,保障通信功能的实现。在此基础上,"电信"与"网络"的概念区别在于,前者是信息在不同层级的电信网之间的动态传递过程,后者描述的是硬件设备与软件信息系统组成的虚拟空间,⑮其不同于电信网的立体化分层结构,强调的实际是平面化的网络节点连接,如《网络安全法》中对"网

---

⑬ See Harold M. Jr. White & Rita Lauria, *The Impact of New Communication Technologies on International Telecommunication Law and Policy: Cyberspace and the Restructuring of the International Telecommunication Union*, 32 California Western Law Review(1995), p. 1.

⑭ See ITU – T Rec. I. 112 (03/93) Vocabulary of terms for ISDNs.

⑮ 有学者指出日常用语中的"通信"实际是指"电信",所谓的"通信技术"大多指向的也是"电信技术"。参见孙玉:《电信网络总体概念讨论》,人民邮电出版社2017年版,第4页。

络”的界定。[16] 需要注意的是，电信法基础概念的模糊化有一部分原因在于将“三网融合”误解为是将电信网、计算机网和有线电视网融汇成同一个网络，该“融合”实际指向的是三大网络之间接入标准的统一和相互兼容，数据和信息能够在不同网络之间自由流动。

在工程学视角下，作为通信网组成部分的电信网存在不同的技术标准划分，[17]而在电信立法中，考虑到具体业务所依赖的网络基础设施以及业务的外在特征，不妨将电信网划分为基础网、支撑网与业务网。基础网是指整个电信网架构中最底层的电信骨干网，[18]用于连接不同规模、地域的网络节点，其核心法律议题包括电信资源分配、电信行业有序竞争、互联互通义务等内容的实现。支撑网则是指保证电信业务稳定持续运转的网络，其功能在于传送电信监测和控制信号，提升电信服务质量。业务网则是与诸如电话、拨号上网等电信服务直接相关的应用层电信网，在此领域发生的电信法律纠纷大多为骚扰短信、电信资费等电信服务合同争议。业务功能导向下的电信网结构划分能够在法律关系层面将电信法中的“电信网”概念与其他法律规范性文件中的“网络”“互联网”相区分。诚然，电信网与互联网的概念存在重合，但狭义上的“互联网”是指以终端节点连接方式为基础的网络架构，而“电信网”则是以网络的功能场景为起点，[19]两个概念的“重合”其实是讨论语境“错位”的必然结果。电信法所要规制的是电信领域用于通信的“网络”，其调整的法律关系具体表现为在电信网中信息稳定传输的相关法律争议，故而可以尝试首先考

---

[16] 《网络安全法》第 76 条第 1 项规定，“网络，是指由计算机或者其他信息终端及相关设备组成的按照一定的规则和程序对信息进行收集、存储、传输、交换、处理的系统”。

[17] 例如，按照通信业务类型分为电话通信网、广播电视网、数据通信网、计算机通信网、多媒体通信网和综合业务网等，按照通信传输手段分为光传输网、无线通信网、卫星通信网、微波中继网、载波通信网等，按照通信服务对象分为公用通信网和专用通信网，按照通信活动方式分为固定通信网和移动通信网。参见严晓华、包晓蕾编著：《现代通信技术基础》（第 3 版），清华大学出版社 2019 年版，第 11 页。

[18] 主要包括 CHINANET（中国公用计算机互联网）、CERNET（中国教育和科研计算机网）、CSTNET（中国科技网）、CHINAGBN（中国金桥信息网）、UNINET（中国联通互联网）等九大骨干网。

[19] 在信息通信领域，已经有学者开始对“以 IP 协议为基础的互联网架构”的表述产生怀疑，主张重新将网络架构类型划分为以信息为中心的网络、以内容为中心的网络和数据命名的网络。根据此种类型划分，电信网实际属于“以信息为中心的网络”。参见陈敏主编：《5G 移动缓存与大数据》，华中科技大学出版社 2018 年版，第 2 页。

量这些争议发生于哪一层次的电信网络以及是否属于对应层次电信网的电信法律主体。例如,在考虑有关网络平台之间用户接口流量限制行为是否属于电信监管范畴时,尽管从表面上看,平台限制了用户对第三方网络平台的访问,但这种"访问"限制并未发生在电信业务网层面,平台的限制手段并未涉及电信网中信号的传送,并不在电信法的调整范围之内。

(二)电信网分层结构下的电信法律关系厘清

电信法所调整的电信法律关系或是着眼于电信经营者与电信经营者之间的正当竞争,或是关注于电信经营者与电信消费者之间的电信服务合同,抑或聚焦于电信监管机构与电信经营者之间的行政法律关系。[20] 然而,此种以电信法律主体为中心的主体论表述忽视了对电信法益归属以及电信业务分类的讨论。电信法调整范围的认定意义既在于适格主体的确认,也在于明确法律所欲实现的利益分配状态。法律并非全知全能,电信法亦非电信领域的万能药,因而有必要将属于电信法领域的法律纠纷与其他部门法区分开,"罗马的归罗马,凯撒的归凯撒"。尽管《电信业务分类目录》将"电信业务"概念精细到基础电信业务与增值电信业务,此种划分在电信业务经营资质和分类监管方面的确能够"药到病除",但对电信法律关系背后的权益考量仍存在商榷空间。正如先前所论述的电信网层次划分,基础网、支撑网和业务网的分类不仅仅关注电信业务的运作方式,也强调对各层次电信网的主体权益的制度确认。

在基础网层次,电信法律关系体现为电信经营者之间的竞争状态以及电信经营者与电信监管者之间的行政监管关系,背后的法益诉求在于如何在有限的电信资源之间进行合理分配,同时保证电信经营者之间的公平竞争。在具备天然垄断性的电信行业中,电信经营者之间自由竞争的边界在于不干扰电信用户的正常使用以及通信状态的统一与安全,电信监管机构的监管重心理应在于电信运营商运营基础网的行为对信息发送、传输和接收功能的影响。在支撑网层次,电信经营者通过发送、接收

⑳ 若以互联网市场为讨论对象,有学者将市场主体划分为骨干网经营者、宽带网络服务商、边缘供应商以及最终用户。参见李思羽:《走向网络中立:我国互联网市场监管的可行之路》,载《甘肃政法学院学报》2017年第3期。

和处理信令来监控和管理电信基础网和业务网的功能实现,故而其电信法律关系大多表现为电信监管者与电信经营者之间的监管关系,并不涉及第三方法律主体。支撑网的存在意义在于保证电信服务质量的提升,电信法不适宜对此层次的电信网作过多干涉,而应在电信经营者所提供的电信服务难以满足基本信息交流之需时,由电信监管机构以行政警告等方式干预电信经营者的内部经营活动。支撑网的存在将电信业务质量所涉及的法律关系从电信服务合同关系中剥离,厘清电信法在不同电信主体之间的调整方式。而在业务网层次,因为对电信服务合同条款的不同理解,电信消费者与电信经营者往往围绕"靓号选择"、"无限流量"套餐等问题产生法律纠纷,此时电信法不再单纯地从公法视角调整此类电信法律关系,而是立足于构建即时安全通信的目标,认定平等主体之间的权利义务。简言之,电信网的结构划分将电信网的功能效用和权利义务起源作为"锚定"电信法调整范围的坐标,电信主管部门的监管范围也能够从电信服务与网络信息服务的概念泥潭中走出,重新回归电信业务的功能导向。

(三)权利义务关系视角下的主体概念界定:"电信经营者"与"网络平台运营者"

在论及电信法律关系时,法律主体的"身份"认定亦是不可回避的问题。在电信行业早期,或许可以通过电信运营商、持有电信业务牌照的电信服务提供者等表述明确电信法律关系主体之特征。但因为平台经济的兴起、语音与信息业务的混同以及电信服务提供者不甘沦为"管道商","电信经营者"的内涵与外延难以沿用以往的解释方式予以涵盖。如果采取狭义解释,将"电信经营者"概念限定于从事基础电信业务和增值电信业务的经营者,则难以解释从事"信息服务业务"[21]与"网络信息服务"两类活动经营者在法律主体层面的差异性;反之,如果采取广义解释,将具备电信经营资质的经营者以及从事电信业务相关活动的经营者认定为"电信经营者",这种主体范围的扩张有可能致使电信法丧失"特别"调整电信业务的正当性基础。造成这种进退维谷困境的原因在

---

[21] 《电信业务分类目录》(2015 年版)中将"信息服务业务"界定为"通过信息采集、开发、处理和信息平台的建设,通过公用通信网或互联网向用户提供信息服务的业务"。

于现行电信法律制度以电信和电信业务的法律界定以及从事基础电信业务与增值电信业务的不同资质要求来厘定"电信经营者",略过了从"电信"到"电信经营者"的逻辑解释过程,回避了对电信业务的法律界定,转而以"市场准入"等行政许可方式来描述"电信经营者",加之"网络平台运营商""网络服务提供者"等概念正在同化模糊"电信经营者"范围,不免会落入"具备法定资质的从事电信业务的经营者就是电信经营者"的窠臼。

我国现行立法对于"网络平台""网络平台服务提供者"并无统一的论断:(1)在《电子商务法》中,"网络平台"演变为"电子商务平台",第9条第2款将"电子商务平台经营者"定位为在电子商务中为交易双方或多方提供网络经营场所、交易撮合、信息发布等服务,供交易双方或多方独立开展交易活动的法人或者非法人组织。第9条第1款以列举的方式指明"电子商务经营者"的基本范围包括电商平台经营者、平台内经营者、自建网站经营者、其他网络服务经营者。(2)在《网络安全法》中,"网络平台"属于"网络运营者"的概念范畴,即"网络的所有者、管理者和网络服务提供者"。(3)在《互联网信息搜索服务管理规定》中,"网络平台"主要指"互联网信息搜索服务提供者",即运用计算机技术从互联网上搜集、处理各类信息供用户检索的服务提供者。(4)在《移动互联网应用程序信息服务管理规定》中,"网络平台"主要是指"互联网应用程序分发平台",即提供移动互联网应用程序发布、下载、动态加载等分发服务的互联网信息服务提供者。而在学者的论述中,"网络平台"概念呈现出场景化的趋势——或是从民事责任的角度出发,将"网络平台"视为网络服务中介商,明确网络平台的法律性质和民事责任;[22]或是从刑事责任的角度出发,将

---

[22] 在民事领域,有学者将"互联网平台"界定为"通过开放API接口,向第三方企业开放入口、用户、数据、计算能力等资源,构建多方深度协作、利益共享的服务平台"。曹阳:《互联网平台提供商的民事侵权责任分析》,载《东方法学》2017年第3期。还有学者将"网络平台"限缩至"网络交易平台",即为促成网上交易而建立的一套通过计算机程序控制,由计算机自动完成的在线交易系统,买卖双方可以通过这一系统提供的相应功能完成商品或服务的交易。参见韩洪今:《网络交易平台提供商的法律定位》,载《当代法学》2009年第2期。另有学者对"网络平台"作广义理解,即指提供互联网接入、信息传输、发布、托管、存储、缓存、搜索等服务的互联网服务提供者。参见魏露露:《网络平台责任的理论与实践——兼议与我国电子商务平台责任制度的对接》,载《北京航空航天大学学报(社会科学版)》2018年第6期。

"网络平台"理解为提供信息服务和内容服务的两类主体,将搜索引擎服务提供商、网络直播平台、网络信息服务提供商(如"快播")涵盖在内,明确其是否具备作为犯罪主体的资格;[23]或是从反不正当竞争法的角度出发,借助经济学"双边市场"等理论将"网络平台"的特征归结为存在两类或以上的"交易市场"以及具备双边价格结构。[24]

不难发现,网络平台及其经营者的界定方式始终以场景化描述为基础,因为"平台"这个概念既非专业的法律术语,也非独立的行业名称,脱离了具体业务内容,该类概念的解释将会显得空洞无力。然而,平台的业务外观表现为通过互联网为不同主体提供信息交换服务,故而"网络平台运营者"概念的泛化会产生"电信经营者"是电信领域平台运营者的"错觉"。但作为电信法律关系主体之一的电信经营者所经营的电信业务归根结底依然依赖于电信基础设施,判断电信经营者概念外延是否变化的标准不应当是电信业务模式的异化,而是该经营者是否依赖电信网实现业务功能。进一步而言,从"电信"到"电信经营者"中还需要解释的是经营者经营的是电信网的通信功能以及使信号能够准确发送至接收方,而并非客户终端层面展示的信息创作和分发,诸如搜索引擎等信息服务提供者,尽管业务的实现方式是在全网中对信息进行检索和汇总,但仍未深入控制和选择电信网中信号的传递方式和传输路径。

㉓ 在刑事领域,有学者将"网络平台"理解为"技术与功能的结合体,并以技术为基础、以功能(活动)为核心的新型平台主体",主张对网络平台进行"类型化划分"。参见孙道萃:《网络平台犯罪的刑事制裁思维与路径》,载《东方法学》2017年第3期。还有学者将"网络平台"等同于"网络服务提供者",以服务类型作为主要标准,辅之以服务对象和服务方式,将"网络服务提供者"类型化为"为自己信息提供服务者"和"为他人信息服务提供者"。参见杨彩霞:《网络服务提供者刑事责任的类型化思考》,载《法学》2018年第4期。

㉔ 在反不正当竞争法领域,有学者认为"互联网平台企业通常以'利益共同体'的形式参与市场竞争,以'交叉互补'作为实现集团整体盈利的主要方式"。参见廖建求、陈锦涛:《互联网平台企业不正当竞争的司法认定与立法改进》,载《重庆邮电大学学报(社会科学版)》2017年第4期。还有学者认为现在正在经历"从网络平台向超级网络平台"的演变过程,而所谓的"超级网络平台"是指活跃用户数量达到10亿级,对用户具有高黏性并已成为重要信息基础设施,具有强大动员能力与产业支配地位且仍在持续扩张的网络平台。参见方兴东、严峰:《浅析超级网络平台的演进及其治理困境与相关政策建议——如何破解网络时代第一治理难题》,载《汕头大学学报(人文社会科学版)》2017年第7期。

三、电信法的调整范围与立法定位

从电信业务和电信网结构等视角观察电信法律关系，能够直观地理解电信法的调整范围与调整方式都未曾偏离“电信经营者应当确保电子信号能够完整、及时、安全地达到信息终端”这一要旨。除此之外，电信法调整范围的厘清还与电信法的价值选择与体系定位相关，电信法意欲塑造的“理想型”电信法律关系必然以其追求的电信安全为基石，并在“重合并不重复”的导向下，明确电信法与其他法律之间的基本关系。

（一）价值互补的电信法与《网络安全法》

电信法调整范围的厘定需要以基础概念为基石，同时也需要以立法价值选择为指引。电信行业与其他行业的融合渗透难以在概念层面实现“非此即彼”式的分割，但这并不妨碍从立法目标来理解电信法所意欲调整的对象。5G 技术在医疗、车联网、制造业等领域的创新应用改变了传统的业务模式，电信行业的秩序与安全直接关系到整个经济市场的稳定，因而也就成为电信法的立法目标之一。在信息技术所构筑的虚拟空间中，“安全”㉕的内涵与外延表现为在不改变原有权利状态的前提下，实现数据与信息的“自由流动”，亦是数据化的人身安全与财产安全，其以网络安全、数据安全和电信安全为基本要素，在传输过程、传输内容和传输环境三个层面实现“自由”。“电信安全”的内涵应当是数据能够在发送方和接收方之间及时、保密、无毁损地传输。在具体的电信法律制度中，“电信安全”则演变为“基础安全”和“业务安全”：“基础安全”是指数据传输所借助的电信基础设施持续稳定地发送、传输和接收信号；“业务安全”是指电信经营者向电信消费者提供可靠的电信服务，除了满足电信消费者之间正常通信的需求之外，所提供的电信服务也应当是方便快捷的，保护电信消费者免受短信诈骗、骚扰电话等非法行为的侵害。

㉕ 有学者指出在数字时代，“安全”的一般概念正处于“内心安全感的实现”和“国家安全”“军事安全”的十字路口，“安全”概念的界定起点是计算机程序环境中值得保护的（数字）资产、商品或具备经济价值的“财产”。See Alexandra-Maria Craciun, *Threats and Risks to Telecommunications Systems*, International Journal of Information Security and Cybercrime (2018), p. 24.

从《网络安全法》的具体条文来看，其调整范围包括网络的建设、使用、运营、维护行为以及网络安全的监管行为，鉴于该法并未明确“网络”的法律范畴，所谓的“网络”理应包括电信网、计算机通信网、有线电视网等。在责任分配上，《网络安全法》强调网络安全风险与威胁监测、防御与处置[26]以及要求网络运营商保障网络业务功能正常以及网络数据的安全[27]，“网络安全”是指网络在物理层面和虚拟层面监测与抵御内外部非正常因素干扰的能力，将网络运营商与监管部门之间的法律关系作为“安全”价值实现的基本路径。[28] 在体系结构上，“网络运行安全”和“网络信息安全”的二轨制建构将“网络安全”具化为两个层面的内容：一是网络业务功能的稳定性，以关键信息基础设施、网络关键设备的运行安全状态作为衡量指标，将网络运营商的合规义务与监管机构的监管职权以及网络安全应急机制等作为“网络安全”的基本内容；二是网络信息的可用性、完整性与保密性，将用户个人信息保护作为“网络安全”释义的起点，用户与网络信息服务提供商之间的权利义务关系成为《网络安全法》的主要规范内容。

在“网络 > 电信网”的认知下，网络安全似乎已经成为电信安全的上位概念，但需要注意的是，网络安全亦是“网络空间安全”，无论是服务的

---

[26] 参见《网络安全法》第5条规定：“国家采取措施，监测、防御、处置来源于中华人民共和国境内外的网络安全风险和威胁，保护关键信息基础设施免受攻击、侵入、干扰和破坏，依法惩治网络违法犯罪活动，维护网络空间安全和秩序。”

[27] 参见《网络安全法》第21条规定：“国家实行网络安全等级保护制度。网络运营者应当按照网络安全等级保护制度的要求，履行下列安全保护义务，保障网络免受干扰、破坏或者未经授权的访问，防止网络数据泄露或者被窃取、篡改：（一）制定内部安全管理制度和操作规程，确定网络安全负责人，落实网络安全保护责任；（二）采取防范计算机病毒和网络攻击、网络侵入等危害网络安全行为的技术措施；（三）采取监测、记录网络运行状态、网络安全事件的技术措施，并按照规定留存相关的网络日志不少于六个月；（四）采取数据分类、重要数据备份和加密等措施；（五）法律、行政法规规定的其他义务。”

[28] 学界对于“网络安全”“网络空间安全”“网络信息安全”存在不同的理解，有学者将“网络信息安全”理解为网络空间安全和网络信息内容安全两个方面；也有学者将“网络信息安全”作为衡量“网络安全”的判断要素；还有学者从符号学时空性视角将网络安全术语的解释具化为包括敏感信息在内的“信息安全”以及现实社会和网络空间的有序状态。参见尹建国：《美国网络信息安全治理机制及其对我国之启示》，载《法商研究》2013年第2期；范冠峰：《我国网络信息安全法治的困境与对策》，载《山东社会科学》2019年第5期；程乐、裴佳敏：《网络安全法律的符号学阐释》，载《浙江大学学报（人文社会科学版）》2018年第6期。

稳定持续,还是信息的完整准确,其最终指向的都是网络信息系统和物理设备所构造的“网络空间环境”;而“电信安全”则更注重信息传输行为本身的安全状态,电信服务的底层特征是电信号在电信网中的安全流动状态。在网络逻辑层面,“网络安全”实为关键信息基础设施以及网络关键设备的运行安全,“电信安全”则表现为电信骨干网的功能稳定和电信号在节点之间的传输,信号本身仅是信息的承载体,并不牵涉网络本身的安全状态;在网络应用层面,“网络安全”强调保护“附着于”信息的权利。基于法律预设的信息权利体系,网络运营商对用户承担法定义务,而“电信安全”则转变为电信经营者与电信消费者之间的“合同安全”,电信业务质量提升、电信资费合理等合同义务成为电信经营者的“行为指引”。网络安全与电信安全的区分直接影响到《网络安全法》与电信法调整范围和调整方式的选择。《网络安全法》第 76 条第 1 项所界定的“网络”实为信息交互的计算机网络,第 2 项将“网络安全”界定为网络的稳定可靠和网络数据完整,为了避免电信法与《网络安全法》的重复规范,电信法应当在电信网、计算机网和有线电视网“三网融合”的趋势下,将完全或主要依赖电信网传输信号的业务作为规制重心,即便融合业务早已不在传统电信业务分类范畴之内,但只要核心业务内容属于利用电信网传输电信号,亦即属于电信法的调整范围之内。此外,从名称上看,《网络安全法》以“网络安全”作为核心内容,而电信法的内容除了“电信安全”之外,还包括电信竞争秩序等其他内容。

(二)电信法与其他法律的协调关系

电信安全并非电信法唯一价值,有学者将电信法的价值总结为“规范电信市场秩序、保护公平交易、保护平等竞争、保障电信网络安全和信息安全”[29],多元利益诉求决定了电信经营者的权利义务并非电信法律制度设计的唯一视角。在《电信条例》制定之初,电信市场的有序竞争、电信资源的合理分配、保护电信消费者等内容都是立法者所需要考虑的要素,但彼时的电信业务远没有此时的业务形态复杂,其与《合同法》(现参照《民法典》合同编)、《反不正当竞争法》、《反垄断法》的立法体系关系也仅表现为电信领域的特别法,而当下《电子商务法》等新法的制定和《反不正当竞争法》《反

---

[29] 娄耀雄:《电信法学研究》,北京邮电大学出版社 2010 年版,第 8 页。

垄断法》等旧法的修订与《电信条例》存在重复规范的问题。在某种意义上,电信法的体系定位与调整范围实为同一问题的"一体两面",电信法与其他法律的协调仍需以主体、客体的概念范畴和监管职权分配为基础。

1. 电信法与《反垄断法》

面对电信行业的自然垄断属性,有学者指出,随着增值电信业务的扩张,这种自然垄断属性已经弱化,电信领域不应当绝对排除《反垄断法》的适用。[30] 但问题也随之而来,电信法与《反垄断法》对电信领域的调整边界如何划定?该问题的回答直接关系到监管权限的划分,美国在设计司法部、联邦通信委员会和联邦贸易委员会在电信反垄断领域监管职权分配方案时,特别重视监管政策如何影响市场主体对自己行为后果的预期,不同机构进行反垄断审查时往往意味着不同的政策倾向。[31] 从《反垄断法》立法目的来看,该法意在维护市场的自由有序秩序,禁止排除限制竞争的行为,规制重心是对垄断行为的事后矫正。事实上,《反垄断法》并非绝对适用于全行业,其规范外延应当是相对封闭的,[32]《反垄断法》与电信法的关系区分也应当以"垄断行为"为核心。然而,电信领域的垄断行为难以直接纳入"达成垄断协议、滥用市场支配地位、经营者集中"的范畴中,诸如拖延互联互通的行为似乎难以直接认定为"滥用市场支配地位",[33]并且,随着非传统电信运营商的渗入,市场支配地位究竟是以"电信行业"还是以"互联网行业"为认定标准难有定论。从行为主体来看,传统电信运营商的垄断行为将直接倾轧其他电信运营商乃至网络信息服务提供商的生存空间,从"限制排除竞争"的立法目的来看,《反垄断法》在电信领域的适用应当以五大传统电信运营商的垄断行为为边界,而电信运营商与其他网络信息服务提供者的业务合作可能产生"排除竞争"的

---

[30] 参见娄耀雄编著:《互联互通和接入法律问题研究》,北京邮电大学出版社 2015 年版,第 107 页。

[31] See Gene Kimmelman et al., *Telecommunications: Competition Policy in the Telecommunications Space*, Mississippi Law Journal (2016), p. 793 – 794.

[32] 参见金善明:《〈反垄断法〉文本的优化及其路径选择——以〈反垄断法〉修订为背景》,载《法商研究》2019 年第 2 期。

[33] "网络平台经营者是否具备市场支配地位"是《反垄断法》亟须解决的问题,有学者主张对第 18 条规定进行调整:降低市场份额权重要求,重构市场进入难易程度的认定标准,增加"消费者偏好"作为判断要素。参见孙晋、赵泽宇:《互联网平台经营者市场支配地位界定的系统性重构——以〈反垄断法〉第 18 条的修订为中心》,载《科技与法律》2019 年第 5 期。

效果时,可以由电信法进行规制。这既解决了垄断行为构成要件难以适用于电信领域的尴尬困境,又可以借由电信主管部门的行政干预,更直接快速地消弭此类业务行为可能对消费者产生的不利影响。

2. 电信法与《电子商务法》

业务融合所带来的不仅仅是“电信经营者”概念的泛化,同时也让人们对“电子商务平台经营者”作为“信息中介人”的身份产生困惑:如果电子商务平台的服务属于经营性互联网信息服务范畴,那么按照《电信条例》之规定,经营者应当持有互联网信息服务增值电信业务的牌照,也就成为未来电信法可能需要规制的法律主体。但从条文来看,《电子商务法》将“电子商务”界定为通过互联网等信息网络销售商品或提供服务的经营活动,有学者从支撑技术、业务内容以及法律属性角度对此进行解读,将“信息网络”作广义理解,认为其包括电信网、广电网等在内;同时将“通过网络提供(非内容)信息服务”的行为认定为“提供服务”,[34]依循此逻辑,《电子商务法》在“以信息网络为工具”和“信息服务”两个层面与电信法存在交叉的可能。从立法目的来看,《电子商务法》更多规范的是信息服务合同的成立、履行等内容,为了避免两法在信息服务领域的重复规定,电信法应当将辅助信息服务实现的支撑性业务活动作为规制对象,从电子商务信息服务合同和电信服务合同的基本内容区隔来明确电信法与《电子商务法》之间的制度衔接方式。

四、欧盟“电信法”调整范围的考察

在5G网络技术商业化应用程度深入发展的趋势下,欧盟也在持续推进“建构具有统一连接服务规则的欧洲”这一核心立法目标,[35]实现欧洲各国电信行业的“互联互通”并在保证行业竞争和消费者权益保护的平衡

---

[34] 参见崔聪聪:《论电子商务法的调整对象与适用范围》,载《苏州大学学报(哲学社会科学版)》2019年第1期。

[35] 欧盟为此采取了以下一系列措施:一是引入《欧洲电信法典》,形成适用于整个欧洲层面的明确规则;二是无线电频谱政策计划支持5G等无线网络;三是终止在欧盟的漫游费用和欧盟内部通信价格上限;四是领导关于互联网发展和治理的全球讨论;五是根据《数字十年》,互联互通主要目标是在2025年让每个欧洲家庭都能被高速互联网覆盖,到2030年实现千兆链接。参见欧盟官网,https://digital-strategy.ec.europa.eu/en/policies/connectivity,2021年12月4日访问。

中完善电信监管框架（见表1）[36]，诸如《欧盟电信法典》《欧盟电信监管机构及其支撑部门建立条例》[37]等规范性文件所构成的欧盟电信法律体系意图在欧盟成员国范围内形成数字化单一市场，确保在电信服务质量和价格、消费者保护等领域构建统一的电信行业规则，提升欧盟范围内电信服务的可用性和互操作性。《欧盟电信法典》序言第7段更是强调，所有的电信网络服务应当尽可能被纳入单一的欧盟电信法律框架内，并将网络信息内容的监管机制从电信网络服务的监管体系中予以分隔。

表1　欧盟电信立法框架

2020年12月21日之前	2020年12月21日之后
"框架指令" Directive 2002/21/EC	《欧盟电信法典》 The European Electronic Communications Code
"授权指令" Directive 2002/20/EC	废止
"访问指令" Directive 2002/19/EC	废止
"普遍服务指令" Directive 2002/22/EC	废止
"隐私和电信指令" Directive 2002/58/EC	修订后继续有效
《欧洲电信监管机构建立条例》 Regulation（EC）No 1211/2009	《欧盟电信监管机构及其支撑部门建立条例》 Regulation（EU）2018/1971
《关于在公共移动通信网络漫游的条例》 Regulation（EC）No 531/2012	《关于欧盟公共移动通信网络漫游的条例》 Regulation（EU）2022/612

[36] See European Commission, *Electronic Communications Laws*, available at https://eur-lex.europa.eu/EN/legal-content/summary/european-electronic-communications-code.html, last visited on 1 April 2024.

[37] 《欧盟电信法典》和《欧盟电信监管机构及其支撑部门建立条例》均于2018年12月21日生效，前者在2020年12月21日前转变为欧盟成员国的国内法，其第54条明确规定欧盟成员国在2020年12月31日之前采取措施促进5G技术的应用。而"框架指令"、"普遍服务指令"和"访问指令"已于2020年12月21日废止。

学界有关域外电信立法的制度研究并不鲜见，但主要的研究范本大多是以2010年之前的国外电信立法制度为主，[38]在一定程度上已经无法满足我国电信产业和网络信息服务行业的发展现状。虽然日本对《1984年电气通信事业法》作出数次修订，但自2015年以来，其并未直接对"电信业务""电信经营者"以及电信业务分类等法律概念和基础制度进行大幅度修订。[39] 相比较而言，欧盟2018年的电信立法调整属于域外近年来较大规模的立法调整，此次立法活动以互联互通、电信行业监管规则统一化等内容为重心，恰好与我国现阶段电信立法导向具有一定的相似性，能够从以下三个层面为我国电信法调整范围之难题提供制度借鉴：第一，欧盟电信立法强调的是实现欧盟层面而非主权国家层面的电信市场统一化，这决定了其立法内容重在实现电信业务标准化监管和不同国家电信运营商之间互联互通，而我国电信立法的重心之一也在于如何完成电信网络与其他网络之间的监管标准统一化。第二，欧盟电信立法的调整是基于欧盟庞大的电信消费市场、"欧盟单一数字市场战略"的实施以及电信产业高速发展等因素而作出的。这与我国电信立法面临的"电信业务形态革新""网络信息安全战略规划实施"等制度背景相类似，故而欧盟模式在立法实效性和新颖性等方面对我国具有参考价值。第三，《欧洲电信法典》对"电信网络""电信业务"等基础概念进行了重大调整，欧洲法院也在2019年的司法审判中重新诠释了"电信服务"范围的认定标准。并且，欧盟电信立法已于2020年12月转化为成员国国内法，其立法概念的调整更能说明在电信立法中重新界定"电信业务""电信网络"等调整范式事项的现实意义。

（一）以"电信网络"和"信号传输"为导向的概念界定

"框架指令"第2(c)条对"电信服务"作出规定，是指通常为了盈利而提供的电子信息传输服务，该项服务全部或主要依赖在电信网络上传输信号，包括电信服务和广播网络信息传输服务，但不包括提供或对电信网络中传输的内容进行编辑控制的服务，也不包括完全或主要在电信网络上传输信息的第98/34/EC号指令第1条界定的信息社会服务。可以看

---

[38] 如欧盟2002年的"框架指令"；美国《1934年通信法》《1996年电信法》等。

[39] 参见日本政府信息公开网，https://elaws.e-gov.go.jp/document?lawid=359AC0000000086，2021年12月6日访问。

出，欧盟设定了三个要素用以甄别是否属于"电信服务"：一是强调电信服务的有偿性；二是侧重电信服务的"渠道功能"，不包括对传输内容的直接编辑；三是突出以电信网络作为电信服务的全部或者主要传播媒介。而《欧洲电信法典》第 2 条第 4 款则采取了截然不同的方式界定"电信服务"，即通过电信网络提供有偿服务，其排除直接编辑、控制传输内容的服务种类，并将"电信服务"细化为三类：互联网接入服务[40]、人际通信服务[41]以及完全或主要由信号传输所构成的服务种类。[42] 在"电信服务"定义方式转变的过程中，唯一不变的要素是"依托电信网络"和"信号传播"，尽管欧盟立法者已经注意到数字化单一市场进程中存在的业务混同现象，但是通过"依托电信网络"和"信号传播"的概念基石，欧盟"电信法"能够在繁杂的业务形态中厘定相对清晰的调整范围。

信息内容服务与信息传递服务的交叉在技术层面表现为电信网络与互联网概念的区分难度，对于"电信网络"的界定，"框架指令"和《欧洲电信法典》的规定中也隐含着欧盟立法者的观念转型。2002 年版本的"框架指令"第 2(a) 条规定"电信网络"是指传输系统以及交换机、路由设备以及其他资源、不活跃的网络部件，这些设备或系统允许信号通过有线、无线电、光学或其他电磁手段进行传输，包括卫星网络、固定（电路分组交换、互联网）地面网络和移动地面网络、电缆系统，并且该网络用于传输信号、无线电和电视广播，传输信息的类型并不是认定是否构成"电信网络"的判断标准。2009 年的修正案欧盟第 2009/140 号指令中，同样将"不活跃的网络部件"视为"电信网络"。《欧洲电信法典》第 2 条第 1 款则进一步解释"是否为常设基础设施或具备中心化管理能力"并不是筛选"传输系统"的要素。这实质上扩张了"电信网络"的实际范围。并且，该法典还单独界定了"公共电信网络"，即"完全或主要用于支持公共普遍电信服务所提供的网络节点之间信息传输的电信网络"。这种"小修小补"式

[40] 欧盟第 2015/2120 号指令第 2 条所界定的"互联网接入服务"为：提供连接互联网的公共普遍电信服务，该服务能够连接到几乎所有的互联网端点，所采用的网络技术和终端设备并不影响对该服务的认定。

[41] 《欧洲电信法典》第 2 条第 5 款所界定的"人际通信服务"为：一种能够使有限人数之间通过电信网直接进行人际互动的信息交换有偿服务，发起或参与通信的人为接收者，但不包括仅用于辅助其他业务而实现人际通信的服务。

[42] 例如提供机器之间的信号传输以及用于广播的传输服务。

的概念界定看似是从技术层面理解电信网络的具体范围,但实际上是通过事前电信功能的厘定来设计电信法律制度的具体内容,例如从《欧洲电信法典》的章节结构来看,从第二部分的“网络”到第三部分的“服务”,逻辑上遵循的是从电信网络的行政监管到电信服务法律主体之间的权利义务关系,将电信网络的类型划分作为“电信法”调整范围厘定的标尺。

(二)OTT 服务的法律性质:欧洲法院的不同判决

《欧洲电信法典》将传统意义上的电信运营商和所有线上参与人际通信服务的运营商都纳入监管范畴,以通信应用程序和电子邮件为代表的 OTT 服务也包括在内,但是,在具体的司法实践中,欧洲法院对 OTT 运营商是否属于“电信经营者”却有着不同的看法。

在谷歌诉德国(Google LLC v. Bundesrepublik Deutschland)一案[43]中,电子邮件业务并未被视为“电信业务”。在该案中,德国政府的电信主管部门(the BNetzA)认为谷歌的 Gmail 电子邮件构成“框架指令”所界定的“电信服务”,并因此要求谷歌遵守电信业务注册义务,否则将予以罚款,谷歌对此表示异议。德国法院在审理时针对该争议向欧洲法院提出三个问题:(1)所谓的“完全或主要在电信网络上传输信号”是否包括通过开放式互联网提供而本身不提供互联网接入的电子邮件服务?(2)如果不包括,那么“电信服务”的认定标准是否适用于其他电子邮件服务运营商,即同时运营自己多个接入互联网的电信网络,以此电子邮件发送和接收功能?(3)“电信服务”所要求的“有偿性”应当如何解释?第四巡回法院作出否定性判决结果的原因在于谷歌在提供服务时,电子邮件的服务器是将用户发送和接收的电子邮件相关数据包在开放式互联网中上传和接收。换言之,Gmail 服务的实现并不涉及谷歌公司需要运营电信网络实现信号传输,其依然需要像其他电子邮件运营商一样依赖共同的电信网络运营商传递信号。所以,从此角度观之,“框架指令”所提及的“完全或主要在电信网络上传输信号”实质上还要求运营商传输信号的主动性,能够自主决定信号在电信网络上的传输方式和质量。

有意思的是,法院在此前的 Skype 通信公司诉比利时邮政电信局(以

---

[43] See Google LLC v. Bundesrepublik Deutschland, https://eur-lex.europa.eu/legal-content/GA/TXT/?uri=CELEX:62018CJ0193, last visited on 30 December 2019.

下简称比利时电信局）（Skype Communications Sarl v. IBPT）案[44]中却持相反观点，其认为 Skype 的 IP 语音服务构成“框架指令”中的“电信服务”。比利时 2005 年 6 月 13 日颁布的《关于电子通信的法案》（LEC）将欧盟“框架指令”转化为国内法，规定在开始提供电信服务之前应当告知比利时电信局。2016 年 6 月，Skype 因未履行告知义务而被科以罚款，比利时电信局认为其所提供的 SkypeOut[45] 属于电信服务，而 Skype 则认为其不满足“电信经营者”的法定要件，并要求交由欧洲法院进行初步裁决。简言之，其争议聚焦于依照“框架指令”的定义，通过软件发送至公共交换电话网中的固定电话或移动电话号码的 IP 语音服务是否属于电信服务。而法院之所以最终确定其为电信服务，除了有偿性原因之外，还在于 SkypeOut 服务的实现过程可以理解为在电信网络上传输信号，并且 Skype 与公共交换电话网的相关运营商之间存在协议。欧洲法院曾经在匈牙利 UPC 电信服务商诉匈牙利国家媒体和信息通信管理局（UPC DTH Sàrl v. Nemzeti Média- és Hírközlési Hatóság Elnökhelyettese）案[46]中，认定信号通过不属于服务提供商的基础设施进行传输与服务分类的法律性质无关，尽管 SkypeOut 仅是 Skype 软件的功能之一，但不能否认 Skype 基于合同关系，有义务向购买 SkypeOut 服务的终端用户传输信号。

欧洲法院将“电信经营者”的概念延伸至 VoIP（基于 IP 的语音传输）运营商，而欧洲电信监管机构也将允许向内或向外连接到 PSTN 电信网（公用业务电话网）的 VoIP 服务认定为电信服务，[47]这或许正反映了欧盟对非传统电信运营商进入电信市场的基本立场，有学者总结为“不再考虑

---

[44] See Skype Communications Sarl v. IBPT, http://curia.europa.eu/juris/document/document.jsf?text=&docid=214741&pageIndex=0&doclang=EN&mode=req&dir=&occ=first&part=1, last visited on 30 December 2019.

[45] SkypeOut 是采用 VoIP 方案的 IP 语音电信业务，实现从用户终端向固定或移动电话线的通信功能。

[46] See UPC DTH Sàrl v. Nemzeti Média-és Hírközlési Hatóság Elnökhelyettese, http://curia.europa.eu/juris/document/document.jsf?text=&docid=151525&pageIndex=0&doclang=EN&mode=lst&dir=&occ=first&part=1&cid=2232956, last visited on 30 December 2019.

[47] See Kate McKenna, *Clarity Given by EU Court of Justice on its Interpretation of an "Electronic Communications Service"*, https://www.matheson.com/news-and-insights/article/court-of-justice-of-the-european-union-provides-some-clarity-on-its-interpr, last visited on 30 December 2019.

服务提供商本身是否传递信号或者通信活动是否借助互联网接入实现，而是从终端用户的角度来判断”。[48] 简言之，唯有承担将信号传输至终端用户义务的服务提供商才属电信法律制度的调整范围。Gmail 服务在业务形态上与 SkypeOut 极其相似，但谷歌终究仅是信息传输的“启动者”，信号的传输依然需要其他电信运营商分发至终端用户，故而不在电信监管的范畴之内。欧盟已经意识到现有法律制度框架下，新型信息服务提供商与电信服务提供商的差异性监管要求已经影响到传统电信市场的竞争秩序，纯粹以是否利用电信网络提供服务为判断标准难以解释新型信息服务如何在法律性质上与电信服务区分开来。面对电信市场的现实困境，欧盟立法者不再拘泥于通过电信业务分类来确定调整范围的僵化模式，而是以信号传输的功能性为导向，将电信法律体系调整的“电信运营商”确定为两类：一种是直接运营电信网络传输信号的传统电信运营商；另一种则是非直接利用电信网络传输信号的电信运营商，但其有义务保障信号的正常发送与接收。

五、电信法调整范围的厘定：以电信服务需求为导向

从上述欧盟立法文本和司法实践来看，欧盟电信法的调整为我国电信立法提供了新思路：电信法的内容应当侧重通信功能和信号传输功能的稳定运行，这也是实现互联互通服务所需要的“无障碍传输”。欧盟电信立法目标的实现以“基础概念的重塑”和“电信市场监管规则的标准化”为主要路径，以此明确和限缩电信法的实际调整范围，以便在欧盟电信市场达成最大限度的国家监管共识。相较而言，我国在解决电信法调整范围和体系定位等问题时，不妨考虑借鉴欧盟模式，对“电信经营者”和“电信业务”等基础概念提供一般性认定标准和具体规则（如《电信业务分类目录》等），直接回应“电信法需要调整何种法律关系”以及“电信法调整的电信业务范围有哪些”这两个基础问题，并明确解释电信法法律关系中主体、客体以及权利义务的具体内容。在主体层面，可以从业务关系的视角解释电信经营者与

---

[48] Aaron White & Claire Wiseman, *ECJ Rules VoIP Service is an Electronic Communications Service*, https://hsfnotes.com/tmt/2019/06/11/ecj-rules-voip-service-is-an-electronic-communications-service/, last visited on 30 December 2019.

网络平台经营者之间的概念关系，形成以"电信经营者"为主要内容的认定标准。在通信需求层面，借助马斯洛需求层次模型，将电信法意欲保护的通信利益具化为法律主体从日常必要通信到"自我实现"的层次化需求，这些需求所对应的固定电话网、移动互联网以及物联网等网络概念也就划入电信法调整范围之内，形成以"电信法益"为主要内容的认定标准。

（一）"电信经营者"概念的内涵解释和范围认定

现行《电信条例》已经难以适应电信产业与互联网产业的融合渗透趋势，问题多集中于增值电信业务中"信息服务业务"的具体范围。尽管《电信业务分类目录》本身并非规范性文件，但依据《电信条例》第 8 条的规定，该目录是认定《电信条例》调整范围的具体标准。该目录将信息发布平台和递送服务、信息搜索查询服务、信息社区平台服务、信息即时交互服务、信息保护和处理服务等统一视为"信息服务业务"，必然导致《电信条例》与其他规范性法律文件的重叠。以网络电视（IPTV）为例，从业务内容来看，明显属于广播电视服务，而从业务实现方式来看，没有电信运营商的支撑，该类业务无从谈起。依据《电信条例》第 3 条、第 56 条等的规定，国务院信息产业主管部门对电信业实施监督管理，监督管理的内容包括监管利用电信网络发布、传播有害信息和非法信息的行为，这与《广播电视管理条例》第 5 条规定的国务院广播电视行政部门管理广播电视节目活动存在法律冲突。而《电信条例》与《广播电视管理条例》同属国务院制定的行政法规，适用的优先顺序以及主要的监管机构均难以确定。究其原因在于《电信条例》中以业务类型化划定调整范围的模式忽视了对电信法律关系的解读，颠倒了电信经营者行为与电信业务之间的主次关系。

"从事电信活动的公司即电信经营者"的观点存在认定标准过于单一的弊端，未能指明电信经营者从事电信活动的法律特征，即"电信经营者"是基于盈利目的而提供信息传输服务的经营者，同时其经营行为的本质仅是支撑信息从发送方到接收方的过程。"电信经营者"与"网络服务提供者"、"网络运营者"等主体概念均有"提供网络使用服务"的指向，[49]但

---

[49] 《民法典》《刑法》《未成年人保护法》中均有使用"网络服务提供者"的表述；《网络安全法》第 76 条第 3 项将"网络运营者"定位为"网络的所有者、管理者和网络服务提供者"。

是，这些主体概念与特定的立法目标和权利义务密切相关。例如，中国移动在作为《网络安全法》中规定的"网络运营者"时，其法定义务是以保障通信网络和数据传输状态安全为主要内容；但在作为"电信经营者"时，其法定义务涵盖电信服务合同义务、公平竞争义务以及电信设备安全、电信网络安全等综合性内容。值得注意的是，电信安全与网络安全看似相同，但是电信安全的立法目标更侧重于电信产业安全和国家秘密安全保障，网络安全则侧重于网络功能和网络数据两个环节的稳定安全状态。

在"三网融合"和5G技术商业化应用的趋势下，电信法调整范围必然会与其他法律存在重叠，但调整范围的交叉并不等于规范内容的重复和冲突。通过电信业务分类来确定电信经营者范围容易陷入"从事电信业务的经营主体是电信经营者，而电信经营者又是指从事法定电信业务的经营者"的循环论证。所以，电信经营者的界定需要转向多重要素判断：一是电信经营者应当以电信网络为依托；二是其所提供的电信业务功能应当以满足信息在特定电信用户之间安全自由传输为限；三是电信经营者从事电信业应当以获利为目的，包括通过广告间接获利。此种界定模式能够在业务实现方式、业务具体内容和业务目的三个层面将电信经营者与类似的信息服务业者相区分。虽然网约车、在线旅游等电子商务平台在外观上符合信息分发与传递的法律特征，但其业务内容是以电信网络终端的身份，对所接收的信息进行再次编辑、整合和分发，故而显然不属于电信法的调整范围。电信经营者独立于电信网络中的发送方和接收方，所负责传递的"信息"实指信息电磁化的表现形式，非电信网络终端的特性是电信经营者区别于其他信息服务提供商的关键所在。

(二)以电信法益形态划定电信法的调整范围

电信改革的重点在于厘清电信权利与电信权力之间的关系，[50]而电信权利与电信权力的核心是"电信法益"。按照基础网、支撑网和业务网的层次划分，"电信法益"表现为不同电信法律主体之间对电信网络提供电信服务的差异化需求。有学者借助社会心理学家马斯洛的人类需求模型来解释人们对通信的层次化需求，从底层的"必要通信"到顶层的"解放

---

[50] 参见娄耀雄编著：《电信监管法律问题研究》，北京邮电大学出版社2015年版，第73页。

自我”,分别对应 IP 网络、移动互联网、物联网和未来智能网络(见图1)。[51] 面向电信技术的未来发展趋势,电信网的调整范围不可能局限于移动互联网等传统电信网络,也包括以物联网为代表的智能网络,进一步而言,“电信经营者”的概念设定理应考虑到“电信网络”的更新迭代,不同阶段的电信网络以及电信业务融合演进过程反映了电信法律主体通信需求的变化,从人与人之间的日常联络到人与信息的交互,再到以人为信息终端的通信模式,这些“利益需求”既能实现电信法对现有电信业务的回应,也能为电信法在规制新型电信业务时预留法律解释空间。

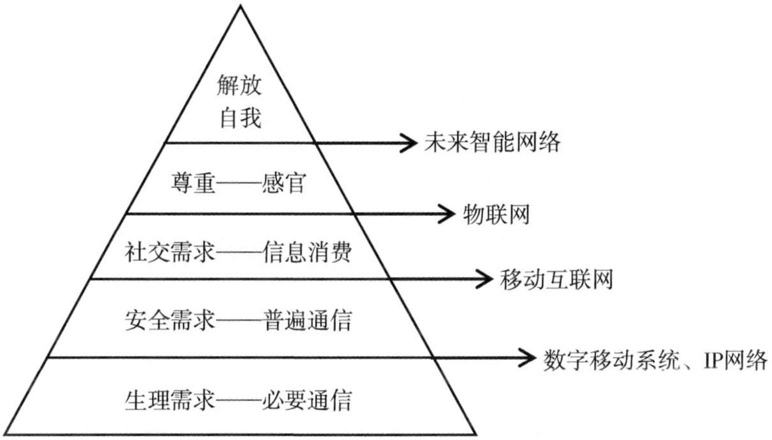

图 1　基于马斯洛需求理论的通信需求模型

具体而言,在业务网中,电信消费者与电信经营者之间的“电信法益”是指电信服务的安全性和功能性,既是指电信消费者在通信过程中不被非法窃听、通信行为信息不被非法收集以及电信流量不被恶意窃取,也是指电信服务应当满足合同所约定的准确、便捷、安全、价格合理等标准。在支撑网中,电信经营者之间的“电信法益”主要是指电信经营者之间有序的市场竞争秩序,具体表现为电信经营者之间应当积极履行互联互通等法定义务,禁止非法干扰其他电信经营者正常运营电信网络。在服务类型多样化的当下,平台之间的接入限制等行为是否应纳入电信法的调

[51] 参见李正茂、中国移动通信研究院:《通信 4.0:重新发明通信网》,中信出版集团股份有限公司 2016 年版,第 36~50 页。

整范围则需要考虑该类行为是否属接入服务领域的限制，即如果电信经营者非法限制其他电信经营者接入互联网或者上层电信网络，那么应当由电信法予以调整；如果仅仅表现为小程序、公众号等用户访问限制，由于这种限制行为并未发生在电信网络中，故不属于电信法的调整范围。在基础网中，电信经营者与电信监管机构之间的电信法律关系是电信法调整的重点内容。电信法本身兼具公法与私法属性，私法层面的电信服务合同关系大多交由合同法进行调整，而公法层面的行政法律关系调整则是电信法的立法目的所在，其指向的电信法益是指电信经营者应当按照法律规定和国家政策保障电信基础设施和电信信息系统的运行安全。此种电信法益是电信监管机构通过事前行政许可和事后行政处罚等方式监管电信经营者的正当性基础，而电信法未明文规定但又影响电信行业安全的活动仍应当由电信法进行调整。

电信法调整电信法律关系的目的在于规范电信竞争市场，保障电信消费者的合法权益，确保电信网络以及传输信息的安全。这三类"电信法益"的抽象性并不当然导致电信法调整范围确定方式的模糊性。诚然，具体明确的电信业务分类确实能够在法律实施层面为义务主体和监管机构提供相当明确的义务履行标准。然而，电信业务形态的发展进程始终先于电信业务分类制定进程，在现行立法尚未明确特定电信业务究竟是否属于电信法调整范围时，一般性判断标准显得尤为重要。《民法典》中没有将电信服务合同列为典型合同，《网络安全法》《关键信息基础设施安全保护条例》等网络安全相关法律法规侧重的是安全法益的保障，电信立法的必要性显然没有因为这些规范性文件的公布而丧失，反而更需要法律效力层级的"电信法"体系化规定电信经营者在电信服务合同、电信业务公平竞争以及通信安全保障三个层面的义务内容。因为再精妙的立法技术也无法根治技术创新与立法稳定之间的"隔阂"，以"电信法益"作为判断电信法调整范围的一般性标准能够为事后行政干预或行政处罚的考量因素。并且，"电信法益"在基础网、支撑网和业务网三个层次的法益形态能够与我国现有的网信监管体系予以衔接，实现网络安全监管和电信产业监管的职权分流。

专论

●论法律效果作为可诉性行政行为的认定标准

王嘉贤*

摘　要：在面对越来越多新型、复杂的行政活动的可诉性判断难题时，以认定“行政行为”作为逻辑起点的判断方式存在不足，以行为法意义上的“行政行为”概念范围作为认定标准，无法灵活、简便地与其他不具有可诉性的行政活动相区分。应当舍弃先行判断“行政行为”这一思路，而从诉讼角度出发，以法律效果为判断标准，直接确定被诉行为是否为“可诉性行政行为”。以受案范围、原告资格和权利保护必要性为理论支撑，构建起阶层式审查结构，特定行政行为需具备不同视角下的法律效果要件才得以纳入可诉性范围。

关键词：可诉性行政行为；法律效果；外部性；独立性；个别性

自2014年修正的《行政诉讼法》以“行政行为”这一学术概念取代原有的“具体行政行为”，正式纳入法规范文本后，可诉性行政行为的范围相对固定。[①] 原来具有争议的如双方行政行为、内部行政行为、行政事实行为等行政活动的可诉性问题得到一定解决。然而，随着越来越多样化、复杂化的行政活动的产生，其救济层面上的争议也逐渐增多。单靠“行政行为”这一法定概念及其理论界定无法完全满足司法实践的需求，大量的司法案件仍然致力于解释、解决具体个案中行政行为的可诉性问题。例如

---

* 王嘉贤，军事科学院军事法制研究院助理研究员。

① 参见杨伟东：《行政诉讼架构分析——行政行为中心主义安排的反思》，载《华东政法大学学报》2012年第2期。

法院面临着解释典型行政行为不可诉问题,判断非典型的行政行为的可诉性问题,甚至还需要判断某一行为是否为行政行为等。解决这些争议需要我们重新对可诉性行政行为的判断标准进行思考和修正。本文以诉讼法而非行为法层面的行政行为为概念范围,探讨具备何种法律效果的行政行为具有可诉性。

一、可诉性与法律效果的联系

(一)可诉性的判断逻辑及其变化

根据现行《行政诉讼法》第 2 条的规定,由人民法院依法审查侵犯公民、法人或者其他组织合法权益的行政行为的合法性。此条更多被认为是以概括式的立法方式对行政诉讼的诉讼范围予以规定,即只有侵犯公民、法人或者其他组织合法权益的行政行为才具有可诉性。这一条款一定程度上承袭了 1989 年《行政诉讼法》的相关规定。

1989 年《行政诉讼法》更多以"行政活动→具体行政行为→具备可诉性"作为判断逻辑对此条款予以适用,即以具体行政行为的构成要件和基本类型作为审查基准,先判断该行为是否为具体行政行为,进而决定是否具备可诉性,这一审查逻辑和判断标准更多是立法政策的产物。将可诉性范围限定为具体行政行为,排除了行政事实行为、行政协议、准行政行为等,这固然与当时法学理论研究深度有关,同时也离不开立法政策对其造成的实质性影响。时任全国人大常委会副委员长、法制工作委员会主任王汉斌在第七届全国人民代表大会第二次会议上就《行政诉讼法(草案)》作出说明:考虑我国的实际情况,对受案范围还不宜规定太宽,而应逐步扩大,以利于行政诉讼制度的推行。[②] 最高人民法院也出台了相应司法解释,通过下定义的方式进一步确定"具体行政行为"的概念范围。[③]

---

② 参见时任全国人大常委会副委员长、法制工作委员会主任王汉斌在 1989 年 3 月 28 日第七届全国人民代表大会第二次会议上所作的《关于〈中华人民共和国行政诉讼法(草案)〉的说明》。

③ 《最高人民法院印发〈关于贯彻执行《中华人民共和国行政诉讼法》若干问题的意见(试行)〉的通知》(法〔1991〕19 号,已失效)第 1 条规定:"'具体行政行为'是指国家行政机关和行政机关工作人员、法律法规授权的组织、行政机关委托的组织或者个人在行政管理活动中行使行政职权,针对特定的公民、法人或者其他组织,就特定的具体事项,作出的有关该公民、法人或者其他组织权利义务的单方行为。"

从此，无论是司法实践还是理论研究，对于可诉性的判断均更多从行政行为是否属于具体行政行为的具体类别入手。

后来由于司法实践的需求，2014 年修正的《行政诉讼法》将“具体行政行为”修改为“行政行为”，将行政契约、行政事实行为、行政指导以及规章以下规范性文件等在满足一定条件的情况下明确纳入诉讼范围，确认其可诉性。此举虽然扩大了受案范围，有利于保护行政相对人的合法权益，但从理论研究的角度看，其不可避免地模糊了“行政行为”的概念范围，原本的“具体行政行为”与“抽象行政行为”共同排他构成“行政行为”的概念范围，同时与内部行政行为相区别，当行政事实行为、内部行政行为以及准行政行为等也被认定为具有可诉性时，《行政诉讼法》规定的“可诉性行政行为”与学理上的“行政行为”在范围上存在矛盾。正如王万华教授指出：“行政行为仅在形式上统领法典，诉讼制度仍主要以具体行政行为为基础构建。”④行政行为这一概念在学术研究中循着“剥笋式”的外延不断缩小的顺序，而在实践中需要的却是“盖楼式”不断扩大外延的行政行为。⑤

如何解释“行政行为”与“可诉性行政行为”概念范围上的冲突？有学者对此提出很多解决方法，例如，主张从学理上将行政行为的概念范围予以扩大，⑥将行政事实行为、重大行政决策行为、规范性文件等也纳入其中，此时行政行为的范围与行政管理学所讲的行政活动、行政方式相类似，使“行政行为”这一基本学术概念向着日益宽泛界定的方向发展。⑦还有很多学者提出了新的概念，诸如“行政活动”“行政过程”“规制”“行政法律关系”等以代替原来的“行政行为”概念，由“行政行为”这一概念承担起诉讼法上的作用。对此，最高人民法院采取了“可诉性行政行为”

---

④ 王万华：《新行政诉讼法中“行政行为”辨析——兼论我国应加快制定行政程序法》，载《国家检察官学院学报》2015 年第 4 期。

⑤ 参见杨海坤、蔡翔：《行政行为概念的考证分析和重新建构》，载《山东大学学报（哲学社会科学版）》2013 年第 1 期。

⑥ 参见王万华：《新行政诉讼法中“行政行为”辨析——兼论我国应加快制定行政程序法》，载《国家检察官学院学报》2015 年第 4 期。

⑦ 参见闫尔宝：《论作为行政诉讼法基础概念的“行政行为”》，载《华东政法大学学报》2015 年第 2 期。

这一概念,不再纠缠于“抽象—具体”的界分,[8]即改良了原来的解释路径,以“行政活动→行为的内容+权利影响→可诉性行政行为”作为判断逻辑,通过行政的具体内容及对原告权益的影响程度这一实质性判断标准来决定其是否可诉。

然而,虽然司法实践及司法解释为实质性判断提供了很多思路和贡献,尤其是通过具体个案的判定在一定程度上释明了何谓“对行政相对人的权益造成影响”,但不难发现,许多法院在面临判断行政行为的可诉性时,仍时常以旧的逻辑试图将被诉行政行为归类于某一项具体的、类型化的行政行为,进而确定其可诉性。这种方式具有一定的操作性,但无法解决所有问题,其更多回溯于原有的具体行政行为的判断上,局限于传统类型下行政行为范畴,对其他模糊的、多样化的、不定型的行政行为的判断解释则较为牵强,因而需要就行政行为可诉性的实质性判断建立一个更为直接、系统、全面、具有可操作性的基准。笔者认为,行政行为的法律效果正是建构这一判断基准的合适坐标。

(二)法律效果作为可诉性判断标准的可行性分析

笔者认为,若按照旧有的“具体行政行为/行政行为”逻辑,采取类型化思考方式,则对行政事实行为、准行政行为等其他非型式化的行政行为的可诉性解释较为牵强。例如,叶必丰教授认为当行政事实行为构成行政强制措施或者行政强制执行,或者侵犯相对人合法权益时,属于具体行政行为,纳入可诉性范畴。[9] 类似这种法律解释方式虽然能够将本不属于(具体)行政行为的行政事实行为纳入行政行为的范畴,进而为行政相对人提供法律救济,但是规范分析过程还存在疑问。

而若简单扩大“行政行为”的概念,将行政事实行为、准行政行为、行政不作为等纳入其中,进而归入可诉性范畴,则在一定程度上滥用了“行政行为”这一概念,行政行为日渐蜕变为一个无所不包的概念,终使行政行为成为中国行政法中最大的概念谜团和陷阱。[10] 同时与传统法律认知

---

⑧ 参见陈越峰:《中国行政法(释义)学的本土生成——以“行政行为”概念为中心的考察》,载《清华法学》2015年第1期。

⑨ 参见叶必丰:《具体行政行为的法律效果要件》,载《东方法学》2013年第2期。

⑩ 参见赵宏:《法治国下的目的性创设——德国行政行为理论与制度实践研究》,法律出版社2012年版,第50页。

还存在一定冲突，如我们通常认为狭义的行政行为是旨在对外直接发生法律效力的行为，其具备强烈的目的取向，这种目的就是积极、能动地塑造一种有拘束力的行政法律状态或法律关系，[11]事实行为因缺乏意思要素而不纳入行政行为的概念范围。同时很多行政事实行为不具有可诉性，那么如何判断哪些行政事实行为不属于"可诉性行政行为"的范畴呢？为解决这一问题我们还需要单独对可诉性行政事实行为确定认定标准，这又使得法律适用变得更为复杂。

笔者认为，与其试图定义行政行为的概念，讨论行政事实行为以及其他非典型性的行政活动是否应纳入行政行为的概念，进而统一学理与诉讼意义上的概念的不一致性，不如采取一种功能主义的态度，回避对行政行为予以定义、认定和类型化，而从具体个案出发，以这些可诉性行政行为具有的共性为思考角度，重新确定可诉性行政行为的判断标准。

细究这些非典型的"行政行为"，其被认定为具有可诉性很重要的理由是其都具备特定的法律效果。法律效果本质上来源于法律规定，但需要通过一个个行为予以呈现，其指主体通过意志行为直接设定、变更、消灭或者确认了某种权利义务关系。[12] 法律效果并非单纯的事实效果，其强调对法律状态的改变，即对当事人法律上权利义务的影响。[13] 杨小军教授认为，行政主体的行政行为对他人权利义务的影响并非都是现实影响，有的是法律效力影响，有的是法律拟制基础上的影响等。[14] 法律效果这一特定化的诉讼要素存在于任何可诉性行政行为中，并作为核心要素决定着个案是否应纳入可诉性范围。从主观诉讼角度考虑，行政诉讼的审查重心是为原告受损利益提供救济，是否有救济的必要性离不开对法律效果的直接判断。

因此，笔者主张重新审视法律效果所具备的特殊的诉讼意义，以特定法律效果为直接、独立的判断基准，跳过对行政行为的认定这一固有环

---

⑪ 参见赵宏：《法治国下的目的性创设——德国行政行为理论与制度实践研究》，法律出版社 2012 年版，第 117 页。

⑫ 参见叶必丰：《具体行政行为的法律效果要件》，载《东方法学》2013 年第 2 期。

⑬ 参见王锴：《论行政事实行为的界定》，载《法学家》2018 年第 4 期。

⑭ 参见杨小军：《行政诉讼受案范围之反思》，载《法商研究》2009 年第 4 期。

节，直接确定行政行为的可诉性，即适用“法律效果→可诉性”这一判断逻辑。以往我们普遍认为，法律效果仅为判断行政行为是否成立，抑或判断行政行为的内部性、外部性、成熟性等的标准之一，并非认定可诉性行政行为的唯一标准。只有在行政活动还满足其他要件诸如主体要件、职权要件等时，其才能被确定为行政行为，⑮进而探讨其可诉性。即使有学者以法律效果作为判断行政行为的唯一标准，⑯其所定义的“行政行为”范围也较广，并非诉讼法意义上的“行政行为”，而是包括抽象行政行为和具体行政行为，因此此种定义实质上也并非将此“法律效果”要件作为判断行政行为是否可诉的独立标准。

同时，从立法原意考虑，2014年修正的《行政诉讼法》本身也认可这种判断逻辑，至少其不再注重对具体行政行为、行政行为概念内涵的认定。立法释义⑰指出，对行政行为可以从规范性文件、作为或不作为、事实行为以及行政契约等角度予以理解，本质上以行为是否造成公民合法权益的侵害为准，并不拘泥于其表现形式。我国《国家赔偿法》对此也有规定，其所列举的一些赔偿事由，也在一定程度上表明立法者并非执着于先对行政活动定性再予以救济这一逻辑，更多关注权利救济的必要性。

以此逻辑为基础，我们需要做的是确定可诉性行政行为法律效果的具体特征。结合行政行为的可诉性这一较为复杂的概念，笔者尝试以行政诉讼的受案范围、⑱原告资格和权利保护的必要性为角度对其进行层次性分析，划定不同视角下可诉性对法律效果的具体要求。

⑮ 行政活动包括行政行为，行政行为只是履行行政职能、达成行政目标的一种方式，而非全部。参见江国华：《从行政行为到行政方式：中国行政法学立论中心的挪移》，载《当代法学》2015年第4期。

⑯ 参见《行政法与行政诉讼法》编写组：《行政法与行政诉讼法》（第2版），高等教育出版社2018年版，第82页；杨海坤、蔡翔：《行政行为概念的考证分析和重新建构》，载《山东大学学报（哲学社会科学版）》2013年第1期；柳砚涛、刘宏渭：《行政行为构成要素之探讨》，载《中共长春市委党校学报》2005年第3期；等等。

⑰ 参见信春鹰主编：《中华人民共和国行政诉讼法释义》，法律出版社2014年版，第8～9页。

⑱ 也有学者认为行政行为的可诉性是判断行政诉讼受案范围的标准。参见郝明金：《论可诉性是行政行为的本质属性》，载《法学论坛》2006年第3期。

二、受案范围对法律效果的要求

受案范围关注行政行为本体，且更多关注抽象性，而非具体个案中的行政行为的法律效果，即某一类行政行为本身应当具备何种法律效果才可能被纳入可诉性范围。笔者认为，应当从以下角度予以关注。

（一）行政活动具有产生直接法律效果的可能性

法律效果与行政行为的效力不同，法律效果是客观法适用的结果，具有客观性，并非单纯的法律产物（当然从根源上讲，法律效果必定是直接或间接来源于法律），意思表示也非产生法律效果的关键性要素。[19] 同时，判断法律效果的直接性和间接性，应当考察该行为作出之后，权利义务是否直接发生变动。如果由该行为直接决定，没有裁量空间，则应当认为该行为能够直接产生法律效果。[20] 不可否认，间接法律效果也可在满足特定条件时转为直接法律效果，此时行政行为也被视为产生直接法律效果，纳入受案范围。

根据行为方式的不同，法律效果主要有以下四种来源形式：[21]（1）狭义行政行为的法律效果来源于行为的处分性，即其因获得了完整的法律效力而具备法律效果，从理论上讲，任何一个狭义行政行为均因具备法律效力而具有直接约束力，会产生直接的法律效果，无论这种法律效果是对权利人的权利义务造成真实的、客观的损害还是只是权利人的主张，狭义行政行为均由于其具备法律效果而纳入行政诉讼的受案范围。（2）行政事实行为的法律效果来源于其本身的事实属性，其并不具有行政行为那样的诸如存续力、执行力、构成要件效力等“法效力”，[22]即该行为的实际发生在客观上产生了法律效果，即使这种法律效果并非出自行政主体的

---

[19] 参见成协中：《行政行为概念生成的价值争论与路径选择》，载《法制与社会发展》2020 年第 1 期。

[20] 当然也有学者提出不同意见。王锴教授认为，事实行为能够直接改变事实，但是不直接引起法律效果，因为事实行为中的行为意思与可能的法律效果之间没有因果关系，法律行为也无法单独产生直接法律效果，必须通过事实行为的“中介”才能引起现实的变化。参见王锴：《论行政事实行为的界定》，载《法学家》2018 年第 4 期。

[21] 实际上，具有处分性的行政行为并非局限于此四类，许多并未被类型化的行政活动，甚至包括对物的行为，都可能具备可诉性。参见章志远：《新〈行政诉讼法〉实施问题研究——新〈行政诉讼法〉实施对行政行为理论的发展》，载《政治与法律》2016 年第 1 期。

[22] 参见章剑生：《现代行政法总论》，法律出版社 2014 年版，第 218 页。

主观意识。[23] 法院在判断时也应当以客观现实为基础，并不需要考察行政主体的意志要素，即使缺乏产生法律效果的意思表示，也无碍对其可诉性的判断。并且并非所有的行政事实行为均具有法律效果，法律效果强调必须创设、改变权利义务，如果只是简单的执行性行为，则不具有法律效果。(3)准行政行为的法律效果并非源于其行为本身，而是由于法律的规定间接产生法律效果。[24] 这种间接性体现为该法律效果的产生依赖于有关法律的规定(甚至是新事实的产生)，当满足法定条件后间接法律效果得以转化为直接法律效果时，准行政行为才具有可诉性。(4)抽象行政行为也能够产生法律效果，但是这种法律效果并非由抽象行政行为直接产生，还需要更为具体的行政行为或者事实行为予以呈现。因此，抽象行政行为的法律效果是间接、不完整的，其原则上不具有可诉性，后续行政行为将这种间接效果直接化后，由后续行政行为承担诉讼责任，不再直接审查抽象行政行为的合法性。在例外情况下，抽象行政行为在满足一定条件时也会产生直接法律效果，因抽象性行政行为表现方式的不同，其司法审查方式也会有差异。例如对于以非规范性文件形式表现的抽象行为，其审查方式与普通的可诉性行政行为一致，而对于规章以下规范性文件，则需在满足一定条件的情况下由法院进行附带性审查，但目前并未将这种附带性审查视为一种独立的诉讼形式，因而不具有独立的可诉性。[25]

(二)法律效果的作用对象无需特定

以往更多以对象是否特定作为划分抽象行政行为与具体行政行为

---

[23] 也有学者认为行政事实行为是不能产生法律效果的行为，事实行为只限于发生事实效果，而一旦事实行为发生法律效果，则非为事实行为，而是行政处罚或者其他法律行为。参见翁岳生编：《行政法(2000)》，中国法制出版社2002年版，第72页。

[24] 对于准行政行为的界定也有不同的观点，较有代表性的定义是准行政行为是行政主体运用行政权以观念表示的方式作出的间接产生法律效果的行政行为。参见皮宗泰、王彦：《准行政行为研究》，载《行政法学研究》2004年第1期；马怀德：《行政诉讼范围研究》，载《检察日报》2001年7月21日；孔繁华：《准行政行为》，载《郧阳师范高等专科学校学报》2000年第2期；等等。

[25] 王万华教授指出，对规范性文件是直接提出审查请求，还是与个案行政行为一并提起附带性审查，只是提起审查方式上的差异，不能因为提起审查方式不同就将规范性文件排除在行政行为范围之外，是否可受法院司法审查涉及行为性质，不涉及提起司法监督的方式。参见王万华：《新行政诉讼法中“行政行为”辨析——兼论我国应加快制定行政程序法》，载《国家检察官学院学报》2015年第4期。

的标准，然而这种标准日益受到质疑，一方面，对何为"不特定对象""不特定事项"的理解不同；另一方面，即使对象、事项不特定，也不得不承认特定主体具有权利救济的必要性，对象的不特定与行政行为是否具有救济的必要性之间并不存在直接关系，很多抽象行政行为对不特定行政相对人的权利义务均产生实际影响，应当纳入行政诉讼的受案范围予以保护。

因此，笔者建议放弃对法律效果作用对象特定化与否的评价，着重审查法律效果本身的性质。例如，在胡某等与某乡政府土地行政征收抗诉案[26]中，再审法院认为某乡政府制定的《关于进一步做好某村砂石矿开采项目征地的实施办法》，明确规定了征地范围和补偿标准，能够对行政相对人的合法权益产生实际影响，是可诉的行政行为，并明确"一审裁定认定该方案是未涉及特定对象实体权利义务的普遍行为，二审裁定认为该方案不是行政行为，都是错误的"。

（三）法律效果须具有行政属性

法律效果的行政属性应当具备以下特性：(1)法律效果须为强制性。强制性指权利义务的变动必须由行政主体主导，无论其是否具备主观故意，权利义务变动主体均无自主决定能力。例如争议较大的行政指导行为，其是否具备可诉性，取决于行政相对人能否自主决定其是否接受指导，如果实际上无法拒绝这种"指导行为"，则法律效果表现为强制性。(2)客观上改变了行政法律关系。法律效果不要求其必须对公法上的权利义务造成影响，即使是民事权利义务受到影响，也认为其产生了法律效果，但是必须客观上变动了现有行政法律关系。例如，行政机关因违法拆迁行为造成特定公民财产权受到侵害，虽然公民的房屋所有权本质上是私权利，但是拆除行为客观上使公民与行政机关之间发生了直接的联结，产生了新的行政法律关系。

此要求本质上是为了将适用私法手段[27]实现行政目的的各项活动、非正式行为，甚至于行政机关与相对人之间超越私法关系的接触[28]等也纳入

---

[26] 参见《最高检发布十件行政诉讼监督典型案例》（2016年）之六：胡某等与某乡政府土地行政征收抗诉案。

[27] 参见[日]盐野宏：《行政法总论》，杨建顺译，北京大学出版社2008年版，第31页。

[28] 行政法律关系的产生并非仅依赖于行政机关的型式化行为，相对人在行政法上的意思表示，甚至于行政机关与相对人之间超越私法关系的接触，同样会生成行政法律关系。参见赵宏：《法律关系取代行政行为的可能与困局》，载《法学家》2015年第3期。

行政诉讼受案范围。在实践中,除了基于公法的“行政行为”管理模式以外,还存在各种多元协作治理手段,以实现行政的有效性,切实回应现实需求。通过私法手段、非正式手段等作出的行政活动自然也会对行政相对人的权利义务产生影响,笔者认为与其纠结判断该行为是私法手段还是公法手段,抑或正式与否,不如对此问题做简单处理,仅判断该行为产生的法律效果的性质。如果产生行政法律效果,则应当纳入行政诉讼受案范围。较为典型的如行政契约的可诉性问题,行政契约起初并未纳入受案范围,一方面是当时对行政行为的理解局限于单方性,另一方面是未认识到行政契约能够产生独立于民事法律关系的行政法律效果。如果将受案范围的判断以行政法律效果为标准,一方面可以解决行政契约作为双方行政行为的可诉性问题,另一方面也可将其作为判断某些混合契约[29]司法管辖问题的标准。

(四)外部性法律效果

强调法律效果的外部性,貌似是一个悖论。法律效果指对相对人的权利义务产生影响,这本身就要求外部性,如果没有外部性,权利义务也不会发生变动。然而实践中仍然存在形式上具有内部性特征,但实质上为外部性的行政活动。

法律效果的外部性主要有以下两种表现方式:(1)该行政行为本身即为外部行政行为;(2)行政行为形式上为内部行政行为,但具有外部化法律效果,对此类行政行为也应当纳入行政诉讼受案范围。法院面临的更多难题是如何判断内部行政行为具有外部性。笔者认为,应当按照内部行政行为的作用方式予以实质性判断。若其事实上对公民权利义务产生直接影响,就可以认定其具有外部性。对于通过叠加其他非附属性行政行为共同产生法律效果的内部行政行为,笔者认为后续行为已经吸收了内部行政行为的法律效果,应当将后续行为纳入受案范围,无需以内部行政行为为诉讼标的。

较为典型的如行政机关的内部会议纪要或决定等,若其并未重新通过正式的行政处理、行政决定等方式就施加给行政相对人以现实的法效力,那么这种内部行政行为具有外部性,应当纳入司法审判的范围。例

㉙ 参见余凌云:《论行政契约的救济制度》,载《法学研究》1998年第2期。

如,在山东省高级人民法院所审理的一起案件中,法院认为:通常情况下,地方人民政府对其所属土地行政管理部门作出的同意收回国有土地使用权批复,不具有可诉性。然而在该案中,当时的土地管理部门并未直接作出收回决定,而是将该批复以告知书的形式通知土地使用权人,并要求其限期注销,因此事实上土地管理部门已经将该批复付诸实施,对行政相对人的权利义务产生了实际影响,行政相对人有权对该批复提起诉讼。[30] 与此较为相似的一个案件中也涉及判断人民政府对土地管理部门作出的收回国有土地使用权的批复的可诉性,然而在此案件中,该土地管理部门依据该批复新作出了收回国有土地使用权的决定,导致该批复的效力仅停留在行政内部,并未对行政相对人的权利义务产生直接影响,因而不具有可诉性。[31]

值得注意的是,笔者认为这种直接外部性必须以行政主体的主动性为前提,若行政主体在主观上并无使这种内部行政行为产生对外效果的意图,而行政相对人通过其他途径知悉了这一内部行为,进而主张其权利受损,在此情况下,内部行政行为并未产生现实的外部性法律效果,不具有可诉性。

三、原告资格理论对法律效果的要求

以原告资格为角度探讨法律效果要件的标准,更多强调行政行为对特定主体(行政相对人/第三人)的影响,这种影响必须符合一定条件才构成法律意义上的影响,进而成为诉讼法意义上的法律效果。对此,笔者结合保护规范理论对原告资格的要求,总结出以下特性。

(一)法律效果应具备个别性

当某一行政行为被纳入行政诉讼受案范围时,不代表任何主体均可对其提起行政诉讼,只有当该行为的法律效果以个别性的表现方式辐射到特定主体并影响个体化权利义务时,该特定主体才具有诉权。同时,这种个别性要求特定主体对行政行为所影响的事项具备特殊的个人利益,而不仅仅只表现为笼统的公共利益。当然,个别性不等于行政行为作用

---

[30] 参见山东省高级人民法院行政裁定书,(2020)鲁行终261号。

[31] 参见最高人民法院行政裁定书,(2018)最高法行申5391号。

对象必须是个别的,而是指产生个别性的法律效果。

例如,在徐某等三人诉南通市通州区交通运输局交通行政管理及行政赔偿案[32]中,二审法院认为因原告的配偶(已过世)发生车祸,这种特殊事件的发生使得起诉人与设置交通信号灯的行为事实上发生了牵连,存在"有别于不特定对象的特定关系",即起诉人与被诉行政行为间存在不能被一般公共利益所吸收的个别利益,这种个别利益有特别保护的必要,因而原告具有提起本案诉讼的主体资格。

这里的个别性相较于受案范围阶段中对法律效果的直接性要求更高。法律效果的直接性原则上排除了对抽象行政行为的审查,个别性在此基础上要求行政行为本身还具有针对特定主体的法律效果,并非笼统地针对不特定主体的公共利益。例如在上述案例中,设置交通信号灯本身能对经过这个路口的所有人产生直接法律效果,任何人都应当按照信号灯的指示行动,这实质上改变了公民的权利义务,然而不代表任何人都有权以信号灯设置违法提起诉讼,只有特定权利义务发生变动的主体才具有原告资格。

(二)法律效果的因果性

原告资格理论不仅要求只有在法律效果射程内的主体才具有起诉资格,而且行政行为对行政相对人权利义务的影响必须是客观的,且具备较强的因果性,而非泛化的、弱的影响。在法律效果射程内强调其对象的可能性,而利益影响则强调现实性、客观性和因果性。行政行为对该主体权利义务的影响是具有决定性的,而非简单的反射性利益。这一要求确定了该主体在诉讼中能否作为原告,抑或作为案外第三人。

例如,在乔某祥诉铁道部铁路旅客票价管理案[33]中,法院认为,被告向公众发布《关于2001年春运期间部分旅客实行票价上浮的通知》为具体行政行为,原告作为购票乘客,虽然不是该行为所直接指向的相对人,但因有关铁路企业为执行该通知而实施的经营行为影响到其经济利益,所

---

[32] 参见江苏省南通市中级人民法院行政裁定书,(2020)苏06行终139号。

[33] 参见乔某祥诉铁道部铁路旅客票价管理案,北京市高级人民法院(2001)高行终字第39号行政判决书。在该案中,也存在通知行为是否为抽象行政行为的争议,法院认为上述通知行为是针对有关铁路企业作出并设定和影响有关铁路企业经营权利和义务的行为,应当认定为具体行政行为,并未支持被告"抽象行政行为"的主张。

以其与该行为之间产生法律上的利害关系，具备原告资格。[34]

（三）特定法律效果已纳入行政法规范保护范围

虽然设定了法律效果这一审查标准，但在个案中对原告权利义务的认定却并不容易，应当回到法律规范本身进行解释推理。法律规范不仅应当包括《行政诉讼法》以及司法解释明确列举的权益保护类型，同时也包括其所涉及的行政实体法规范，[35]即以行政主体在实施行政活动时依据、遵循的行政实体法作为解释基准，研究个案中牵涉的利益，确定行政法规范是否明确将这种利益纳入考虑范围，并且是否为其提供了法定的诉讼救济渠道。有司法案例认为，对于这里所指的行政实体法，应当作为一个体系进行整体考察，参照整个行政实体法律规范体系、该行政实体法的立法宗旨和目的、作出被诉行政行为的目的和性质来进行综合考量。[36]

当然，从此角度出发判断特定权利义务是否纳入行政法规范的保护范围并不必然能够得出统一确定的结论，也存在争议。例如在政府信息不公开案件中，对于旧法所规定的“三需要”门槛是否是申请主体的限制性条件有争议，即公民知情权在诉讼法意义上的边界在哪里？是否任何公民被拒绝提供申请的政府信息时均具备诉权呢？学者也试图从法规则本身出发进行解释，但在司法适用中仍存有疑问。[37]

四、权利保护必要性对法律效果的要求

权利保护必要性又称为“狭义的诉的利益”，[38]指从周边情况看是否

---

[34] 当然，此案还涉及个别性法律效果的判断，当本案的原告作出购买车票这一动作时，行政行为才对其权利义务造成了实质性影响，否则其仅在“通知”所产生的法律效果的辐射范围内，并未产生个别性法律效果。

[35] 参见赵宏：《主观公权利、行政诉权与保护规范理论——基于实体法的思考》，载《行政法学研究》2020年第2期。

[36] 参见韶关市浈江区东联精工电线厂诉广东省住房和城乡建设厅行政处罚案，最高人民法院（2019）最高法行再107号行政判决书。

[37] 对此争议，2019年修订的《政府信息公开条例》将“三需要”制度删除，明确了知情权的边界，划定了原告资格范围。

[38] “狭义的诉的利益”这一名词为日本行政法概念，指当事人的诉求是否足以具有利用国家审判制度加以审判的实际价值或必要性。参见石龙潭：《日本行政诉讼救济范围之拓展——“行政处分性”之理论解析》，载《行政法学研究》2017年第3期。

存在足以让法院对请求作出判断的具体实际利益。[39] 该标准主要对行政活动的法律效果进行筛选，确定表现为何种法律效果的行政行为具备诉讼的必要性或实效性。[40] 笔者认为应当从以下几点予以考量。

(一)法律效果具有现实性

受案范围阶段对法律效果直接性的考察较为理论，以该行为能否产生法律效果为标准，而权利保护必要性阶段要求法律效果具有现实性，更多从个案实际出发，审查个案中原告的权利义务是否客观上发生新的、有别于之前的变化。以是否产生新的法律效果为例，在再审申请人孔某湛与被申请人广东省广州市番禺区人民政府城乡建设行政处理一案中，法院认为，涉案建筑系违法建筑的事实在其被纳入违法建设黑名单之前已被番禺区城管局认定，再审被申请人作出的《番禺区违法建设黑名单情况通报》为有关单位的后续通报行为，该行为对其权利义务不产生新的实际影响，因而不具有可诉性。[41]

同时，笔者认为这种影响并不要求已发生或不可挽回时才满足现实性要件，在具体个案中行政行为对原告利益已构成现实的、急迫的威胁即可。此要求更多出现在对抽象行政行为、行政规划等针对不特定多数人的行政活动以及行政事实行为的可诉性判断上。针对抽象行政行为、行政规划等针对不特定多数人的行政活动，其行为产生现实的法律效果更多需要满足两个条件：(1)适用对象范围较为特定，不再是不特定多数人；(2)该行为能够直接产生法律效果，无需由其他行政行为辅助实现。[42]

(二)法律效果须完整独立

法律效果的完整独立要求法律效果已客观存在，并且不再发生变化，否则行政诉讼的提前介入仍然无法实质上对诉讼纠纷进行终局性审判。

---

[39] 参见王锴：《论行政事实行为的界定》，载《法学家》2018年第4期。

[40] 参见王贵松：《论行政诉讼的权利保护必要性》，载《法制与社会发展》2018年第1期。

[41] 参见再审申请人孔某湛与被申请人广东省广州市番禺区人民政府城乡建设行政处理案，最高人民法院(2019)最高法行申8483号行政裁定书。同时，该案件较为特殊，“黑名单”情况通报本质上也属于上级机关对下级机关的内部督促履职行为，不直接对外产生法律效力。

[42] 参见石龙潭：《日本行政诉讼救济范围之拓展——“行政处分性”之理论解析》，载《行政法学研究》2017年第3期。

笔者认为,这一要求本质上与行政诉讼的案件成熟性理论一致,都强调争讼行为的成熟性和具体的案件性,要求只有当行政程序发展到适合由法院处理的阶段,才具有可诉性。行政行为的完整性和法律效果的完整性具有一定联系,当行政主体作出最终判断和决定、行政行为整体完结后,法律效果原则上也具备完整性。[43] 这一要求更多体现在对多阶段行政行为、内部行政行为等的可诉性判断上。[44]

在多阶段行政行为中,前一行政行为本身具有独立性,并非其内部行政程序,然而这种独立的行政行为是否具有可诉性,还需结合其与后续行政行为所产生的法律效果综合分析。这主要取决于前一行为是否已形成完整的权利义务变动,行为的完整性不代表法律效果的完整性,若前行为对后行为的结果具有实质性决定作用,则前一行为已经具备较为完整的法律效果,具备诉讼的必要性;若前一行为并未对后一行为产生实质性决定作用或对行政相对人的权利义务产生确定的影响,应当认为前一行为虽然形式上为一个独立的行政行为,但其法律效果仍然不完整,因此不具备可诉性。当然作出"前一行为是否对后一行为产生实质性决定作用或对行政相对人的权利义务产生确定的影响"这一判断有时较为困难。[45]

如北京八达岭野生动物世界有限公司不服北京市城市管理综合行政执法局关于治理整顿户外广告通告案中,[46]法院裁定认为被诉行政行

---

[43] 有学者认为"最后决定"是判断行政行为是否成熟的一大标准,尽管其受到一定挑战。参见石佑启:《在我国行政诉讼中确立"成熟原则"的思考》,载《行政法学研究》2004 年第 1 期。

[44] 有学者认为多阶段行政行为分为两类,一类是各阶段皆具有处分性,一类是前阶段仅具有内部效力。笔者在此将多阶段行政行为限定为第一类,即各阶段皆具有处分性。参见郑春燕:《论城乡规划的司法审查路径——以涉及城乡规划案件的司法裁判文书为例》,载《中外法学》2013 年第 4 期。

[45] 有学者认为可以将前一行为分为三类,第一类是前一行为的决定权最强,以至最后阶段行为仅处于前阶段行为意思的代转者地位,第二类居中,前一行为主体在特定事项上具有独立的决定权,最后阶段行为机关仅作形式审查,在第三类中前一行为的决定权最弱,仅为一种咨询意见,对最后阶段行为机关没有确定的拘束力。第一、三类行为较为容易判断,对于第二类行为,该学者认为只在特定事项范围内产生确定影响。参见徐键:《论多阶段行政行为中前阶段行为的可诉性——基于典型案例的研究》,载《行政法学研究》2017 年第 3 期。笔者认为,这三种分类方式虽有一定意义,但是并未从程度上对实质性决定作用予以归纳,而更多从事项角度考虑,操作性不强。

[46] 参见北京八达岭野生动物世界有限公司不服北京市城市管理综合行政执法局关于治理整顿户外广告通告案,北京市西城区人民法院(2005)西行初字第 191 号行政裁定书。

为——北京市城市管理综合行政执法局发布《关于治理整顿大型户外广告的通告》(2005 年通告第 1 号,以下简称《通告》)为行政机关在作出行政处理决定之前的预备性或阶段性行为,没有对原告的权利义务产生实际影响,因而不属于行政诉讼受案范围。法院内部对《通告》是否产生了法律效果这一认定也存在争议,有一种观点认为被诉行政行为对相对人的权益产生了处分性的影响,具有可诉性。[47] 笔者认同法院的裁定结果,但是对其法律适用逻辑有异议。笔者认为在此处对预备性或阶段性行为的法律效果的判断应当以权利保护必要性这一角度为主,而非法院所认为的受案范围,《通告》形式上是独立的行政行为,并非行政行为的一个环节,同时《通告》也对原告的权利义务产生了实际的影响,其具有一定法律效果,应当纳入受案范围,只是法律效果并不完整,需要后续行政行为的确认和补充,因此不满足权利保护必要性对法律效果的要求,不具备可诉性。

内部行政行为与其相似,原则上不具备外部性,因而无法产生完整、独立的法律效果,不具有可诉性。然而特殊情况下,当其行政目的被后续的行政行为或事实行为辅助完成时,应当区分后续行政行为的类型,分类讨论。若后续行为为独立的行政行为,则内部行政行为的法律效果由后续行政行为吸收,其实质上不产生完整的法律效果,原告可就后续行政行为单独提起诉讼。若后续行为为事实行为,笔者认为,在此情况下,内部行政行为的法律效果已经具有外溢性,产生了外部的、完整的法律效果,具有可诉性,而后续事实行为并未产生新的法律效果,不得被单独提起行政诉讼。[48]

---

[47] 参见王晓平(该案一审承办法官):《不成熟的行政行为不具有可诉性》,载《人民司法·案例》2008 年第 8 期。

[48] 我国台湾地区的吴庚法官认为,内部阶段行为外部化须满足四个条件:第一,作出处分的机关依法应当对内部阶段行为予以尊重,且不可能有所变更;第二,内部阶段行为符合行政处分成立的必备要素;第三,内部阶段行为以直接送达或以其他方法使当事人知晓;第四,后续的行为是内部阶段行为的补充,是内部阶段行为的手段而已。参见蔡震荣:《多阶段行政处分与行政救济》,载台湾行政法学会主编:《行政法争议问题研究》(上),台北,五南图书出版股份有限公司 2000 年版,第 511 页。笔者认为,吴庚法官实质上也遵循实质性判断原则,更侧重于从作出法律效果的决定性作用大小这一角度进行识别。其所主张的第三个条件,即程序性要求并不会过滤掉相关诉讼申请,因为相关诉讼主体在对内部行政行为提起诉讼申请时,必定是知晓的。

（三）法律效果具有实际的诉讼意义

法律效果必须具有诉讼意义，即司法诉讼途径的确能为其受损的权益提供救济。如果原告的诉求由于事实或法律上的原因，本就无法达到，或者胜诉已没有任何实际意义，那么也不具备权利保护的必要性，不应当纳入可诉性范围。这一要求更多需要从原告、被告以及法院三者之立场及利害平衡关系出发进行判断，看受理案件是否会造成法院的负担、浪费应当用于更具切实性的诉讼的司法资源、损害公民一般利益等。[49]

典型的如对影响相对人程序权利义务的行政活动的可诉性判断。这种行政活动可以是准法律行为，如受理行为、通告行为等，也可以是行政事实行为，还可能表现为行政行为的一个环节，如听证程序等。对这些行为可诉性的判断，不仅应当确定其程序性权利义务是否受到实质性影响，而且需要判断其利益损失是否具备救济的必要性。例如，考虑将其纳入诉讼是否会影响到行政程序的继续，是否能够起到实质救济作用，是否会使得不同程序产生矛盾，甚至是否有必要消耗司法资源来审理案件等因素。例如在最高人民法院指导案例 69 号王明德诉乐山市人力资源和社会保障局工伤认定案中，法院认为程序性行政行为如果具有终局性，对相对人权利义务产生实质影响，并且无法通过提起针对相关的实体性行政行为的诉讼获得救济，则属于可诉行政行为，相对人提起行政诉讼的，属于人民法院行政诉讼受案范围。[50] 这里所讲的"无法通过提起针对相关的实体性行政行为的诉讼获得救济"，就是权利保护必要性对法律效果的要求。

五、结语

以上论述分别从行政诉讼的受案范围、原告资格和权利保护的必要性这三个角度对可诉性行政行为的法律效果予以要求，不同视角对法律效果的要求不同，判断某一行政行为是否具备可诉性需要从以上三个角度分别判断。但同时三者之间也有很强的联系，甚至有所重合，例如在某

---

[49] 参见王贵松：《论行政诉讼的权利保护必要性》，载《法制与社会发展》2018 年第 1 期。

[50] 参见王明德诉乐山市人力资源和社会保障局工伤认定案，最高人民法院指导案例 69 号(2016 年)。

些情况下原告资格所要求的法律效果的个别性与权利保护必要性所要求的法律效果的现实性有所重合,相对人之所以不具备原告资格,可能是由于还未产生现实的法律效果。另外,不同角度对法律效果的要求也存在逐渐严格的情形,即随着审查的深入,可诉性对法律效果的要求也更加严苛。如受案范围角度所要求的法律效果的有无仅为法律上的可能性,而原告资格、权利保护必要性角度则要求法律效果必须客观、现实。因此,笔者认为应当从行政行为法律效果的整体性出发,以三种角度进行综合性审查,以期为行政相对人的权利提供切实、完善的法律救济渠道。

●责令停止违法行为的性质认定

王　姝　刘　权*

摘　要：关于责令停止违法行为的性质，在学理上有行政处罚说、行政命令说、行政强制措施说、独立的行政制裁措施说、事实行为说等观点。责令停止违法行为是行政机关对相对人作出的一种消极的责令改正行为，即行政机关在认定相对人存在违法行为后，通过命令相对人采用消极不作为的方式结束违法状态，区别于责令相对人采取积极的补救措施消除影响的行为。责令停止违法行为属于责令改正的一种情形，属于行政命令。不论责令停止违法行为的具体表现形式如何，责令停止违法行为的目的都在于恢复原有行政管理秩序。责令停止违法行为不满足暂时性的特征，具有终局性的效果，不属于行政强制措施。有些责令停止违法行为，在程序上起到督促相对人的作用，属于行政强制执行中具有先决性意义的警告和督促程序。责令停止违法行为对相对人产生了一定外部效力，不属于不具有终局性的程序性行政行为。

关键词：责令停止违法行为；行政处罚；责令停产停业；行政命令

对责令停止违法行为性质的认定，涉及行政机关在作出该类行为时应当遵循的法定程序，也关乎法院对相对人有关程序性权利和实体权利的司法救济。本文讨论的"责令停止违法行为"不是严格意义上的法律概念，而是对行政执法实践中，行政机关针对行政相对人的违法生产、经营等行为，作出"责令停止生产""责令停止开采""责令改正"等通知书、决定书和告知函现象的一种概括性描述。在司法实践中，法院对该类行为

---

* 王姝，清华大学法学院博士研究生；刘权，中央财经大学法学院教授。

是否适用《行政处罚法》(2021 年修订)第 9 条[①]第 4 项的规定存在争议。之所以产生争议很大程度上是因为现行法律、行政法规、部门规章等对"责令"类行为的性质尚未统一规定,从而增加了法律适用的难度。实践中该类行为的存在情形较为复杂,需具体个案具体分析,法律上也难以作完全统一、周严的规定。厘清责令停止违法行为的性质,对保障公民合法权益,规范行政机关的行政行为,实质化解行政纠纷,具有重要意义。

一、《行政处罚法》中"责令停产停业"的适用争议

《行政处罚法》自 1996 年制定以来,经历了 2009 年、2017 年、2021 年 3 次修改。前三个版本的《行政处罚法》第 8 条第 4 项规定的"责令停产停业",在 2021 年被修订为第 9 条第 4 项规定的"限制开展生产经营活动、责令停产停业、责令关闭、限制从业"。2020 年修订一审稿中,原第 8 条第 4 项的规定被扩展为"责令停产停业、限制开展生产经营活动、限制从业、责令停止行为、责令作出行为",在修订二审稿中删除了"责令停止行为、责令作出行为",增加了"责令关闭",在最终版又调整了顺序,定为"限制开展生产经营活动、责令停产停业、责令关闭、限制从业"。首先,从法律文本的修订历程可以看出,不能认为所有的"责令停止行为""责令作出行为"都是行政处罚。其次,结合 2021 年《行政处罚法》第 2 条对行政处罚的定义可知,[②]行政机关责令相对人停止的行为都是违法行为,所以第 9 条第 4 项规定的"责令停产停业",可以进一步理解为"责令停止违法的生产和营业",也就是责令停止违法行为的具体表现形式之一。那么,什么样的"责令停止违法行为"是行政处罚,什么样的不是?这一问题让人困惑。由于"责令停产停业"本身不是一个确定的法律概念,在执法实践中的适用场景也不同。法院在不同案件中,对该类行为的认定存在分歧,对是否适用《行政处罚法》该项规定存在争议,大体上形成了该类行

---

① 《行政处罚法》(2021 年修订)第 9 条规定:"行政处罚的种类:(一)警告、通报批评;(二)罚款、没收违法所得、没收非法财物;(三)暂扣许可证件、降低资质等级、吊销许可证件;(四)限制开展生产经营活动、责令停产停业、责令关闭、限制从业;(五)行政拘留;(六)法律、行政法规规定的其他行政处罚。"

② 《行政处罚法》(2021 年修订)第 2 条规定:"行政处罚是指行政机关依法对违反行政管理秩序的公民、法人或者其他组织,以减损权益或者增加义务的方式予以惩戒的行为。"

为具有可诉性和不具有可诉性两种审理思路。这两种思路下对责令停止违法行为的具体性质又有不同认定，影响案件实体审理结果。

（一）责令停止违法行为具有可诉性

1. 属于行政处罚

该审判思路认为，“责令停止生产”属于行政处罚。在常德市鼎城区石板滩镇印某石煤矿诉常德市鼎城区国土资源局行政处罚案中，两审法院均认为原审被告向原告下达的告知函中的“限你矿立即停止生产”为原告明确设定了立即停产的强制性义务，并且是对原告作出的终局性的行政行为，如果告知函按照要求被履行，将对原告权利义务产生重大实际影响。因此，依照2009年《行政处罚法》第8条第4项的规定，责令停产就是一种行政处罚，应当遵循行政处罚的法定程序。③ 在从江县龙某山泉水厂诉从江县市监局质量监督检验检疫行政管理案中，法院认为行政机关作出的责令改正通知书中的“立即停止生产销售”属于2009年《行政处罚法》第8条规定的行政处罚种类中的“责令停产停业”，影响到原告的生产经营权和销售权，故该通知书具有行政处罚的性质，应遵循相关程序规定，被告作出该通知书的行为违反法定程序，应予撤销。④

2. 属于行政命令

在环境行政纠纷中，有法院认为“责令改正违法行为”“责令停止生产行为”属于行政命令。在福州荣某旅游用品有限公司诉福州市闽侯县环保局等行政复议案中，福州市仓山区法院根据《环境行政处罚办法》(2010年修订，现已失效)第12条的规定，认为环保局作出的责令改正违法行为决定书中，责令行政相对人“停止生产”的行政行为，因不具有制裁性而不属于行政处罚，应属于行政命令。⑤

3. 属于行政强制措施

同样是行政机关作出责令停止违法行为通知书，责令相对人停止未获许可的生产行为，在王某富诉石柱县国土资源和房管局行政强制措施决定案中，一审和二审法院均认为责令停止开采行为通知是行政处罚，且

③ 参见湖南省常德市中级人民法院行政判决书，(2017)湘07行终16号。

④ 参见贵州省黔东南苗族侗族自治州中级人民法院行政判决书，(2017)黔26行终39号。

⑤ 参见福建省福州市仓山区人民法院行政判决书，(2017)闽0104行初228号。

二审重庆市第四中级人民法院进一步撤销一审法院的维持判决,认定被诉责令行为没有遵循行政处罚的法定程序,被告房管局未告知相对人有听证的权利,判决撤销被告行为。后重庆市检察院抗诉,重庆市第四中级人民法院又撤销了其在二审中作出的(2006)渝四中法行终字第8号行政判决。重庆市第四中级人民法院在再审中认为,房管局对王某富继续实施开采行为予以制止为要求相对人修复违法行为状态所必需,无须王某富付出更多的代价,故该行为不具有制裁性,属行政强制措施的一种,不符合行政处罚的性质。⑥

(二)责令停止违法行为不具有可诉性

这一类审理思路认为,"责令停止违法行为"属于程序性行政行为,不具有终局性,从而不具有可诉性。在渭南市秦某矿业有限责任公司诉华阴市国土资源局其他行政行为案中,法院认为被告作出的责令停止国土资源违法行为通知书中的责令停止违法采矿,不对当事人产生实际影响,只是一个程序性行政行为,最终裁定驳回起诉。⑦ 在张某辉诉玛纳斯县人民政府其他行政行为案中,法院认为行政机关作出的责令停止违法行为通知书中的"停止一切开采矿产资源行为"不是行政处罚,通知书中的"限期拆除采矿设备及相关构筑物"适用《行政强制法》第44条关于行政强制执行的规定,该通知是作出限期拆除违法建筑物决定前的工作步骤,并非限期拆除违法建筑决定,不属于行政处罚,也并非对相对人违法行为的最终处理,不具有可诉性。⑧

通过梳理发现,"责令停止违法行为"有不同表现形式,如责令停止生产、责令停止营业(销售)、责令关闭、责令(限期)改正等,较为复杂。以争议较多的相对人未获许可违法采矿的情形为例,法院对行政机关责令相对人停止违法采矿的行为是否属于行政处罚存在较大分歧,即使是同一个案件,不同审级的法院,甚至同一个法院在二审和再审中的意见都前后不同。此外,在环境行政纠纷中,《环境行政处罚办法》(已失效)第10条明确规定"责令停产、停业、关闭"是行政处罚。该部门规章第12条又

---

⑥ 参见重庆市第四中级人民法院行政判决书,(2008)渝四中法行再终字第1号。
⑦ 参见陕西省华阴市人民法院行政裁定书,(2018)陕0582行初6号。
⑧ 参见新疆维吾尔自治区高级人民法院行政裁定书,(2017)新行终25号。

明确规定“责令停止违法行为”是行政命令。对这两个规定的理解和适用，理论和实务都难以明确区分。[9]《生态环境行政处罚办法》(2023 年)明确将责令停产整治、停产停业、关闭、限期拆除规定为行政处罚，将责令(限期)改正违法行为规定为不适用行政处罚程序的行为，但对责令类行为的性质仍没有作很好区分。

不论表现形式如何，“责令停止违法行为”都是行政机关认为相对人存在违法行为或者违法状态后，为了恢复原有状态和秩序而作出的。在此基础上，法院审判的主要分歧在于对该类行为是否具有终局性和制裁性的认定。认为该类行为具有终局性，但不具有制裁性的法院认为该类行为不属于行政处罚，又因其具有强制性和命令性，所以会进一步理解为行政强制措施或行政命令。因为行政机关作出该行为的目的是结束当事人的违法状态，恢复原有合法秩序，没有对当事人施以额外不利益的负担，不具有制裁性，所以不是行政处罚。认为既有终局性又有制裁性的法院认为是行政处罚。认为没有终局性的法院认为该行为对当事人权利义务不产生实际影响，一般直接认定不可诉，且不是行政处罚。

以上分歧可能会产生如下问题：第一，在司法审判过程中，因行政机关的责令行为对行政相对人的权利义务产生了实质影响，故大多数法院承认行政机关作出的责令行为具有可诉性。但是，仍然有部分法院因对行为性质理解不清，否认该类行为的可诉性。这可能会使权利人得不到司法救济。第二，尽管总体来说对该类行为的救济渠道较为畅通，但在具体案件中，对行政责令行为的性质认定不同，会影响对行政相对人相关程序性权利的认定，从而导致裁判结果可能大不相同，影响案件实体审理结果。例如，《生态环境行政处罚办法》明确规定“责令停产停业、责令关闭”是行政处罚，“责令改正违法行为”是一种不适用行政处罚程序的行政决定，这种法律概念的不确定性，增加了法律适用和案件审理的难度。

二、责令停止违法行为性质的学理争议

想要认清“责令停止违法行为”的性质，还要先回到“责令停止违法

---

[9] 参见吴卫星、周嘉敏：《环境行政处罚司法审查被告败诉考——基于 122 起环境行政处罚诉讼案件的实证分析》，载《南京工业大学学报(社会科学版)》2021 年第 3 期。

行为"的概念与特征及其同"责令改正"的关系上。当前,学理上对"责令改正"的含义有一定基本共识。按照"责令改正"的内容划分,"责令改正"包括两类情形:一类是"责令停止",另一类是"责令消除"。"责令改正"的目的是矫正相对人的违法行为或违法状态、恢复原有行政管理秩序。[10] 本文讨论的"责令停止违法行为"就是"责令改正"中的第一类情形,是指行政机关通过责令相对人停止违法行为(消极不作为)的方式,结束违法状态,恢复原状。"责令消除"是指在责令停止违法行为的基础上,行政机关通过责令相对人采取更进一步的补救措施(积极作为),恢复原有秩序。

有些秩序只需要当事人停止正在进行的违法行为,就可以恢复。比如在当事人未获许可违法采矿的情形下,如果停止采矿行为,就可以结束这种违法采矿的状态。但是在环境行政纠纷中,有些相对人的生产经营行为已经给环境造成损害,仅仅停止违法生产经营行为也无法恢复原本环境时,就需要相对人采取措施,通过积极作为恢复正常环境。如果相对人采取补救措施也无法恢复原状,行政机关还会责令相对人作出赔偿。作为"责令改正"第一种类型的"责令停止违法行为"的性质在学理上存在一定争议。

(一)属于行政处罚

1. 申诫罚说

有学者认为责令改正类的行为是一种具有惩戒性的行政处罚措施,属于行政处罚中的申诫罚。虽然停止侵权、恢复原状和作出赔偿都属于民事权利中的救济方式,在本质上不属于具有惩戒性的措施,但这些救济措施在由行政机关作出后,增加了命令性,由民事转变为行政上的一种正式行为,使该公权力行为具有对相关当事人"指责"和"谴责"的特性,对相对人的行为作出了法律意义上的否定性评价。责令行为通过影响声誉对当事人产生了一定的惩罚作用,属于行政处罚中的申诫罚。[11]

---

⑩ 参见黄锫:《行政执法中责令改正的法理特质与行为结构》,载《浙江学刊》2019年第2期;叶晓川:《"责令改正"的规范性研究》,载《河北法学》2017年第8期;夏雨:《责令改正之行为性质研究》,载《行政法学研究》2013年第3期;刘依桐:《"责令改正"及其相关行政决定的性质认定》,载《东南大学学报(哲学社会科学版)》2017年第S2期。

⑪ 参见冯军:《行政处罚法新论》,中国检察出版社2003年版,第119页。

2. 救济罚说

另有学者认为责令停止违法行为属于救济罚。救济罚是指行政处罚对权利受侵害者来说是一种救济措施,但对违法者来说是一种惩罚措施,是一种以停止侵害状态、恢复被侵害的秩序为目的的行政处罚形式。行政处罚中的救济罚形式包括在规定期限内责令改正相关行为、责令赔偿损失、即刻制止侵权行为、责令恢复原状等,其目的是直接改变违法行为存续的现状,恢复已被摧毁的法律状态(法律关系),并向因相对人的违法行为或违法状态受到侵害的一方(包括国家和社会)提供救济。⑫

3. 行为罚说

还有学者认为责令类行为具有行政处罚中行为罚的法律属性。行政机关可以通过下达命令以及要求,规定行政案件中的相关当事人必须采取某种行动或不为某种行动,从而限制或剥夺当事人的某种能力,故行政机关的责令行为可以被视为一种行为上的处罚。

此外,也有学者将责令改正类行为分情况讨论,认为前述"责令改正"中的第一种类型,也就是责令停止违法行为,是行为罚,除此之外的其他类型是救济罚。⑬

(二)属于行政命令

有学者明确提出责令停止违法行为具有行政命令性,属于行政命令。《行政处罚法》规定的责令当事人停止违法行为或者限期改正违法行为,是行政处罚中关于行政命令的一个典型例子,责令性行政行为不具备行政处罚的本质属性,即"制裁性"或"惩罚性",不属于行政处罚,因而将其定性为行政命令。⑭

此观点认为,责令行为是一种具有行政命令性质的行为,与行政命令的基本构成要素相一致,均是行政主体命令相对人纠正违反行政法规范行为的具体行政行为。对于行政命令而言,其目的是要求对方作出或不作出某些行为,以使相对人的行为从不合法状态恢复至合法状态。只要

⑫ 参见江必新、周卫平编著:《行政程序法概论》,北京师范学院出版社 1991 年版,第 214 ~ 215 页。

⑬ 参见张尚鷟主编:《走出低谷的中国行政法学——中国行政法学综述与评价》,中国政法大学出版社 1991 年版,第 235 ~ 236 页。

⑭ 参见胡建淼:《"其他行政处罚"若干问题研究》,载《法学研究》2005 年第 1 期。

相对人自愿履行并遵守行政机关责令的内容且进行相应的改正,就可以不需要原作出该责令行为的行政机关采取后续适当的措施,来实现合法状态的恢复。对于不履行责令改正义务的相对人,行政主体可以采取行政处罚、行政强制等进一步措施,强制相对人履行一定义务。

(三)属于独立的行政制裁措施

有学者认为,责令停止违法行为应当是一种新的独立的行政行为。责令停止违法行为是一种独立的行政制裁措施,可同行政处罚并列。[15] 从对相对人行为的合法性与合理性评价来看,相对人的违法行为同时具有"违法性"和"可制裁性",行政机关通过责令行为既要纠错也要制裁。因此,责令停止违法行为的"纠错性"与相对人行为的"违法性"、责令停止违法行为的"惩戒性"与相对人行为的"可制裁性"可以实现逻辑自洽,应作为一种独立的行政制裁行为。[16]

(四)属于行政处罚中的事实行为和辅助措施

有学者认为责令行为只是一种告诫措施,不属于行政行为。行政机关根据行政法律规范作出有关责令停止违法行为的行政行为后,并未在最终结果上使相对人停止有关行为。因此,该类行为不具有行政处罚的终局性。相反,它们只是对相对人发生违法行为的真实状况的指出,并对这种真实的违法状态进行警告,并不影响相对人的权利义务。如果违法者仍然不能在规定的时间内达到行政机关所期望的整顿目标或者要求条件,行政机关可以对其给予一定的行政处罚。[17] 责令行为属于行政处罚的补充和辅助措施,是在实施行政处罚时,作出的责令当事人改正违法行为的行为。[18]

三、《行政处罚法》中的责令停止违法行为

责令行为有不同具体表现形式,"责令(限期)改正""责令(限期)拆除""责令停止生产"等责令性术语频频出现在我国法律法规之中。法律

---

[15] 参见杨解君:《秩序·权力与法律控制——行政处罚法研究》,四川大学出版社1995年版,第53~54页。

[16] 参见藤祥志:《"责令改正"的独立性原理探讨》,载《公法研究》2010年第00期。

[17] 参见杨小君:《行政处罚研究》,法律出版社2002年版,第190~191页。

[18] 参见张成福、余凌云主编:《行政法学》,中共中央党校出版社2003年版,第156页。

规定的大量具体的责令限期改正、责令限期拆除、责令停止违法经营、责令停止特定行为等，都可以看作“责令停止违法行为”的具体形式。

中国现行法律法规中最早使用“责令”概念的，应该是《国务院关于开展全民义务植树运动的实施办法》。该办法由国务院在1982年2月27日发布，并于其中的第9条规定了“责令”行为：年满18岁的成年公民无故不履行义务植树义务的，“所在单位要进行批评教育，责令限期补栽，或者给予经济处罚。”之后“责令”的概念被广泛使用。行政责令规范包括内部责令行为规范和外部责令行为规范，前者如《个人信息保护法》第68条第1款规定的“国家机关不履行本法规定的个人信息保护义务的，由其上级机关或者履行个人信息保护职责的部门责令改正……”，《城乡规划法》第56条规定的责令作出行政决定，《监察法》第45条规定的责令检查，《反垄断法》第61条规定的责令改正等；后者如《数据安全法》第46条规定“违反本法第三十一条规定，向境外提供重要数据的，由有关主管部门责令改正……”，《建筑法》第65条规定的责令停止违法行为，《煤炭法》第61条规定的责令限期改正，《反垄断法》第57条规定的责令停止违法行为等。

相关法律条款在明文规定了“责令停止违法行为”后，根据情节严重程度不同，往往并列规定“消除影响”“恢复原状”“限期采取一定补救措施”“限期改正”“扣押或没收非法财物”“没收违法所得”“给予警告”“赔偿损失”“可以处一定数量的罚款”“可以吊销营业执照”“并依法给予行政处罚”等，由此造成从法律文本上对责令行为性质的不同理解。现行《行政处罚法》第9条第4项明确将责令停产停业等认定为行政处罚，但并未将所有责令停止违法行为纳入行政处罚的种类，在立法过程中经历了一定的反复。

(一)2021年修订前的《行政处罚法》

《行政处罚法》于1996年由八届全国人大四次会议通过，2009年和2017年先后进行了个别条文的修改，对行政处罚的种类、设定和实施作了基本规定。其中第8条列举了7项行政处罚种类，第23条对行政机关行政责令行为进行了一种较为概括的规定。一些观点认为，《行政处罚法》未对行政处罚进行界定，所列举的处罚种类较少，不利于法律的实施。

胡建淼教授认为,早在20世纪80~90年代,学者们并没有从行政行为的角度关注和研究行政机关责令相对人纠正违法这一特殊的行政行为。在大量的立法中,也没有对行政机关责令相对人纠正违法这一特殊的行政行为形态作出特别规定,于是在现实中出现了"罚而不纠""以罚代管"的不成文规则和习惯。为了解决"罚纠分离""以罚代管"的不合理现状,1996年制定《行政处罚法》时,就在第23条规定:"行政机关实施行政处罚时,应当责令当事人改正或者限期改正违法行为。"《行政处罚法》该条规定包含了以下几个意思:第一,如果某个行政机关对相对人的违法行为具有处罚权,那么它同时拥有了责令权(命令权),即责令相对人纠正违法。第二,行政机关在对相对人实施处罚时,必须同时责令其纠正违法,不得"以罚代管"。因此,责令权是不可放弃的。第三,行政机关对相对人实施处罚和责令相对人纠正违法是两个行政行为,不是一个行政行为。[19]

责令行为中的责令相对人限期拆除违法建筑,本质上是责令相对人纠正其违建行为。《土地管理法》第83条将责令限期拆除决定作为行政处罚决定,规定"建设单位或者个人对责令限期拆除的行政处罚决定不服的,可以在接到责令限期拆除决定之日起十五日内,向人民法院起诉"。《水污染防治法》第81条同时规定了相关部门有权责令改正和处以罚款:"由县级以上人民政府环境保护主管部门或者其他依照本法规定行使监督管理权的部门责令改正,处二万元以上二十万元以下的罚款"。《城乡规划法》第64条同时规定了相关主管部门有权限期拆除并处罚款:"尚可采取改正措施消除对规划实施的影响的,限期改正,处建设工程造价百分之五以上百分之十以下的罚款"。法律规范中将责令行为同罚款行为并列,既可以将责令行为解读为行政处罚,也可以将其理解为与行政处罚并列的一种独立行为。

(二)2021年修订的《行政处罚法》

2020年6月28日,《行政处罚法》(修订一审稿)提请十三届全国人大常委会第二十次会议审议,其作出以下修改:一是增加行政处罚的定

---

[19] 参见胡建淼:《行政机关责令相对人纠正违法是否属于可诉的行政行为?》,载微信公众号"法治咖啡屋"2019年1月1日,https://mp.weixin.qq.com/s/rewpOfUAttTuELrzd9JewQ。

义，明确行政处罚是指行政机关在行政管理过程中，对违反行政管理秩序的公民、法人或者其他组织，以依法减损权利或者增加义务的方式予以惩戒的行为。[20] 二是将现行单行法律、法规中已经明确规定，行政执法实践中常用的行政处罚种类纳入该法，增加规定通报批评、降低资质等级、不得申请行政许可、限制开展生产经营活动、限制从业、责令停止行为、责令作出行为等行政处罚种类。[21] 其中，《行政处罚法》（修订一审稿）第 9 条第 4 项关于行政处罚的种类规定为："责令停产停业、限制开展生产经营活动、限制从业、责令停止行为、责令作出行为"。

沈岿教授认为，《行政处罚法》（修订一审稿）将"责令停止行为、责令作出行为"列为行政处罚种类，忽视了这两类行政行为在具体语境或情境中的不同含义。例如，责令停止违法行为、责令设置危险废物识别标志分别属于这两类行为，它们都没有减损权利或增加义务，均不是行政处罚，其性质就是行政命令。[22]

2020 年 10 月二次审议稿中，将第 9 条第 4 项修改为"责令关闭、责令停产停业、限制开展生产经营活动、限制从业"，删除了"责令停止行为、责令作出行为"，增加了"责令关闭"。2021 年 1 月 22 日三审通过后，《行政处罚法》该项最终表述为"限制开展生产经营活动、责令停产停业、责令关闭、限制从业"。2021 年《行政处罚法》第 28 条第 1 款仍然保留了此前第 23 条的内容："行政机关实施行政处罚时，应当责令当事人改正或者限期改正违法行为。"既然"责令停产停业、责令关闭"属于明确列举的行政处罚，为什么"责令当事人改正或者限期改正违法行为"又是同行政处罚并列的行为呢？同样都是责令行为，而且责令改正的具体形式就包括"责令停产停业、责令关闭"等，为什么行为性质会不同呢？

---

⑳ 《行政处罚法》（修订一审稿）第 2 条规定："行政处罚是指行政机关在行政管理过程中，对违反行政管理秩序的公民、法人或者其他组织，以依法减损权利或者增加义务的方式予以惩戒的行为。"

㉑ 《行政处罚法》（修订一审稿）第 9 条规定："行政处罚的种类：（一）警告、通报批评；（二）罚款、没收违法所得、没收非法财物；（三）暂扣许可证件、降低资质等级、吊销许可证件、不得申请行政许可；（四）责令停产停业、限制开展生产经营活动、限制从业、责令停止行为、责令作出行为；（五）行政拘留；（六）法律、行政法规规定的其他行政处罚。"

㉒ 参见沈岿：《关于〈行政处罚法（修订草案）〉的若干意见》，载微信公众号"博雅公法"2020 年 7 月 19 日，https://mp.weixin.qq.com/s/KlN8md8EvWhHDPQ055BqTg。

现行《行政处罚法》第28条增加了第2款没收违法所得的规定,体现了行政处罚"罚纠一体"的功能。对于当事人因实施违法行为所得的款项,先退赔,再没收。责令退赔是为了恢复原有行政管理秩序,没收违法所得对违法当事人有惩戒作用。如果按照第2条对行政处罚的定义,行政处罚是减损相对人权益或增加义务予以惩戒的行为,那么处罚行为并不包含纠正行为。第9条第4项规定的"责令停产停业、责令关闭"应理解为既有纠正性又有惩戒性的责令行为,而非所有的责令改正行为。

四、责令停止违法行为性质的反思

责令改正是一种行政命令,无论其具体表现形式如何,责令改正的目的都在于恢复原有行政管理秩序,而并非惩戒,但客观上可能会产生惩戒的效果。责令改正有两种情形,一种是责令停止违法行为,另一种是责令采取补救措施,消除影响。无法采取补救措施的,要求赔偿。在责令相对人采取补救措施或赔偿时,便增加了相对人的义务。《行政处罚法》中的"责令停产停业",不属于"责令改正"中的"责令停止违法行为"。按照体系解释,行政处罚中的责令停产停业,停止的应该包括相对人的合法产业,这样才会额外减损相对人的权益,从而具有惩戒效果。[23] 责令停止违法行为不属于即时性的行政强制措施,也不同于不具有终局性的程序性行政行为,会对当事人的权利义务产生不同程度的实际影响。

(一)责令停止违法行为与行政处罚

1. 责令停止违法行为属于行政命令

责令停止违法行为是一种行政命令行为。无论责令停止违法行为的具体表现形式如何,其一定包含行政机关责令行政相对人停止在先产生的违法行为,要求其消除不良影响,恢复原有状态。行政命令是行政主体对行政相对人科以特定义务的行为,它是行政决定的一种,具有公法性、单方性、外部性、具体性等一般特征,在内容达成上具有强制性。[24] 根据行

㉓ 参见袁雪石:《中华人民共和国行政处罚法释义》,中国法制出版社2021年版,第81页。

㉔ 参见曹实:《行政命令地位和功能的分析与重构》,载《学习与探索》2016年第1期。

政行为的内容是否以意思表示为要素来划分,行政行为可以被划分为法律性行政行为和准法律性行政行为。法律性行政行为以意思表示为要素,而准法律性行政行为则不以意思表示为要素。通说多将法律性行政行为分为命令性行政行为、形成性行政行为和确认性行政行为。命令性行政行为(行政命令)为法律性行政行为的一种,[25]日本法和韩国法将其称为下命。命令性行政行为主要包括对公民科以特定的义务的下命和禁止(如营业的禁止等),以及在特定情况下解除一般性禁止的许可(如营业的许可等)。[26] 行政机关在履行相应行政管理职责时,有权将法律规定的相对人的义务,以命令性行政行为的方式,要求相对人必须遵守其应当遵守的法定义务。[27] 行政处罚、行政强制中均包含行政命令行为。

2. 有些行政命令属于行政处罚

行政处罚的定义承载着界定行政处罚行为概念内涵的功能,是抽象的实质性判别标准。[28] 基于行政处罚的定义,有学者认为行政处罚是具有裁罚性的不利处分,若相对人已有违反行政法义务的行为,行政机关处分的目的是除去所造成的违法状态或要求其停止违法行为,并非制裁,则不属于行政处罚。[29] 本文认为,行政机关作出的以意思表示为要素的某种命令性行政行为,兼有主观目的和客观效果。以本文讨论的责令改正类行为为例,一般情况下,责令改正是为了纠正相对人的违法行为,主观上不具有制裁性。有些责令改正行为在客观上对当事人的权利义务影响也较小。例如,现行《行政处罚法》第9条第4项规定的责令停产停业,行政机关作出该行为时,在主观上对相对人有制裁目的,客观上对相对人的权益

---

[25] 参见[韩]金东熙:《行政法Ⅰ》(第9版),赵峰译,中国人民大学出版社2008年版,第207~216页;翁岳生编:《行政法》(上册),中国法制出版社2009年版,第634~636页;[荷]勒内·J. G. H. 西尔登、[荷]弗里茨·斯特罗因克编:《欧美比较行政法》,伏创宇、刘国乾、李国兴译,中国人民大学出版社2013年版,第118页。

[26] 参见[日]南博方:《行政法》(第6版),杨建顺译,中国人民大学出版社2009年版,第39~40页。

[27] 参见胡建淼:《关于〈行政强制法〉意义上的"行政强制措施"之认定——对20种特殊行为是否属于"行政强制措施"的评判和甄别》,载《政治与法律》2012年第12期。

[28] 参见黄海华:《行政处罚的重新定义与分类配置》,载《华东政法大学学报》2020年第4期。

[29] 参见洪家殷:《行政罚》,载翁岳生编:《行政法》(上册),中国法制出版社2009年版,第796~801页。

影响较为重大。这类责令改正行为,在恢复原有法秩序的同时,对当事人具有惩戒的作用。

行政命令是行政机关针对行政相对人作出的强制要求其进行一定的作为或不作为的行政决定。行政命令构成了不利处分的前提,隐含了对当事人行为违法性的确认,因此与行政行为相对人有利害关系,是可诉的。行政处罚、行政强制等行为都包含命令性,但对于所有可能对相对人产生不利法律后果的命令性行为,不宜都认定为行政处罚。行政处罚具有惩戒性,是对当事人的违法行为进行的惩罚与制裁,在一定程度上增加了当事人的违法成本,从而预防行政违法行为的产生。不是当事人产生的所有违法行为都严重到必须被处罚的程度,行政机关的处罚权力也不是在任何情形下都可以使用的。如果只实施行政处罚,而不责令当事人纠正违法行为,就治标不治本。对于当事人的违法行为,行政机关基于维护社会公共秩序、行使公共管理的职能,有义务和权力纠正当事人的违法行为,恢复原有的社会公共秩序。如果这种行政命令对当事人的权利义务影响较小,则不适用行政处罚程序的规定,如果对当事人的权利义务影响较大,应当适用行政处罚的相关程序规定。

从理论上说,如果行政机关既对相对人作出行政处罚,同时又责令其纠正违法,应当分作两个行政决定:一个是“行政处罚决定”,另一个是“责令纠正违法的决定”。但在更多情形下,行政机关为了提高效率,往往在一个“行政处罚决定”中表达两项决定内容,即实施处罚和责令改正违法行为。这样很可能因为责令改正行为不符合行政处罚的程序,被法院认定为行政行为违反法定程序。如果一个决定中既包含了责令改正违法行为,又包含了行政处罚,那么应该将责令改正行为理解为行政处罚,并遵循完整的有关行政处罚的程序要求。这样更有利于充分保护当事人权益,督促行政机关依法行政。

综上,基于行政处罚的概念及特征,有些责令改正行为主观上并非通过减损相对人权益或者增加义务进行惩戒,其目的在于恢复原有行政管理秩序。在这种情况下,责令改正行为是独立的行政命令行为。作为行政命令的责令改正行为,往往不会严厉指出相对人不遵循的后果,主要目的在于敦促相对人尽快结束违法状态。此时,对行政机关作出的责令行为有较高的效率要求,而并没有较高的程序性要求。如果相对人遵循行政机关的命令,及时有效改正违法行为,就不会受到惩戒。如果相对人不遵循行政机关的命令,行政机关很有可能会进一步作出行政处罚,此时不仅是对原有违法行为的惩戒,还有对相对人不遵守行政机关命令作出的惩戒。责令改正行为和行政处罚两种行为都包含对相对人的否定性评价,但是后者会更进一步明确规定相对人不履行该命令的后果,具有更加强烈的否定性评价和惩戒意味。

(二)责令停止违法行为与行政强制

1. 与行政强制措施

根据我国《行政强制法》中对于行政强制措施概念的界定,㉚虽然责令停止违法行为和行政强制措施在目的上具有一定相似之处,它们可能均旨在制止违法行为,但是行政机关所实施的强制措施只是暂时性的行为,不具有阶段内的终局效力,当相对人按照行政机关的要求履行完毕相应义务时,行政机关必须及时解除对当事人人身自由的限制,或返还其所控制的财物。责令停止违法行为不满足暂时性的特征和要求,具有终局性的效果特征。如"责令限期拆除违法建筑"案件涉及对违法违章建筑的处置,但在违法状态结束后,违法违章建筑就彻底消灭。

2. 与行政强制执行

行政强制执行的核心是使行政机关能够按照自己的意志对违法当事人采取合法的执法方法。与此不同的是,在民事法律关系中,当一方当事人不履行约定义务时,公民不能自力强制实现请求权,而必须寻求法院的执行救济。在法治国家和依法行政的原则下,行政机关本身已具备强大的直接执行的权力,故其作出的强制执行必须具有相应的执法依据。行政机关作出的命令性行政行为为行政强制执行提供了执行基础,是行政强制执行的前提。㉛

《行政强制法》将行政强制执行定义为允许行政机关自行依法强制相

㉚ 参见《行政强制法》第2条第2款规定:"行政强制措施,是指行政机关在行政管理过程中,为制止违法行为、防止证据损毁、避免危害发生、控制危险扩大等情形,依法对公民的人身自由实施暂时性限制,或者对公民、法人或者其他组织的财物实施暂时性控制的行为。"

㉛ 如果没有这种权力,行政机关只能像公民那样,请求法院作出可供执行的判决,并且允许强制执行该判决。参见[德]哈特穆特·毛雷尔:《行政法学总论》,高家伟译,法律出版社2000年版,第480页。

对人履行义务,其属于赋予行政机关的特别权力,该权力的行使前提就是行政机关作出了某一"行政决定"。行政强制执行行为所指向的有关人员拒绝履行的"行政决定",就是行政执法的前提。这一行政决定可以是具有强制性和制裁性的行政处罚决定,也可以是其他具有强制性的行政命令。换言之,在行政决定已经进入执行阶段时,行政机关可基于已作出的命令性行政行为,对行政相对人采取法定的强制执行方法,包括代执行、执行罚以及直接强制。[32] 而行政处罚本身虽然可能包含执行内容,但是处于对相对人所作行为的合法性评价阶段,尚未进入后续的执行阶段,有其需要遵循的独立程序要求。

为了保护行政相对人的利益,在对其采取强制执行这种直接的执行方式时也必须严格遵守有关法律规定的相应程序。在行政强制执行的过程中,根据德国法的规定行政强制执行主要包括三个阶段:催告、决定和最终的强制执行。催告是期待义务人以较低的成本按照规定在限定的期限内履行相应义务,这既有利于减少行政相对人的成本,及时止损,还有助于行政机关减少行政成本,提高行政效率,避免程序繁杂。此时行政机关应当事先书面通知义务人。[33]

在黄某艳诉北京市通州区宋庄镇人民政府确认强制拆除行为违法并附带提起行政赔偿上诉案中,终审法院指出,《行政强制法》第 35 条、37 条、38 条、44 条对行政机关强制执行程序作出明确规定,宋庄镇政府未待黄某艳对《拆除(清理)告知书》的起诉期间届满,即对黄某艳建设的库房、宿舍及院墙实施强制拆除,且在实施强制拆除前未履行催告、作出强制执行决定等程序,违反了上述法律规定,属程序违法。[34] 该案中《拆除(清理)告知书》的作用在于向黄某艳告知违法事实,并通过责令其停止违法行为的方式,期待其以自行停止这种更为便宜的方式履行法定强制义务,当黄某艳拒不履行时,行政机关决定并实施行政强制执行,需履行催告、作出强制执行决定等程序。根据我国《行政强制法》第

[32] 参见[日]盐野宏:《行政法总论》,杨建顺译,北京大学出版社 2008 年版,第 164 页。

[33] 参见[德]哈特穆特·毛雷尔:《行政法学总论》,高家伟译,法律出版社 2000 年版,第 488～489 页。

[34] 参见北京市第三中级人民法院行政判决书,(2015)三中行终字第 537 号。

35 条的规定,[35]行政机关在作出强制执行决定前,应当督促当事人提前履行义务。

因此,某些责令停止违法行为在程序上往往起到督促相对人的作用,属于行政强制执行程序中具有先决性意义的警告环节和督促程序,其内容是作为行政强制执行前提的命令性行政行为。而行政相对人不履行该决定的结果可能是行政机关决定和实施行政强制执行。

(三)责令停止违法行为与程序性行政行为

程序性行政行为,是指行政主体在行政活动中作出的间接影响相对人权利义务的行为。[36] 行政行为不仅是行政实体法上的概念,也是行政程序法上的概念。行政行为在确立公民公法上的权利义务关系时,还是将行政机关的主观意志进行法律上的外在客观化的一种重要形式。[37] 从行政程序法的角度考虑责令停止违法行为是否具有可诉性具有十分重要的意义。

行政法理论从传统到现代在不断发展,行政程序的功能也在不断产生重大的影响与变化。起初人们只是认为统一的行政程序有助于简化行政执行过程,提高行政效率。但随着时代的发展,公众法治意识的不断增强,有更多人开始从形式正义方面理解行政程序的独立意义,强调公众在行政过程中的参与程度,并希望借此对行政权力的运用与行使产生一定制约,从而尽最大可能保障公民的合法权利。[38] 因此,一些学者总结了行政行为在行政程序中的民主功能,在行政决定中的合法性功能、合理性功能以及平衡行政主体权力和行政相对人权利的功能。[39]

然而,对于责令停止违法行为的程序性意义的错误理解易导致对该类行为是否具有可诉性的误判。传统观点认为程序性行政行为不具有终局性,其法律效果被最终的实体行为所覆盖,不直接影响行政法律关系,

---

[35] 《行政强制法》第 35 条规定:“行政机关作出强制执行决定前,应当事先催告当事人履行义务……”

[36] 参见杨科雄:《试论程序性行政行为》,载《法律适用》2010 年第 8 期。

[37] 参见[德]哈特穆特·毛雷尔:《行政法学总论》,高家伟译,法律出版社 2000 年版,第 203 页。

[38] 参见张树义主编:《行政法学》(第 2 版),北京大学出版社 2012 年版,第 301 页。

[39] 参见应松年主编:《行政程序法立法研究》,中国法制出版社 2001 年版,第 34 ~ 37 页。

尚未发展至可起诉的成熟状态。[40] 最高人民法院69号指导案例打破程序性行政行为不可诉这一惯例并且确立了程序性行政行为的可诉标准:“明显的权利义务实际影响+无法起诉相关实体行政行为”。[41]

在实务中,存在将责令停止违法行为的含义错误等同于上述程序性行政行为的情形。例如,在黄某丰诉义乌市国土资源局土地行政管理一案中,[42]一审法院认为《责令停止国土资源违法行为通知书》(以下简称《通知书》)属于程序性行政行为,不涉及终局性问题,因此裁定不予立案,二审法院亦驳回上诉,维持原判。然而浙江省高级人民法院再审认为,《通知书》要求申请人立刻停止违法行为,但被申请人一直未作出后续处理行为,且该通知书已经成为后续拆除房屋相关行为作出的依据,故被诉通知书对黄某丰的权利义务产生了实际影响,依法属于行政诉讼的受案范围,原审法院裁定不予立案不当,应予纠正,遂撤销了一审和二审法院的裁定,并指令义乌市人民法院予以立案。根据《最高人民法院关于适用〈中华人民共和国行政诉讼法〉的解释》第1条第2款第6项,明显可以看出该案中的责令停止违法行为通知书并非“行政机关为作出行政行为而实施的准备、论证、研究、层报、咨询等过程性行为”。《通知书》所承载的责令行为本身就能产生直接的、独立的、外部的法律效果,因此该行为不应被视作程序性行政行为。在司法实践中不能将程序性行政行为与责令停止违法行为混淆,并据此否认责令停止违法行为的可诉性。

责令停止违法行为因其对相对人产生了一定的外部效力,故而具有明确的法律属性,为法律性行政行为,而非事实行为。不能仅因行政机关作出该类行政行为时往往伴随着行政相对人违法状态的持续存在,就否认该行为的终局性效果。行政机关作出责令相对人停止违法行为的命令后,当事人必须遵循。如果不遵循,当事人要为此承担不利后果。而程序性行为的作出,不一定会对相对人产生直接的法律后果,所以程序性行政行为一般情况下不可诉。最高人民法院69号指导案例确认的可诉的程

---

[40] 参见蔡乐渭:《行政诉讼中的成熟性原则研究》,载《西南政法大学学报》2005年第5期。

[41] 参见宋烁:《论程序行政行为的可诉标准》,载《行政法学研究》2018年第4期。

[42] 参见浙江省高级人民法院行政裁定书,(2018)浙行再110号。

序性行政行为是案件中人力资源和社会保障局作出的《工伤认定时限中止通知书》这一过程性行为，其对后续当事人的工伤认定产生了实际影响，具有终局性效果，所以可诉。责令停止违法行为不属于不具有终局性的程序性行政行为。

五、结语

厘清责令停止违法行为的性质，在行政实体法与程序法上，对行政机关依法行政，保障公民合法权益，均具有重要意义。对于责令停止违法行为的性质，当前存在行政处罚、行政命令、行政强制措施、独立的行政制裁措施、事实行为等多种观点，对于是否可诉也存在分歧。2021年《行政处罚法》在修订过程中，对“责令停止”“责令作出”等行为是否应明确纳入行政处罚的种类存在争议。责令停止违法行为属于责令改正的一种情形，是一种行政命令。《行政处罚法》第9条第4项规定的“责令停产停业”，按照体系解释，应当理解为在责令相对人停止违法生产营业行为的基础上，还停止了其他相关合法生产营业行为，额外减损了相对人的合法权益，所以具有制裁性。不论责令停止违法行为的具体表现形式如何，其一定包含行政机关责令行政相对人停止在先产生的违法行为，要求其消除不良影响，目的在于恢复原有行政管理秩序。责令停止违法行为不满足暂时性的特征，具有终局性的效果，不属于行政强制措施。某些责令停止违法行为，在程序上往往起到督促相对人的作用，属于行政强制执行中具有先决性意义的警告和督促程序，要按照行政强制执行的法定程序作出。责令停止违法行为对相对人产生了一定的外部效力，不属于不具有终局性的程序性行政行为。

《法治政府建设实施纲要(2021－2025年)》提出，“全面建设职能科学、权责法定、执法严明、公开公正、智能高效、廉洁诚信、人民满意的法治政府”。随着法治政府建设的不断推进，公民对行政行为的合法性与合理性会产生更高期待，对行政行为的程序合法性也会有更高要求。之所以会对行政行为的性质如此纠结，很大程度上是因为我国目前没有统一的行政程序法典，有关程序要求零星分散在各个专门的行政行为法中。行政机关在作出会对相对人权利义务产生重大影响的行政行为时，如果不能明确所作行为的性质，就难以确定所作行为应当遵循的程序。由于实践执法的复杂性,当行政机关作出的有些行为不是标准意义上的行政行为的类型时,就容易产生纠纷。应当以行政行为对当事人产生的实质影响为标准,规定不同的程序,而不是以该行为形式上的归类为标准,先划入不同类型的行政行为中,再适用各个类型的行政行为程序。